高等职业教育旅游大类"十三五"规划教材

编委会

总主编

马 勇　教育部高等学校旅游管理类专业教学指导委员会副主任
　　　　湖北大学旅游发展研究院院长，教授、博士生导师

编 委（排名不分先后）

朱承强　全国旅游职业教育教学指导委员会委员
　　　　上海师范大学MTA教育中心主任
　　　　上海旅游高等专科学校酒店研究院院长，教授

郑耀星　全国旅游职业教育教学指导委员会委员
　　　　中国旅游协会理事，福建师范大学教授、博士生导师

王昆欣　全国旅游职业教育教学指导委员会委员
　　　　浙江旅游职业学院党委书记，教授

谢 苏　全国旅游职业教育教学指导委员会委员
　　　　武汉职业技术学院旅游与航空服务学院名誉院长，教授

宋德利　全国旅游职业教育教学指导委员会委员
　　　　山东旅游职业学院院长，教授

邱 萍　全国旅游职业教育教学指导委员会委员
　　　　四川旅游学院旅游发展研究中心主任，教授

韩 军　全国旅游职业教育教学指导委员会委员
　　　　贵州商学院旅游管理学院院长，教授

郭 沙　全国旅游职业教育教学指导委员会委员
　　　　武汉职业技术学院旅游与航空服务学院院长，副教授

罗兹柏　中国旅游未来研究会副会长，重庆旅游发展研究中心主任，教授
杨如安　重庆旅游职业学院院长，教授
徐文苑　天津职业大学旅游管理学院教授
叶娅丽　成都纺织高等专科学校旅游教研室主任，教授
赵利民　深圳信息职业技术学院旅游英语专业教研室主任，教授
刁洪斌　青岛酒店管理职业技术学院副院长，副教授
刘亚轩　河南牧业经济学院旅游管理系副教授
张树坤　湖北职业技术学院旅游与酒店管理学院院长，副教授
熊鹤群　武汉职业技术学院旅游与航空服务学院党委书记，副教授
韩 鹏　武汉职业技术学院旅游与航空服务学院酒店管理教研室主任，副教授
沈晨仕　湖州职业技术学院人文旅游分院副院长，副教授
褚 倍　浙江旅游职业学院人力资源管理专业带头人，副教授
孙东亮　天津青年职业学院旅游专业负责人，副教授
闫立媛　天津职业大学旅游管理学院旅游系专业带头人，副教授
殷开明　重庆城市管理职业学院副教授
莫志明　重庆城市管理职业学院副教授
蒋永业　武汉职业技术学院旅游与航空服务学院讲师
朱丽男　青岛酒店管理职业技术学院旅游教研室主任，讲师
温 燕　浙江旅游职业学院讲师
张丽娜　湖州职业技术学院讲师

高等职业教育旅游大类"十三五"规划教材

总主编 ◎ 马 勇

展览项目管理实务

主　编 ◎ 莫志明　唐　玉
副主编 ◎ 黄　幸　陈　祺　梁入月
　　　　张　智　刘　丹

http://www.hustp.com

中国·武汉

内 容 提 要

本书结合当前职业教育中先进的案例分析法、任务驱动法、角色训练法、情境教学法等,借鉴了"工作过程系统化"和"翻转课堂"理念,以激发学生自主性学习,多渠道、多方式地进行专业知识的"碎片化"学习,通过教师的教学引导,使学生掌握参展营销应知、应会的理论知识和操作技能。

全书内容以会展业中的"展览"专业工作为重心,主要包括展览项目管理导论、展览立项策划与可行性分析、展览项目管理内容和方法、展览项目品牌塑造与公关宣传、展览项目营销管理与实施、展览项目客户关系管理、展览项目组织与人力资源管理、展览项目现场管理与服务、展览项目安全与危机管理、展览评估与后续工作管理共十章。全书体例新颖,在内容编排上侧重于对学生实践能力的培养,融入了大量案例分析,增加了学生实践活动环节。

本书可作为高等职业院校会展、市场营销、公共关系及其相关专业的教学用书,也可作为企业宣传和营销部门从业人员的业务操作指南。

图书在版编目(CIP)数据

展览项目管理实务/莫志明,唐玉主编. —武汉:华中科技大学出版社,2017.11(2022.2重印)
 全国高等职业教育旅游大类"十三五"规划教材
 ISBN 978-7-5680-3477-7

Ⅰ.①展… Ⅱ.①莫… ②唐… Ⅲ.①展览会-项目管理-高等职业教育-教材 Ⅳ.①G245

中国版本图书馆 CIP 数据核字(2017)第 262638 号

展览项目管理实务 莫志明 唐 玉 主编
Zhanlan Xiangmu Guanli Shiwu

策划编辑:李家乐	
责任编辑:李家乐	
封面设计:原色设计	
责任校对:曾 婷	
责任监印:周治超	
出版发行:华中科技大学出版社(中国·武汉)	电话:(027)81321913
武汉市东湖新技术开发区华工科技园	邮编:430223
录 排:华中科技大学惠友文印中心	
印 刷:武汉科源印刷设计有限公司	
开 本:787mm×1092mm 1/16	
印 张:18.5 插页:2	
字 数:452千字	
版 次:2022年2月第1版第3次印刷	
定 价:59.80元	

本书若有印装质量问题,请向出版社营销中心调换
全国免费服务热线:400-6679-118 竭诚为您服务
版权所有 侵权必究

总序 Introduction

大众旅游时代,旅游业作为国民经济战略性支柱产业,对拉动经济增长和实现人民幸福发挥了重要作用。2015年,中国旅游业步入了提质增效时期,旅游业总收入超过4万亿元,对GDP(国内生产总值)的综合贡献率高达10.51%,成为推动我国供给侧改革的新的增长点。伴随着旅游产业的迅猛发展,旅游人才供不应求。因此,如何满足社会日益增长的对高素质旅游人才的需要,丰富旅游人才层次,壮大旅游人才规模,释放旅游人才红利,提升旅游专业学生和从业人员的人文素养、职业道德和职业技能,成为当今旅游职业教育界亟待解决的课题。

国务院2014年颁布的《关于加快发展现代职业教育的决定》,表明了党中央、国务院对中国职业教育的高度重视,标志着我国旅游职业教育进入了重要战略机遇期。教育部2015年颁布的《普通高等学校高等职业教育(专科)专业目录(2015年)》中,在旅游大类下设置了旅游类、餐饮类与会展类共12个专业,这为全国旅游职业教育发展提供了切实指引,为培养面向中国旅游业大转型、大发展的高素质旅游职业经理人和应用型人才提供了良好的成长平台。同年,国家旅游局联合教育部发布的《加快发展现代旅游职业教育的指导意见》中,提出"加快构建现代旅游职业教育体系,培养适应旅游产业发展需求的高素质技术技能和管理服务人才"。正是基于旅游大类职业教育变革转型的大背景,出版高质量和高水准的"全国高等职业教育旅游大类'十三五'规划教材"成为当前旅游职业教育发展的现实需要。

基于此,在教育部高等学校旅游管理类专业教学指导委员会和全国旅游职业教育教学指导委员会的大力支持下,在"十三五"开局之时我们率先在全国组织编撰出版了"全国高等职业教育旅游大类'十三五'规划教材"。该套教材特邀教育部高等学校旅游管理类专业教学指导委员会副主任、中国旅游协会教育分会副会长、中组部国家"万人计划"教学名师马勇教授担任总主编。为了全方位提升旅游人才的培养规格和育人质量，为我国旅游业的发展提供强有力的人力保障与智力支撑，同时还邀请了全国近百所旅游职业院校的知名教授、学科专业带头人、一线骨干"双师型"教师和"教练型"名师，以及旅游行业专家等参与本套教材的编撰工作。

为了更好地适应"十三五"时期新形势下旅游高素质技术技能和管理服务人才培养与旅游从业人员的实际需求，本套教材在以下四大方向实现了创新与突破。

一是坚持以"新理念"为引领，通过适时把握我国旅游职业教育人才的最新培养目标，借鉴优质高等职业院校骨干专业建设经验，围绕提高旅游专业学生人文素养、职业道德、职业技能和可持续发展能力，尽可能全面地凸显旅游行业的新动态与新热点。

二是坚持以"名团队"为核心，由中国旅游教育界的知名专家学者、骨干"双师型"教师和业界精英人士组成编写团队，他们教学与实践经验丰富，保证了教材的优良品质。

三是坚持以"全资源"为抓手，全面发挥"互联网＋"的优势，依托配套的数字出版物，提供教学大纲、PPT、教学视频、习题集和相关专业网站链接等教学资源，强调线上线下互为配套，打造独特的立体教材。

四是坚持以"双模式"为支撑，本套教材分为章节制与项目任务制两种体例，根据课程性质与教材内容弹性选择，积极推行项目教学与案例教学。一方面增加项目导入、同步案例、同步思考、知识活页等模块，以多案例的模式引导学生学习与思考，增强学生的分析能力；另一方面，增加实训操练模块，加大实践教学比例，提升学生的技术技能。

本套教材的组织策划与编写出版，得到了全国旅游业内专家学者和业界精英的大力支持并积极参与，在此一并表示衷心的感谢！应该指出的是，编撰一套高质量的教材是一项十分艰巨的任务，本套教材中难免存在一些疏忽与缺失，希望广大读者批评指正，以期在教材修订再版时予以补充、完善。希望这套教材能够满足"十三五"时期旅游职业教育发展的新要求，让我们一起为现代旅游职业教育的新发展而共同努力吧！

规划教材编委会
2016 年 5 月

前言 Preface

在现代经济迅猛发展的情况下,国际会展活动的内涵及表现形式正由原来狭义的"会议 & 展览",向"大会展"方向发展("大会展"涉及会议、展览、节庆、赛事、演艺、奖励旅游,简称会、展、节、赛、演、游 6 大领域),上海世博会的成功举办,使会展活动的多种表现形式在国内得到了充分展示,国内大众亲自感受到什么是"大会展"。中国会展业正与国际潮流同步,从原有的"会议 & 展览"专业封闭系统向各行各业的横向联系、上下流产业链间的纵向联系发展。

本教材为展览项目管理实务系统教学课程的配套教材用书。该教学课程注重会展业中"展览专业领域"的教学,力图通过展览活动的基本操作流程与工作技能的引导式学习,使学习者掌握展览项目管理的基础知识和基本操作技能,能在各行业及上下流产业链的横向和纵向联系中将展览项目活动作为贸易平台与展示平台,发挥其在促进区域经济、信息沟通和文化交流的作用。本教材根据展览行业的特点,并参考了其他同类教材的优点,努力突出自身特色,在体例编排上,以工作过程系统化为核心,重视教学的技能性和实践性,将展览项目管理工作中的各项典型任务,转化为职业能力标准,并通过具体实训项目,让学生在实训过程中将理论知识与实践技术同步深化,实现理论与实践一体化教学。

本教材注重实效的专业化展览操作技能培训,适应应用型本科教育和高等职业教育的需要,使用工作过程系统化方法,注重学生方法能力(理论)、职业技能(专业)、社会能力(态度)、综合能力的培养,同时,将所有工作步骤和工作要素系统化实施,具有典型意义和创新性。以学生综合素质能力与专业实际操作能力为双核心,开发理论与实训相结合的系统教学体系,把展览从业人员的综合素质、专业基础理论系统和实务操作教学融为一体,结合国内外最新的展览操作的理论与实践典型案例,让学习者在不断完善自身综合素质的基础上,能够理论联系实际,掌握展览管

理流程与技能。通过专业课程体系的理实一体化工学结合大纲、教学结构、教学内容、教学任务,将展览专业具有代表性的工作任务分析、典型工作任务描述、学习领域课程标准、学习情境设计方案、学习材料(工作页)、教师及理实一体化教学环境资源、教学方法、教学监控及评价标准较好地体现。

  本课程及教材由国家示范性骨干高职院校重庆城市管理职业学院主导开发,教材系重庆城市管理职业学院会展旅游科研创新团队资助项目,重庆城市管理职业学院莫志明、唐玉、梁入月等教师主要参与了编写,莫志明编写第二、三、五、九、十章,唐玉编写第一、六、七、八章,梁入月编写第四章。重庆领行观达展示文化传播有限公司总经理黄幸、重庆市立嘉会议与展览有限公司陈祺、海南职业技术学院张智、贵州财经学院刘丹及重庆市会展行业协会、中国会展经济研究会、中国会展教育论坛等国内多所高校及知名会展企业高层管理人员与机构为本教材的编写提供了大量的展览行业实践案例及教学设计辅助。同时,感谢华中科技大学出版社为此课程的体系设计、课程配套软件资料及教材的出版所进行的繁重而卓有成效的指导和协调工作。在此,谨向所有为教材提供帮助及共同努力的会展业界专家、学者及相关工作人员,再次表示感谢。

  本教材的编写,是将课程教学系统化教学法融入展览专业教材编写及课程教学的一次创新尝试,无论是在编写水平,还是内容编排方面,都有诸多值得商榷之处,恳请业界专家、学者和教育同行不吝赐教。

莫志明
2017 年 5 月

目录

第一章　展览项目管理导论
　　第一节　展览项目管理基础知识　/1
　　第二节　项目管理基础知识　/12
　　第三节　展览项目的申报与法规管理　/17

第二章　展览立项策划与可行性分析
　　第一节　展览立项策划程序与内容　/25
　　第二节　展览项目立项阶段市场调查　/33
　　第三节　展览项目立项阶段财务预算管理　/38
　　第四节　展览项目立项可行性分析　/49

第三章　展览项目管理内容和方法
　　第一节　展览项目管理内容和程序　/55
　　第二节　展览项目计划与目标管理　/60
　　第三节　展览项目活动排序与进度表　/70
　　第四节　展览项目的控制管理　/81

第四章　展览项目品牌塑造与公关宣传
　　第一节　展览项目品牌塑造　/89
　　第二节　展览项目的宣传与推广　/95
　　第三节　展览项目公关活动策划与宣传　/103

第五章　展览项目营销管理与实施

第一节　展览营销基础理论　/111
第二节　展览项目产品营销实施程序与策略　/119
第三节　展览项目招展和招商管理　/130

第六章　展览项目客户关系管理

第一节　展览客户关系管理基础理论　/141
第二节　展览客户关系质量管理与维护　/148
第三节　展览客户关系管理策略　/158

第七章　展览项目组织与人力资源管理

第一节　展览项目组织管理　/176
第二节　展览项目团队管理　/184
第三节　展览项目人力资源管理　/190

第八章　展览项目现场管理与服务

第一节　展览项目现场工作筹备安排　/207
第二节　展览项目现场阶段化管理实施　/218
第三节　展览项目配套活动策划与管理　/232

第九章　展览项目安全与危机管理

第一节　展览项目安全与危机管理基础　/245
第二节　展览项目危机的预防　/252
第三节　危机事件的处理与恢复　/260

第十章　展览评估与后续工作管理

第一节　展览评估管理　/271
第二节　展览项目后续工作与总结　/281

参考文献　287

第一章 展览项目管理导论

项目目标

通过本章学习,应当达到以下目标:

职业知识目标: 学习和把握会展与展览的内涵、展览活动的基本特性和基本功能、展览分类标准、展览会的构成、展览会行业管理机构、展览会组织机构、项目管理基础知识、项目管理的意义与作用、项目管理的内容与程序、项目管理的方法、项目管理过程、展览项目的申报管理等知识,并能根据展览业的管理状况和项目管理的知识进行展览项目的立项与申报。

职业能力目标: 运用本章专业知识研究相关案例,培养学生在展览项目立项与申报工作中分析问题与决策设计能力;通过项目管理与展览认知的实训操练,培养相关专业技能。

职业道德目标: 通过展览项目管理基础知识的教学,依照行业道德规范或标准,培养学生认知、熟悉展览业,从而强化关注和热爱展览业的职业道德素质。

第一节 展览项目管理基础知识

一、展览管理基础知识

(一)会展与展览的内涵

1. 会展的内涵

"会展"一词是国内特有的说法,是"会议"与"展览"的合并简称。在国际上,公认的"会展"指"MICE industry",含义广泛,包含公司业务会议(meeting)、奖励旅游(incentive and program)、协会/团体组织会议(convention)和展览(exhibition)四个部分,即 MICE 的缩写。

广义会展可以理解为会议、展览、奖励旅游及节事活动的统称,会议、展览会、博览会、交易会、展销会、展示会等是会展活动的基本形式;狭义的会展仅指会议和展览活动。

综合国内外对会展概念的界定,会展可定义为:会展是在特定的时间和地域空间范围内,通过策划、组织与管理将目标人群聚集,围绕特定主题,以信息沟通或商品交易为目的,利用展示、交易、沟通等形式而开展的社会活动。此定义包含了以下几层意思。

一是特定的时间。虽然在广义的会展活动中,对举办时间的长短并没有界定标准,但会展活动是与商场、超市等长期、固定和常态的展示形式还是有时段上的差别,不论是三五天展期的展览会、一两个月的节庆活动还是为期一年的世博会,其举办时间的时段是特定的而非常年固定的。

二是地域空间。强调会展活动举办是在现实的场地和地域空间中,与虚拟空间及电子商务网站有本质的区别,从严格意义上来讲,虚拟空间及电子商务网站也有并非现代意义上的会展活动范畴,而属电子商务范畴。

三是策划、组织与管理。会展活动是有意为之,而非自发形成的,而策划、组织与管理就是会展活动的实施手段。

四是目标人群。体现会展活动的策划所针对的主体,是有目标的策划相关人群的聚集,"目标人群"在特定的时间和地域空间里"聚集"才是会展的核心,而产品、信息、资金等是以人为核心的附属,而且这一人群的聚集是策划的结果,而非无目的而随机聚集的人群。

因为,仅以"物"为核心的聚集,其典型代表是仓储业和物流业;以"资金"为核心的聚集,其典型代表是金融业的银行、股市等;以"信息"为核心的聚集,其典型代表是信息管理业的数据库建设或网络信息平台,包括近年兴起的"网络会展"说法,只是利用网络或信息化工具为人群聚集的管理或服务提供技术支持,即使是在网络平台上进行的展示与交易活动,实质属电子商务行业,在会展行业统计中,也从未有一国家或会展协会组织把电子商务的相关展示、交易等纳入会展业统计中。另外,在本书的会展概念中,我们提及的这种人群聚集效应是以"信息沟通和商贸交流"为目标,这一目标是与学校、培训等人群聚集在目标上的最大差别,虽然会展活动也有人文教育的功能,但就其本质目标而言,这种人文教育功能主要是为了信息沟通,如政府性会议、展品演示等,与学校对学生人群的教育目标在本质上具有差别。所以,以人群作为核心的组织、策划与管理,是会展活动与其他行业活动最大的特点;而人群的个体所附带的单位文化、区域文化、产品、资金、信息等,是"因人而聚"的资源,在资源聚集性及交叉中,又以人为核心所主导而产生新的信息、合作、贸易等行为。

五是展示、交易、沟通等形式的社会活动。这里泛指会展活动中所包括的会议、展览会、博览会、节庆活动、体育赛事、奖励旅游等多种形式。

广义的会展内涵虽然表现为会议、展览、奖励旅游、节事活动、赛事活动等多种组织特点和形式,但其核心都是"人群在特定时间和地域空间的聚集",所以会展职业的核心技能也就是解决"人群聚集的管理与服务"。

2."大会展"的内涵

会展活动包括哪些内涵,对此国内外学术界还存在较多分歧。但随着国际经济活动的不断深入,会展业也适应经济的发展,"会展"的内涵在朝"大会展"拓展。当中国经历着从狭义会展向广义会展(大会展)发展的过程时,其进展基本上与国际会展业界的发展做到了同步,这种同步是与中国会展业界积极对外开放、对外交流紧密相连的。

在西方发达国家,会展业伴随市场经济的形成已有数百年历史,而国内会展业的成型是在中国获准加入世界贸易组织(WTO)之后。入世促进了中国的对外开放,更促进了中国的国内改革,正是由于入世,中国会展业才得以确立。

2008年6月,"全国会展业标准化技术委员会"成立,它所确定的会展标准体系基本框架明确包括展览、会议、活动。要逐步针对"大会展"制定各种国家技术标准。至此,"大会展"的概念已经先后进入《国民经济行业代码》和《国家技术标准体系》,完成了身份的"登记"、"注册"和"认证"。2010年上海世博会开幕,会展活动的相应形式都在这里得到了充分的展示,使国内大众亲自感受到什么是所谓的"大会展"。上述所说的"大会展"的各种类别——会议、展览、节庆、赛事、演艺、奖励旅游等,简称会、展、节、赛、演、游等6大领域。当然,还有学者将"大会展"的范围做了一个概括,认为"大会展"应包括12项:会、展、演(会议、展览、广场演艺);节、赛、馆(节庆、赛事、文化所馆);奖、训、观(评奖、培训、产业观光);公、传、园(公关、传播、主题公园)。

中国"大会展"与国际潮流的同步,国内经济发展正适应国际趋势,会展活动的内涵正在与国际接轨。据此我们总结出,会展活动就是会展的具体社会活动表现形式,它主要包括会议、展览、节庆活动、体育赛事、广场演艺(该定义范畴尚有争议)、奖励旅游等多形式的社会活动。

3. 会展市场

会展市场,是指围绕会展业而开展的一系列供需交易活动及所处的政治、经济关系的总和。会展市场是开展会展活动的平台,一个完整的会展市场,涉及会展供给市场和会展需求市场两个方面,即会展供给市场和需求市场共同构成了会展市场。会展业原本是工业生产的附庸,它是与市场经济对信息交流的内在要求相适应的,是一条集多行业为一体的经济消费链,具有促进经济贸易合作、加速城市建设的作用。

同步案例 意大利2015年米兰世界博览会的简介

意大利2015年米兰世界博览会(EXPO 2015),第42届世界博览会,于2015年5月1日至10月31日,在意大利米兰市举行。本届世界博览会由米兰市政府、伦巴第大区政府、米兰博览会基金会以及米兰工商会等单位协办。米兰市申办2015年世博会的主题是"给养地球:生命的能源",这是世博会史上首次以食物为主题,会上展出来自不同国家的美食,并谋求2050年为全球多达90亿人口解决食物需要。

米兰作为意大利经济中心和重要的展览城市,有多次举办大型博览会的经验。在历史上,米兰曾于1906年承办过世博会。米兰市拥有占地200万平方米、室内展出面积47万平方米的新展览中心,并为世博会规划了占地2平方千米的世博城,包括12万平方米的国家展馆面积、可容纳12000名观众的剧院、6000个座位的会堂、主题展馆和公园,及配套的交通、酒店、商业设施,届时将利用完善的设施设备为世界各国展团和观众提供高水准服务。

在整个世博会期间,世博园区以及各个场馆都准备了丰富多彩的活动,分为世博园常规演出和各个国家参展方的特殊活动。主要包括世博吉祥物Foody花车大游行、创意厨艺秀、儿童娱乐活动、表演秀、夜场音乐光电喷泉表演、特殊活动(游客可在米兰世博会官网 http://www.expo2015.org/en/events 查阅或者在米兰市中心 Expo Gate 的信息中心咨询)。

问题：从"大会展"的角度，分析2015年米兰世博会对观众的吸引特色。

分析提示：本案例中，米兰世博会作为"大会展"的一种形态，充分体现了会展业具有政治、经济、文化、社会、生态等方面广泛联系、广泛沟通、广泛综合的特色，同时融合了会议、展览、活动(节庆、演艺、赛事等)、奖励旅游、文化创意等多个领域、多个方面。

4. 展览的内涵与定义

展览(exhibit)的简要解释是展示实物、图片，以供观览、欣赏，在实际应用中，展览会名称相当繁杂。

UFI(国际展览联盟，Union of International Fairs 的简称，现已改名为全球展览业协会"The Global Association of the Exhibition Industry")是迄今为止世界展览业最重要的国际性组织，其对展览的定义为：展览是一种市场活动，在特定时间内，众多厂商聚集于特定场地陈列产品，从而推销其最新产品或服务。

由国家质量监督检验检疫局和国家标准化管理委员会联合发布的《经济贸易展览会 术语》(GB/T 26165—2010)中，对展览的定义为：博览会(展览)是在一定地域空间和有限时间内举办的，以产品、技术、服务的展示、参观、洽谈和信息交流为主要目标的，有多人参与的群众性活动。

在此书中，我们将展览界定为：展览是由主办者策划与组织，在特定时间和地域空间范围内，以产品、技术、服务、信息展示为主要目标，聚集目标人群现场参与的贸易与信息交流活动。

(二) 展览活动的基本特性

根据共轭理论，任何事物都有虚实、软硬、潜显、正负四对对立的共轭点；用唯物辩证法和系统论的方法审视会展，可以分析出会展具有如下十大对立统一的共轭特征：集聚性与辐射性、营利性与公益性、高效益性与高风险性、竞争性与人文性、标准化与特色化、传统性与时尚性、直观性与虚拟性、互动性与内省性、艺术性与科学性、关联性与独立性。在此基础上，我们归纳展览活动还有自成体系的显著特点，主要包括以下几点。

1. 人文集约性

展览活动的核心是"以人为本"，所展示的也是"人本主义信息"，不管活动的参与者是自然人还是法人单位，即使是法人单位也需要由具体的自然人作为代表，在会展活动中表达所代表法人的主观导向与文化信息等。以人群聚集作为施动核心，这是会展活动与其他行业活动最大的差别。

2. 资源聚集性

展览活动除在体现以人为核心的聚集外，还附带了大量的资金、物质、信息等在同一时间、空间上的聚集，并给活动举办地带来源源不断的商流、物流、人流、资金流、信息流等资源。由展览活动引起的城市优质资源聚集、城市配套服务聚集、以举办地为中心的辐射力聚集等,展场和会场是陈列展品、构建形象、负载信息的物质实体,是个综合的全息媒介,汇集了种类繁多的信息。

3. 政治经济性

不管是公益宣传性展示活动,还是经贸性的展览活动,都是从正面或侧面表现国家或地方政治管理措施或施政方针,其根本都是服从于政治管理需求,为政治服务并体现管理阶层的意志。政治经济学是从生产关系方面研究各个阶级在经济发展过程中的地位和作用的经济学,其根据所代表的阶级的利益为了突出某个阶级在生产关系中的地位和作用自发从某个侧面研究价值规律或经济规律。公益宣传性展示活动,是国家或地区主导价值和文化的展现,而经贸类展览会更是国家间政治谈判、经济协议或是地区间产业扶持政策与区域一体化发展等施政措施的直接或间接表现。

4. 管理文化性

展览活动还有非常强大的管理文化与地域文化交流的特点,随着世界各国的不断发展,国际性的会展也逐渐增多。开展标准化建设是支撑和引领各行各业规范化、规模化、品牌化发展的基础。这不仅需要会展行业和企业的标准化建设,同时在展览活动的交流平台,各国各地区参展企业的先进管理经验,也为其他参展企业实施标准化管理提供了借鉴。

在会展活动中,高雅艺术得以生活化,社会生活得以艺术化。会展设计中不可缺少的展板、展品、背景展墙、海报、图形、文字、指示等平面视觉形象具有自身的形式意味,它与整体形态的形式融合在一起,构成了会展设计艺术的整体设计的魅力。

(三) 展览的基本功能

1. 信息传递功能

信息传递是指人群间通过声音、文字、图像或者动作相互沟通消息的过程。展览信息传递程序中有三个基本环节,即信息源——译进——反馈。展览活动通过人群、物质、文化等集约式交流,这种信息传递具有体验性、实触性和即时性,其中的每一参与方都能不同程度地共享这一集约所带来的人群、物质、文化等信息,调整个人及所代表的市场主体行为以适应在获取新信息条件下不断变化的市场环境,达到预期的参与目标。

2. 市场调节功能

展览活动促进了信息资源的开发和利用,使产品供给方能获得较为全面而充分的信息,实行科学决策,迅速提高产品的市场供给能力和供给水平。同时,有利于改善产品的供给结构和供给内容,提高有效供给能力,创造新的供给。

3. 刺激消费功能

展览活动的体验式感受与信息创新,促进了新兴消费方式或新兴产品与项目的产生,从而通过刺激消费市场(包括生活性消费市场和生产性消费市场)促进行业生产与贸易。

4. 整合营销功能

展览产业链中所包括的"跨行销售"和"上游销售",对于消费者(包括生活性消费和生产性消费)行为的各个角度来说都是有效的,营销需要综合考虑各个时间消费者行为的其他角度。

5. 经济一体化功能

展览活动作为经济一体化策略实现的主要表现形式之一,极大地推动了这一经济策略的纵深发展。从经济方面来看,经贸类展览会项目,主要为关税同盟提供实践平台;从政治方面看,国际性展览会所提供的政治与经贸交流平台,在国际事务中的政治影响远非单个成员国所能及。此外,通过展览活动会产生"扩散效应",这并非要求所有国家完全一样,而是从一体化经济学角度来说,内部不同程度和不同范围的自由贸易会取得不同程度的贸易创造、贸易转移、规模经济、投资刺激等效应。

二、展览分类标准

根据展览性质、展览内容、展览规模、展览时间及呈现形式等不同分类标准,展览会可以划分为不同的类型。如以展览内容为分类标准,国际博览会联盟(UFI)将展览会分成综合展览会、专业展览会、消费展览会三大类。展览的分类要考虑两个方面:一是展览的内容,包括展览的性质、内容、所属行业等;二是展览形式,包括展览规模、时间、地点等。

(一) 从性质上分

1. 经济贸易展览

经济贸易展览是以贸易、投资和经济合作等商务活动为主要功能的展览会。经济贸易展览是为制造业、商业等行业举办的,展览目的是交流信息、洽谈贸易。

2. 消费展览

消费展览基本上都展出消费品,目的主要是直接销售。展览的性质由展览组织者决定,可以通过参观者的成分反映出来,对工商业开放的展览是贸易展览,对公众开放的展览是消费展览。

(二) 从内容上分

1. 综合展览

综合展览指包括全行业或数个行业的展览会,也被称为横向型展览会,比如工业展、轻工业展。

2. 专业展览

专业展览指展示某一行业甚至某一项产品的展览会,比如钟表展。专业展览的突出特征是常常同时举办讨论会、报告会,用以介绍新产品、新技术等。

(三) 从规模上分

展览从规模上分为国际展览、国家展览、地区展览、独家展览等。这里的规模是指展出者和参观者所代表的区域规模,而不是展览场地的规模。不同规模的展览有不同的特色和优势。

《国际展览会公约》指出,展览会是一种展示,无论名称如何,其宗旨均在于教育大众。它可以展示人类所掌握的满足文明需要的手段,展现人类在某一个或多个领域经过奋斗所取得的进步,或展望发展前景。

从理论上讲,有两个或两个以上国家参加的展览会都可以称作国际展览会。但是,在贸易展览业中,使用比较普遍的标准是由国际展览会联盟规定的,具备下列标准之一就可称作国际展览会:20%以上的展出者来自国外;20%以上的观众来自国外;20%以上的广告宣传费使用在国外。

有些展览会制定了更高的标准,如德国的杜塞尔多夫展览会将国际标准定为30%以上的外国展出者或25%以上的外国参加者。由于科学技术的发展,通信、交通变得更加便利,使国际贸易的机会大大增加。

《经济贸易展览会术语》中界定国际展览会为境外参展商不低于全部参展商的10%,或者境外观众不低于全部观众的5%的展览会。

(四)从时间上分

定期展览有一年四次、一年两次、两年一次等,不定期展览则是视需要而定为长期和短期展览。长期展览可以是三个月、半年,甚至常设,短期展览一般不超过一个月。在发达国家,专业展览一般是三天。在英国,一年一次的展览会占展览会总数的3/4。展览日期通常受财务预算、订货以及节假日的影响,有旺季、淡季之分。

(五)从展览地点分

大部分展览会都在专用展览场地举办。展览场馆最简单的分类是分为室内场馆和室外场馆。室内场馆多用于展示常规展品的展览会,比如纺织展、电子展等;室外场馆除用于展示常规展品外,还可用于展示超大超重展品,比如航空展、矿山设备展等。在几个地方轮流举办的展览会称作巡回展。比较特殊的展览是流动展,即利用飞机、轮船、火车、汽车作为展览场地的展览会。

(六)从呈现形式上分

随着商品经济和科学技术的发展,特别是网络时代的到来,各种各样的网上交易会不断涌现,虚拟展览的发展速度空前,被称为永不落幕的展览会。

1. 虚拟展览

虚拟展览又称网上会展,是人们将参展单位的各种信息以多媒体电子文件的形式存放在国际互联网的某个服务器里,供各国客商查阅。有关产品和公司的信息一般包括文字、图片、音频以及视频资料,即通常所说的多媒体信息。虚拟展览的特点是辐射面广、参展费用低、展出期长、信息容量大、传播速度快等。

2. 传统展览

传统展览是人们将展品在一定的时间、空间条件下通过直观展示来传递和交流信息的群众性社会活动。传统展览的特点是真实性与广泛性、直观性与艺术性、综合性与现代性、群众性与开放性、集中性与时效性。

知识活页

中国对外经济技术展览会分类:中国对外经济技术展览会分类目录(The Classified Catalogue of Foreign Economic and Technological Exhibitions)。

三、展览会的构成要素

展览会的构成要素主要包括行业管理机构、组织机构、场地提供机构、参展商和观众五大部分。

（一）展览会行业管理机构

1. 国际会展管理机构

国际较为知名、影响力较大的国际型会展管理团队和协会主要有以下几种。

（1）国际博览会联盟，即国际展览联盟（Union of International Fairs，简称 UFI），是迄今世界展览业唯一的国际性组织。它是一个非政治性、非营利性的组织，其会员不是单独的个体，而是与展览业有关的公司、协会以及相应的管理机构，其会员来自世界 67 个国家。

（2）国际展览局，英文简称为 BIE，是专事监督和保障《国际展览会公约》的实施、协调和管理举办世博会并保证世博会水平的政府间国际组织。

（3）世界博览会（World Exhibition or Exposition，简称 World Expo）又称国际博览会，简称世博会，分为两种形式，一种是综合性世博会，另一种是专业性世博会。世博会是一项由主办国政府组织或政府委托有关部门举办的有较大影响力和悠久历史的国际性博览活动。

2. 主要国家的会展管理机构

（1）德国展览业协会（Association of the German Trade Fair Industry，德语缩写 AUMA），是德国最重要的展览组织和展览业服务、协调的权威机构，在世界展览业也有很大的影响力。

（2）法国海外展览委员会技术、工业和经济合作署，通常称为"CFME-ACTIM"，是法国境外出展委员会（CFME）与技术、工业和经济合作署（ACTIM）合并后的名称。

（3）意大利对外贸易协会，英语简称 ICE，创建于 1926 年，是一个政府机构，在意大利有 16 个办事处及 72 个国外办事处。

（4）西班牙对外贸易协会，英语简称为 ICEX，是西班牙一个政府机构，致力于帮助西班牙企业成功开展出口及国际性业务。

（5）日本贸易振兴机构，英语全称为 Japan External Trade Organization，简称 JETRO。

（6）美国展览服务和承包协会，英语全称为 Exhibition Services & Contractors Association，英语简称 ESCA，ESCA 是负责展览馆装修的具体部门。

3. 中国的会展行业管理机构

国内还没有统一的会展管理机构，我们的会展行业管理机构也正在由政府转向行业协会管理的过渡阶段，现有管理机构主要包括商务部、科技部、文化部、新闻出版署、工商管理部门、中国国际贸易促进委员会、地方政府部门、各地行业协会等。

（二）展览会组织机构

1. 主办单位

主办单位即展会的组织机构，主要负责策划、运营展览会，拥有并对展览活动承担主要责任的组织。负责策划和制定展会组织和实施的方案,安排展会的组织、招展招商、公关、广告策划、展场联系和落实、财务管理以及落实一系列配套服务,需要承担民事责任。

2. 承办单位

承办机构是受主办单位委托,承担、协助、参与展览会策划或运营的组织。承办机构的主体一般是会展公司、展览服务公司、广告公司,同时,政府、贸促机构、行业协会、商会等也经常作为承办机构。承办单位是直接负责展览会的实际策划、组织、操作与管理,对展览会承担主要的财务责任,具体职责有：一是在展览全过程中负责具体事业组织管理(包括展位销售与安排、各种服务性公司的选择、协调、安排、监督等,参展商、专业观众面临的具体问题处理);二是实现展览流程的规范化和标准化;三是协助主办机构解决其他相关问题。

3. 协办单位

协办单位是协助主办(或承办)单位举办展览会的组织,主要是协助主办机构或者承办机构部分负责展会的策划、组织、操作与管理工作,部分承担展会的招展、招商和宣传推广工作(双赢互益)。

4. 支持单位

支持单位向展览会或其他相关活动提供有效资源的组织。支持单位位于产业链下端某一节点的相关行业部门、企事业单位等,如装饰、交通等支持性行业单位,核心目的是获得直接或者间接营销机会。

(三) 展览会场地提供机构

展览会场地提供机构主要指专业展览场馆或出租适合开办展览会的场地管理方。展览场馆是指从事会议、展览以及节事活动的主体建筑和附属建筑,以及相配套的设施设备和服务,它由硬件和软件两部分组成。场馆中的"场",是场地,一般指室外区域,"馆",即馆所,一般指室内区域。因此,展览场馆可以分成室内的会议和展览中心,以及露天的会议和展览场地。展览场馆根据不同的标准,有多种类型。

1. 按照主要用途划分

按照主要用途可分为博物馆、展览馆、美术馆、纪念馆、陈列馆、会议中心、展览中心、体育场、体育馆、文化广场、文化馆、城市规划展示馆、剧院、剧场等。对相应功能与用途此书中不做详解。

2. 按照场馆规模大小划分

按照场馆规模大小可以分为大型展览场馆、中型展览场馆、小型展览场馆和临时展览场馆。

大型展览场馆是指展览场馆规模庞大,一般举办大型的国际性会议和综合性的展览活动,如广州国际展览中心、上海国际展览中心等。

中型展览场馆是指展览场馆规模比较大,一般举办区域性的国际会议、大中型的行业会议和行业性的展览活动,如西安国际展览中心、昆明国际展览中心等。

小型展览场馆是指展览场馆规模较小,一般举办地区性的会议和地区性、专业性的贸易展览活动,如广州锦江展览中心、广州百越展览中心等。

临时展览场馆是指不是专门用于展览的临时性展览场所,一般不会经常性举办展览活动,如广东国际大酒店等各种大型物业的展览馆。

3. 按照展览内容划分

按照展览内容可分为综合型、展览型、博览型、会议型展览场馆。

综合型展览场馆是指可同时和分别举办会议和展览活动的场所,如上海国际展览中心、大连星海展览中心等。

展览型展览场馆一般只举办各类产品和信息的展览活动,一般不举办交流会议,如广东现代国际展览中心(东莞)、上海国际展览中心等。

博览型展览场馆是指举办各种画展、花卉展、艺术品展、文物展等博览性活动的场所,如上海新国际博览中心、广州花卉博览园等。

会议型展览场馆是指主要举办国际会议、行业会议等大型会议的场所,如北京国际会议中心、博鳌亚洲论坛会议中心等。

4. 按照场馆性质划分

按照场馆性质可分为项目型、单纯型和综合型展览场馆。

项目型展览场馆是指不是专门用于展览,只是偶尔举办展览的场所,如白天鹅宾馆展示厅、广东国际大酒店展览馆等。

单纯型展览场馆是指专门用于某种产品展览、某个行业展示和某种会议举行的活动场所,如广州花卉博览园、中国农业展览馆等。

综合型展览场馆是指可以举办各种商贸展览和交流会议的活动场所,如上海光大展览中心、武汉国际展览中心等。

5. 按照场馆功能划分

近代展览场馆大致可以分为三种类型:大型展览中心、大型会议中心和展览中心。

大型展览中心和大型会议中心的功能较为单一,主要就是举办各类展览和会议,如上海新国际博览中心、香港会议中心。

展览中心又可分为展览建筑综合体和展览城。大型展览建筑体是当今较为流行的一种展览场馆类型,包含展览、会议、办公、餐饮、休憩等多种功能。如加拿大大厦、墨尔本国际展览中心、上海世贸商城、大连星海展览中心。展览城指超大规模的展览中心,如英国国家展览中心、德国汉诺威展览中心等。

(四) 参展商

参展商是签订参展合同,履行合同义务,拥有展台使用权,展示产品、技术和服务的组织。

1. 参展商的分类

参展商根据国别特点可以分为国内参展商和国际参展商。根据《经济贸易展览会 术语》对参展商在地域方面的界定,可以分为境内参展商、境外参展商和国家展团。

(1) 境内参展商是指合法注册在中华人民共和国境内的参展商,外商独资企业除外。

(2) 境外参展商是指除境内参展商以外的参展商。

(3) 国家展团是指由国家有关部门或其委托的机构组织的,代表该国家参展的展览团。

参展商根据主体特点还可以分为政府参展、行业协会参展和企业参展。

(1) 政府作为参展商。一般大型的展示活动,有时政府会组团参展。政府组团参展主要是展示城市或地区的整体风采,代表地区和城市总体招商,或为参展商提供信誉上的支持。

(2) 行业协会或社团参展。行业协会或社团参加会展,主要是参加比较大型的专业展览。由于行业协会或社团在平时可以加强行业之间的联系,对相互之间的信息沟通具有便利条件。行业协会参加展览,可以系统地介绍本行业参展商的实力,宣传本地区企业的优势,阐述本地区集群经济的特点和产业链的作用。

(3) 企业参加展会。企业参加展会的主要目的是获取经济利益,但具体的体现方式也有所不同。

2. 参展商的性质

参展商往往具有各自的特点,对同一展会具有相异的态度。因此,有必要对展会参展商的性质进行研究。

(1) 多样性。无论有多少个参展商,每个参展商都有自己不同的评价标准,因此,展会主办者和承办商尽可能地允许更多的相近产品参加展会。

(2) 唯一性。尽管参展商的层次不同,但所有单位都希望自己得到最好的服务,因为除特殊情况外,参展商支付的参展费用是相同的。因此,会展的主办单位和承办单位应对参展商一视同仁,不能因参展商的名气和实力而区别对待。

(3) 复杂性。每个参展商都有自己的思考,因此,应尽可能地满足他们的个性化要求。这些个性化的要求可能是对饮食的挑剔,可能是对会展场地的抱怨,也可能是对管理和服务的不满,展会的主办单位和承办商都应该认真考虑。

(五) 观众

观众是指展览会展出期间参观展览会的人员(注:不包括主办单位、场馆、服务商、参展商的工作人员)。展会期间进入会展现场参观或与参展企业交流信息、业务洽谈的观众根据不同的分类方式有不同的类型,可分为专业观众和普通观众,也可分为境内观众和境外观众。

专业观众是指展览会展出期间,出于收集信息、采购洽谈、联络参展商等专业或商业目的参加展览会的观众;普通观众指大众市民。

境内观众是指登记且有效的通信地址及身份证明均为境内的观众;境外观众是指登记且有效的通信地址或身份证明为境外的观众。

此外,还有投资型观众、实用型观众、学习型观众、鉴赏型观众和附庸风雅型观众的划分。

(注:上述关于经济贸易展览会、参展商、观众等解释,均采用《经济贸易展览会 术语》(GB/T 26165—2010)中的相关定义。)

第二节　项目管理基础知识

一、项目管理基础

（一）项目管理的起源与内涵

1. 项目管理的起源

项目管理是第二次世界大战后期发展起来的重大新管理技术之一，最早起源于美国。比较有代表性的项目管理技术比如甘特图、关键性途径方法和计划评审技术。

2. 项目管理的定义

项目管理是管理学的一个分支学科，对项目管理的定义是：项目管理就是项目的管理者，在有限的资源约束下，运用系统的观点、方法和理论，对项目涉及的全部工作进行有效的管理，即从项目的投资决策开始到项目结束的全过程进行计划、组织、指挥、协调、控制和评价，以实现项目的目标。

项目的定义包含三层含义：第一，项目是一项有待完成的任务，且有特定的环境与要求；第二，在一定的组织机构内，利用有限资源（人力、物力、财力等）在规定的时间内完成任务；第三，任务要满足一定性能、质量、数量、技术指标等要求。这三层含义对应这项目的三重约束——时间、费用、性能。项目的目标就是满足客户、管理层和供应商在时间、费用和性能（质量）上的不同要求。

3. 项目管理的特征

（1）一次性。一次性是项目与其他重复性运行或操作工作最大的区别。项目有明确的起点和终点，没有可以完全照搬的先例，也不会有完全相同的复制。项目的其他属性也是从这一主要的特征衍生出来的。

（2）独特性。每个项目都是独特的，或者其提供的产品或服务有自身的特点，或者其提供的产品或服务与其他项目类似，然而其时间和地点、内部和外部的环境、自然和社会条件有别于其他项目，因此项目的过程总是独一无二的。

（3）目标的确定性。项目必需确定的目标有以下几个。

①时间性目标，如在规定的时段内或规定的时点之前完成。

②成果性目标，如提供某种规定的产品或服务。

③约束性目标，如不超过规定的资源限制。

④其他需满足的要求，包括必须满足的要求和尽量满足的要求。

目标的确定性允许有一个变动的幅度，也就是可以修改。不过一旦项目目标发生实质性变化，它就不再是原来的项目了，而将产生一个新的项目。

（4）活动的整体性。项目中的一切活动都是相关联的，构成一个整体。多余的活动是不必要的，缺少某些活动必将损害项目目标的实现。

（5）组织的临时性和开放性。项目班子在项目的全过程中，其人数、成员、职责是在不断变化的。项目组织没有严格的边界，是临时性、开放性的。这一点与一般企、事业单位和政府机构组织很不一样。

（6）成果的不可挽回性。项目在一定条件下启动，一旦失败就永远失去了重新进行原项目的机会。项目相对于运作有较大的不确定性和风险。

（二）项目管理的意义与作用

1. 实施项目管理的意义

项目管理方法和项目实施方法对项目的成功都是有重要意义的，两者是相辅相成的，就如管理人员和业务技术人员对于企业经营的意义一样。从展览项目的角度看，任何一个展览主办方如果要策划和组织高质量、高效率的展览产品或者提供高质量的展览服务，都应该对自身的展览项目业务流程进行必要的分析和总结，并逐步归纳出自己的项目管理方法及项目实施方法，其中项目实施方法尤其重要，因为大部分展览企业都有自己的核心业务范围，其项目实施方法会比较单一，在这种情况下，项目管理方法可能会弱化，而项目实施方法会得到强化，两者会较紧密地结合在一起。只有总结出并贯彻实施符合展览企业自身业务的方法，项目的成功才不会严重依赖于某个人。

2. 项目管理的作用

项目管理是全新的管理方法，学习项目管理可以开阔思路和视野，能培养我们的系统思维习惯、务实的工作作风、科学的管理方法，能教会我们养成良好的工作习惯。项目管理的作用有以下几点。

（1）合理安排项目的进度，有效使用项目资源，确保项目能够按期完成，并降低项目成本。

（2）加强项目的团队合作，提高项目团队的战斗力。

（3）降低项目风险，提高项目实施的成功率。

（4）有效控制项目范围，增强项目的可控性。

（5）可以尽早地发现项目实施中的问题，有效地进行项目控制。

（6）可以有效地进行项目的知识积累。

二、项目管理的内容与程序

（一）项目管理的要素

项目管理有四个要素：范围、时间、成本和质量。

1. 范围

范围也被称为工作范围，指为了实现项目目标必须完成的所有工作。一般是通过定义交付物和交付物标准来定义工作范围的。

2. 时间

项目时间用进度计划来描述，进度计划不仅说明了完成项目工作范围内所有工作需要的时间,也规定了每个活动的具体开始和完成的时间。

3. 成本

成本指完成项目所需要的所有款项,包括人力成本、原材料、设备租金、分包费用和咨询费用等。

4. 质量

质量指项目满足明确或者隐含需求的程度。

(二) 项目管理的知识体系与内容

目前全世界有三大项目管理的研究体系,即以欧洲为首的体系——国际项目管理协会(IPMA International Project Management Association)、以美国为首的体系——美国项目管理协会(PMI Project Management Institute)和以中国为首的体系——中项技工程技术研究院(4DPM)。项目管理的9大知识体系具体包括以下几点。

1. 项目集成管理

项目集成管理是指为确保项目各项工作能够有机地协调和配合所展开的综合性和全局性的项目管理工作和过程,是为了正确地协调项目所有各组成部分而进行的各个过程的集成,是一个综合性过程,其核心就是在多个互相冲突的目标和方案之间做出权衡,以便满足项目利害关系者的要求。

2. 项目范围管理

项目范围管理是为了实现项目的目标,对项目的工作内容进行控制的管理过程。为确保项目不但完成全部规定要做的,而且也仅仅是完成规定要做的工作,最终成功地达到项目的目的。项目范围管理的基本内容是定义和控制列入或未列入项目的事项,它包括范围的界定、范围的规划、范围的调整等。

3. 项目时间管理

项目时间管理是为了确保项目最终能按时完成的一系列管理过程。它包括具体活动的界定,如活动排序、时间估计、进度安排及时间控制等项工作。

4. 项目费用管理

项目费用管理,是为了保证在批准的预算内完成项目的一系列管理过程,是为了保证完成项目的实际成本、费用不超过预算成本、费用的管理过程。它包括资源的配置,成本、费用的预算以及费用的控制等项工作。

5. 项目质量管理

项目质量管理,是为了确保项目达到客户所规定的质量要求所实施的一系列管理过程。它包括质量规划、质量控制和质量保证等,是为了保证项目能够满足原来设定的各种要求。

6. 项目人力资源管理

项目人力资源管理是为了保证所有项目关系人的能力和积极性都得到最有效地发挥和利用所做的一系列管理措施。它包括组织的规划、团队的建设、人员的选聘和项目班子的建设等一系列工作。项目人力资源管理,是为了保证最有效地使用参加项目者的个别能力。

7. 项目沟通管理

项目沟通管理,是为了确保项目的信息的合理收集和传输所需要实施的一系列措施,它包括沟通规划、信息传输和进度报告等。在人、思想和信息之间建立联系,这些联系对于取得成功是必不可少的。参与项目的每一个人都必须准备用项目"语言"进行沟通,并且要明白,他们个人所参与的沟通将会如何影响项目的整体。项目沟通管理是保证项目信息及时、准确地提取、收集、传播、存贮以及最终进行处置。

8. 项目风险管理

项目风险管理,需要的过程有识别、分析不确定的因素,并对这些因素采取应对措施。项目风险管理要把有利事件的积极结果尽量扩大,而把不利事件的后果降低到最低程度,涉及项目可能遇到各种不确定因素,包括风险识别、风险量化、制定对策和风险控制等。

9. 项目采购管理

项目采购管理是为了从项目实施组织之外获得所需资源或服务所采取的一系列管理措施。它包括采购计划、采购与征购、资源的选择以及合同的管理等项目工作。

(三) 项目管理的方法

项目管理是一个管理学分支的学科,指在项目活动中运用专门的知识、技能、工具和方法,使项目能够在有限资源限定条件下,实现或超过设定的需求和期望。在项目管理方法论上主要有:阶段化管理、量化管理和优化管理三个方面。

1. 阶段化管理

阶段化管理指的是从立项之初直到系统运行维护的全过程进行分段管理,根据目前工程项目的特点,我们可将项目管理分为若干个小的阶段。

2. 量化管理

量化管理又称管理的数量统计法,是一种从目标出发,使用科学、量化的手段进行组织体系设计和为具体工作建立标准的管理手段,指以数字为基础,用数学的方法来考察和研究事物的运动状态和性能,以求对事物存在和发展的规模、程度等做出精确的数字描述和科学控制,实行标准化操作的管理模式。量化管理体系的各个部分互相关联,互相制约,共同组成一个有机的量化管理图表整体,使企业管理系统像一部精密的机器有效运作。

3. 优化管理

优化管理是指企业管理者在特定环境下,对内部组织的各类资源进行有效配置,选择优良组合,以便实现确定目标的实施过程。优化基础管理工作是企业扩大再生产的需要,也是企业健康发展、提高效益的关键所在。

(四) 项目管理过程

通常来说,现在的项目管理方法中,项目的工作过程开发被分成五个步骤(见图1-1)。

1. 项目启动

启动是一种认可过程,用来正式认可一个新项目或新阶段的存在。成立项目组开始项目或进入项目的新阶段,包括发起项目、授权启动项目、任命项目经理、组建项目团队、确定项目利益相关者。

2. 项目计划

定义和评估项目目标,选择实现项目目标的最佳策略,制订项目计划。包括制订项目计

图 1-1　项目管理过程

划、确定项目范围、配置项目人力资源、制订项目风险管理计划、编制项目预算表、确定项目预算表、制订项目质量保证计划、确定项目沟通计划、制订采购计划。

3. 项目执行

调动资源，执行项目计划。当项目启动和策划中要求的前期条件具备时，项目即开始执行。

4. 项目监控

监控和评估项目偏差，必要时采取纠正行动，保证项目计划的执行，实现项目目标，包括实施项目、跟踪项目、控制项目。

5. 项目完成

项目完成也叫项目收尾，正式验收项目，使其按程序结束，包括项目移交评审、项目合同收尾、项目行政收尾。

不是每个项目都必须经过以上每一个阶段，因为有些项目可能会在达到完成阶段之前被停止。有些项目不需要策划或者监测，有的项目需要重复多次计划阶段、执行阶段和监控阶段。

项目管理试图获得对 5 个变量的控制，即时间、成本、质量、范围、风险等。

项目三重制约（见图 1-2）：以项目质量为核心，在费用预算内按时间提交满足要求的产品或服务。

项目三重目标（见图 1-3）：以项目范围为核心，在提交产品或服务时，保障高质、准时和低耗。

图 1-2　项目三重制约

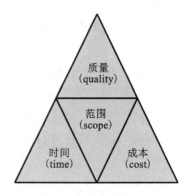

图 1-3　项目三重目标

有三个变量可以由内部或者外部的客户提供,其余的变量则由项目经理理想地基于一些可靠的估计技术来设定。这些变量的最终值还需要在项目管理人员与客户的协商过程中确定。通常,时间、成本、质量和范围将以合同的方式固定下来。时间(time)、质量(quality)、成本(cost)这三个要素简称 TQC,一个项目的工作范围和 TQC 确定了,项目的目标也就确定了。

第三节 展览项目的申报与法规管理

一、展览项目的申报与管理

(一)国内展览项目的申报与审批

国务院在《关于进一步促进展览业改革发展的若干意见》(国发〔2015〕15 号)中强调指出:加快简政放权,改革行政审批管理模式,根据各地的实际情况,将展览项目的审批制逐步调整为备案制。目前,我国境内举办的针对境内的商品展销会性质的展览项目和各地省级商务主管部门负责的境内举办的对外经济技术展览会办展项目,不需要再进行行政审批;除前述审批的改变外,在境内举办的展览项目仍要按《国务院办公厅关于对在我国境内举办对外经济技术展览会加强管理的通知》(国办发〔1997〕25 号)、《对外贸易经济合作部关于重申和明确在境内举办对外经济技术展览会有关管理规定的通知》(外经贸贸发〔2001〕651 号)、《在境内举办对外经济技术展览会管理暂行办法》(外经贸政发〔1998〕第 325 号)等文件的相关规定进行审批,原对外贸易经济合作部因行政调整,展览管理的相关工作并入商务部进行归口管理。

> **知识活页**
>
> **在境内举办对外经济技术展览会管理暂行办法**
>
> 外经贸政发〔1998〕第 325 号,原对外贸易经济合作部发布 1998 年 9 月 22 日。
>
>

(二)出国举办经济贸易展览会的审批管理

1. 审批管理部门

2000年末,《国务院办公厅关于出国举办经济贸易展览会审批管理工作有关问题的函》提出以下几点。

(1) 从2001年1月1日起,各地出国办展一律由贸促会会签外贸部后审批,贸促会代表国家出国办展。

(2) 各级外事、外经贸商务、海关、出入境检验检疫和外汇管理部门凭贸促会的批准文件办理有关展品、人员出国等手续。

(3) 各组展单位要坚持正确的出国办展方针,不能盲目追求办展数量,不得借机搞变相公费旅游,严禁假冒伪劣产品和侵犯知识产权的商品参展。

2. 审批和备核的程序

2001年中国贸促会、外经贸部联合下发《出国举办经济贸易展览会审批管理办法》,提出以下几点。

(1) 赴展览会集中举办国和未建交国家办展,实行审批管理;赴其他国家(以下简称备核管理国家)办展,实行备核管理。

展览会集中举办国包括德国、意大利、法国、英国、西班牙、瑞士、俄罗斯、以色列、阿联酋、日本、韩国、泰国、新加坡、埃及、南非、美国、澳大利亚等。

(2) 赴审批管理的国家办展,组展单位应在每季度头2个月且不迟于展览会开幕前6个月向贸促会报送办展计划,并填写出国办展申请表。

(3) 贸促会于每季度最后一个月对组展单位报送的办展计划进行审批,并核发出国办展批准件。

(4) 贸促会审批出国办展计划前,将拟审批同意的计划送商务部会签。赴未建交国家办展计划同时送外交部会签。

(5) 赴审批管理国家办展,组展单位还应在开幕前3个月内向贸促会报送参展人员复核申请表。

(6) 赴备核管理国家办展,组展单位应至少在开幕式前3个月前报送办展计划,并填写出国办展申请表。

(7) 各级外经贸主管部门凭贸促会核发的出国办展批准件或出国办展备核件,核发展品出境有关证件。

(8) 各级外经贸、外事、外汇管理部门和外汇指定银行凭贸促会核发的参展人员复核件或出国办展备核件,办理参展人员出国、外汇使用及核销手续。

(三)来华经济技术展览会的审批

《对外贸易经济合作部关于举办来华经济技术展览会审批规定》提出,由中国国际展览中心举办的国外来华经济技术展览会报中国国际贸易促进委员会批准并报商务部备案;其他企业或事业单位等举办的报商务部批准;各外贸公司为配合进口订货举办的展出场地面积在500平方米以下的小型技术交流会、样品展示会等,由公司自主办理,免办批准手续。

二、我国展览业相关政策与法规

(一) 展览业法律制度概述

1. 展览管理体制

我国展览业的法律体系主要由多层次法律法规组成。我国目前有两类法律法规协调着展览领域的社会关系。一是展览业涉及的通用性的法律法规,主要有《合同法》《公司法》、《保险法》、《知识产权法》、《文物保护法》、《广告法》、《产品质量法》、《反不正当竞争法》、《消费者权益保护法》、《海关法》等。尽管这些法律法规从立法意图上不是专门针对展览行业而制定的,但也可以适用于展览领域。二是专门性的法律法规,即专门针对展览业而制定的法律法规。我国对省部一级的展览审批虽然取消了很多审批环节,但国内的展览管理在总体上实行的还是审批制,具有强烈的行政干预色彩,与德国、法国不同的是,我国的审批制表现为政府对展览企业是否具备主办展览的主体资格进行审批,对展览公司的市场行为进行干预,甚至表现为政府或代表政府的国有企业直接作为市场主体进行市场活动。

1) 国内展的展览管理体制

目前我国相关展览的法律法规还不健全,除了一些部门规章和地方性法规之外,还没有制定或出台一部真正意义上的全国性展览法。随着我国展览行业的发展,出台规范展览行业健康发展的法律势在必行。

展览法律体系实际上是由我国许多部门法律法规和国际条约、国际习惯等构成的集合体。在展览运行和管理过程中,如公司法律制度、合同法律制度、出入境管理制度、进出口管理制度、市场管理制度、交通运输管理制度、知识产权制度、WTO有关规则和国际惯例等,所有这些展览相关法规都包含在展览法体系之中。这些理论的不断发展,也为展览的发展和不断完善打下了坚实的理论基础。境内举办的展览会先由原商业部、内贸部、国内贸易局归口管理,后又由国家经贸委行使管理职责,中国贸促会可以审批其系统举办的国内展。2012年,国务院取消了关于全国性非涉外经济贸易展览会的审批制,改为登记制。目前,在国内举办全国性非涉外经济贸易展览会已经不再实行审批制,只要到有关部门登记就可以了。

2) 境内举办的对外经济技术展览会的展览管理体制

《国务院办公厅关于对在我国境内举办的对外经济技术展览会加强管理的通知》(以下简称《通知》)明确规定,境内举办对外经济技术展览会(包括国际展览会、对外经济贸易洽谈会、出口商品交易会和境外民用经济技术来华展览会等),由原外经贸部(现商务部)负责协调和管理。《通知》规定有关审批部门和主办主体的资格问题,具有明显的审批制性质。

3) 出国举办经济贸易展览会的展览管理体制

2001年2月15日,中国贸促会和原外经贸部联合出台了《出国举办经济贸易展览会审批管理办法》,对出国办展单位、审批和备核的程序、审批的依据和要求、展览团的管理以及处罚措施做了明确的规定。现在出国展相比原来由外经贸部的行政审批有了很大改变,在审批内容和范围方面比过去有所减少。随着展览经济的逐步发展,我国展览管理体制必将由审批制向登记制或备案制过渡。

2. 我国展览业的立法状况

我国展览立法工作尚处在初期阶段。从立法内容上看,展览业立法主要在于明确展览业的管理部门、管理办法、展览活动的主体以及各方面的权利义务,增强展览活动的透明度,为经营者创造一个法治的市场环境。从立法机构和立法效力来看,目前我国展览业的立法基本上是由国务院制定和颁布的行政法规、国务院各部委局所颁布的行政规章以及地方性法规或规章,并且大都以办法、通知形式出现,法律效力较低。加入WTO,更需要加快法律法规的建设。

(二) 我国展览的相关政策与法规

我国关于展览方面的法律规范主要包括国务院各部委颁布的行政法规和其他一些规范性文件。从历史的角度来看,展览立法最初出现在展览业发展比较成熟的发达国家和地区。最早以成文法形式出现的法规是《国际博览会联盟章程》和《德国展览协会章程》,以及我国在1993年4月加入的《国际展览公约》等。

由国家制定的各种通用性法律规范,从立法意图上不是专门针对会展领域社会关系来制定的,但它们所提供的法律原则和规定,可以适用于会展业。其中主要有《公司法》《合同法》《消费者权益保护法》《反不正当竞争法》《海关法》《出入境管理法》《著作权法》《商标法》《专利法》《广告法》《民法通则》《民事诉讼法》《行政诉讼法》等。下面对国内展览业主要使用和涉及的通用法律做简要叙述。

1. 公司法律制度

公司,是指依照《公司法》设立的,全部资本由股东共同出资,并以股份形式构成的、以营利为目的的企业法人。

会展公司,是指依法设立并以营利为目的、从事会展经营活动或会展服务的企业法人。根据政府的有关规定,主办或承办会展业务,是会展产品的主要销售者。

外商投资会议展览公司有以下特别规定。

(1) 按照平等互利原则在中国境内以合资、合作的形式设立外商投资会议展览公司,包括三种形式,即外商独资的会议展览公司、中外合资的会议展览公司和中外合作的会议展览公司。

(2) 中华人民共和国商务部及其授权商务主管部门是外商投资会议展览公司的审批和管理机关。

(3) 外商投资会议展览公司可按照规定经营以下业务:①在中国境内主办、承办各类经济技术展览会和会议;②在境外举办会议。

2. 合同法律制度

展览业作为市场商业活动的一种形态,使用得最多和最广的就是《合同法》。

合同,又称契约。合同法所称合同是平等主体的自然人、法人与其他组织之间设立、变更、终止民事权利、义务关系的协议。

会展合同涉及会展组织者、参展商、场地提供者和观众等众多法律主体。他们之间关系复杂,根据合同主体不同,会展合同分为合作会展合同、参展合同、场地提供合同、入场合同等。

3. 出入境管理法律制度

1) 中国公民出入境管理

中国公民凭国务院主管机关及其授权机关签发的有效护照或者其他有效证件出入境,

无需办理签证。

中国公民出入境的有效证件有：①护照（外交护照、公务护照、普通护照）；②出入境通行证；③签证。

中国公民出入境的义务：接受"一关四检"的检查以及其他各项检查。

2）外国人入出境

外国人入出境的原则有：①主管机关许可原则；②按指定口岸通行和接受边防检查的原则；③保护外国人合法权益的原则；④遵守中国法律的原则。

外国人入境有效证件：护照、签证。

4. 边防检查制度

边防检查，是指国家通过设在口岸的边防检查机关按有关规定在口岸对入出境的人和物进行检查和监督的一种行政管理活动。我国的边防检查机关称边防检查站，由武警组成。

5. 进出口管理制度

1）海关监管制度

《海关法》的宗旨：其制定和实施，维护了国家的主权和利益，加强了海关的监督和管理，促进了对外经济贸易和科技文化的往来，保障了社会主义现代化建设。

海关机构的设置：海关总署、海关公安机构、直属海关、隶属海关。

经海关机关登记准予暂时免税进境或出境的物品，应当由本人复带出境或复带入境。过境人员未经海关批准，不得将其所带物品留在境内。

展览用品中的酒精饮料、烟草制品及燃料不适用于有关免税的规定。

我国不限制文物入境，但对文物出境实行严格限制，并且实行文物出境许可和申报制度。文物出境应办理签订审批和海关申报手续。文物出境许可证和文物出境鉴定火漆标志是文物出境的主要凭证。

2）展览品进出口监管办法

1997年2月，海关总署制定了《中华人民共和国海关对进出口展览品监管办法》，并于当年4月1日开始实施。展览品运出或者复运进口时，不准在装展览品的容器内装入个人物品或者其他非展览物品。组织出国展览的单位，在国外展出期间购买、接受的物品、样品、礼品和其他资料，应当另列清单，向入境地海关申报。

3）展品进出境的税费

进境展品留在国内销售的，应由主办单位或有关购买单位向展出地海关办理正式进口手续。

作为礼品或样品赠送的展品，主办单位应向展出地海关提供列明品名、数量、价值、受赠对象等内容的展品赠送确认书，由受赠对象向海关办理进口手续。

废弃的展品，有接受单位的，由接受单位向海关办理手续；无接受单位的，由主办单位将废弃展品交由海关处理。因损坏、丢失不能复运出境的，主办方应向海关申报。损坏的根据损坏程度征税，丢失的按进口同类产品征税，因不可抗力损坏或丢失的，海关根据受损情况减征或免征进口环节税。

海关根据展览会的性质、参展商的规模、观众人数等情况，在数量和总值合理的范围内，对符合条件进口后不复运出境的货物，免征进口关税和进口环节税。

4）进出口商品检验制度

我国实施进出口商品检验的基本原则和根本目的是保障人类的健康、安全，保护动植物的生命健康，保护环境。

6. 会展交通运输管理法律制度

会展交通运输，是指交通运输经营者为会展活动过程中提供各类交通运输服务而产生的一系列社会经济活动和现象的总和。

会展交通运输的种类有国内展品运输、国外展品运输。国内又分为本地运输和异地运输。异地运输分为异地一次性展览、巡回展、出国展。按运输方式还可划分为散运和专运、集体运输和单独运输。

7. 会展广告管理法律制度

《广告法》中所称广告，是指商品经营者或服务提供者承担费用，通过一定媒介和形式直接或间接介绍自己所推销的商品或者所提供的服务的商业广告。

法律特征为，《广告法》所称的广告是以营利为目的的商业广告。

《广告法》适用范围为，广告法是调整广告活动中广告主、广告经营者、广告发布者三者之间关系的法律规范的总称。

8. 知识产权法律制度

展览知识产权实际上就是与展览有关的知识产权，它自身并不是一个法律概念。之所以称之为展览知识产权，是因为在会议或者展览举办的过程中所涉及的知识产权因所处的特殊环境和条件使其具有了比一般知识产权更多的复杂性。展览知识产权按照主体的不同可分为两大类：参会主体或参展商所拥有的；展览主办方或者聘请方所拥有的。其中，展品知识产权属于前者，展品侵权与纠纷主要集中于专利和商标上。

9. 展览市场管理法律制度

《反不正当竞争法》的宗旨为，为了保障我国社会主义市场经济的健康发展，鼓励和保护公平竞争，制止不正当竞争行为，保护经营者和消费者的合法权益。

不正当竞争，是指经营者在经营活动中违背自愿、平等、公平、诚实信用原则和公认的商业道德，损害其他经营者的合法权益，扰乱社会经济秩序的行为。

不正当竞争的行为有：①假冒、混淆和误导行为；②滥用权力行为；③商业贿赂行为；④引人误解的虚假宣传行为；⑤侵犯商业秘密行为；⑥倾销排挤行为；⑦商业诽谤行为；⑧搭售和附加不合理条件交易行为；⑨不正当有奖销售行为；⑩同谋投标行为。

商业贿赂行为，是指经营者在市场交易活动中，为争取交易机会，采用财务或者其他手段收买客户的雇员、代理人或者政府及其所属部门的工作人员的行为。

倾销排挤行为，是指经营者为了排挤竞争者而以低于成本的价格销售商品的行为。

商业诽谤行为，是指经营者为了谋取不正当利益，通过捏造、散布虚假信息，借以损害竞争对手的商业信誉和商品声誉的行为。

10. 《消费者权益保护法》

《消费者权益保护法》是调整国家在保护消费者权益过程中发生的社会关系的法律规范的总称。

消费者的权利有:①安全保障权;②知情权;③自主选择权;④公平交易权;⑤求偿权;⑥结社权;⑦获得有关知识权;⑧受尊重权;⑨监督权。

求偿权的实现方式包括赔偿损失、恢复原状、赔礼道歉、重做、更换、消除影响、恢复名誉等。

11. 文物展品出国(境)展览的规定

2000年6月,国家文物局发布《文物出国(境)展览管理规定》,该规定在总则部分对文物出国(境)展览的类型、可展文物和展览方式、管理部门以及项目审批方面都做了规定。

1) 主要类型

文物出国(境)展览的主要类型有政府文化交流项目、各级政府对外友好交流项目、国内外博物馆之间的交流项目。

2) 可展文物及展览方式

出国(境)展览的文物必须是经过收藏单位注册、登记、确定级别的,并已在国内发表或正式发表的。

3) 管理部门

国家文物局负责全国文物出国(境)展览的归口管理。

4) 文物出国(境)展览项目的审批

(1) 审批权限。

①展品在80件(套)以内、一级文物不超过20%,报国家文物局审批并报文化部备案。

②展品在81~120件(套)、一级文物不超过20%,报文化部审批。

③展品超过120件,向国务院审批。

(2) 项目报批程序。

(3) 申报项目必须包括的内容。

①合作各方有关背景资料、资信证明、邀请信。

②经过草签的展览协议书。

(4) 展品目录和经核准的展品估价。

教学互动

互动问题:自《商品展销会管理办法》行政审批取消后,国内申报或举办展览会进行新的格局。

1. 在国内举办一个展览会项目,还需要哪些行政审批手续(或到哪些行政部门办理许可证)?

2. 国务院实行简政放权后,对展览业的管理带来了哪些利弊?

要求:

1. 教师不直接提供上述问题的答案,而引导学生结合本章教学内容就这些问题进行独立思考、自由发表见解,组织课堂讨论。

2. 教师把握好讨论节奏,对学生提出的典型见解进行点评。

内容提要

本章讲述了展览项目管理基础知识、项目管理基础知识、展览项目的申报与法规管理三个部分。

首先,介绍了展览项目管理基础知识,包括展览管理基础知识、展览分类标准、展览会的构成要素。

其次,介绍了项目管理基础知识,包括项目管理基础、项目管理的内容与程序。

最后,介绍了展览项目的申报与法规管理,包括展览项目的申报与管理、我国展览业相关政策与法规。

核心概念

会展;大会展;会展市场;展览;项目;项目管理;参展商;观众

重点实务

展览项目分类知识在展览项目管理中的应用;展览项目申报在具体工作中的应用。

第二章
展览立项策划与可行性分析

项目目标

通过本章学习,应当达到以下目标:

职业知识目标:学习和把握展览立项策划程序与内容、展览项目立项阶段市场调查、展览项目立项阶段财务预算管理、展览项目立项可行性分析等知识及其在展览项目立项与可行性分析工作中的应用;能利用相关知识开展展览立项与可行性分析。

职业能力目标:运用本章专业知识及相关案例,培养学生展览项目立项、主题选择、市场调查、立项财务预算的知识和方法,并能运用展览项目立项策划的相关知识,进行展览立项可行性分析。

职业道德目标:结合展览立项策划与可行性分析内容和方法的教学内容,依照市场调研分析与展览业的道德规范或标准,熟悉展览项目立项策划与可行性分析工作的各个环节,增强专业化与职业化的态度,强化职业道德素质。

第一节 展览立项策划程序与内容

一、展览项目立项步骤

(一)展览立项策划步骤

展览策划是展览活动发生之前的谋划、构思、设计等创造性活动的全部过程,是展览项目管理决策理智化、效能化、科学化的前提依据和程序保证。因而展览策划程序必然受决策程序和创造程序的双重制约,接受其双重指导。展览策划运作应以决策程序和创造程序为指导,遵循展览策划活动自身展览策划运作的内在规律,形成科学的展览策划程序。展览立项策划的程序有以下四个步骤。

1. 主题定位阶段

展览主题的定位,需要对行业进行分析,掌握相关展览的举办情况以及参展商的潜在需求,界定主题选择的范围,分析可支配资源的现状、相关经验和远景战略目标等。

2. 目标确立阶段

展览策划目标的确立就是针对展览策划主题面临的机会和威胁进行分析,在与此相关的影响因素和约束条件下,明晰目标。与此同时,确立展览策划目标,还必须明确把展览策划问题解决到何种程度,最终达到何种目的,这就要求明确地表达展览策划目标。

3. 方案设计阶段

确立展览策划目标之后,就可以运用创新方法谋划达到目标的有效途径,这就是设计并制作展览策划方案。而展览策划方案能否有效,还要经过多种方案相比较作初步鉴别,所以必须制定多种可供决策者选择的展览策划方案。从本质上说,展览策划是对资源的优化,一方面是从整体上进行合理规划,另一方面是细节设计,也就是具体的流程安排。

4. 方案论证阶段

这一阶段包括两个方面的工作:一是论证和评价展览策划方案的总体创新性,因为展览策划对象总是发展变化的,组织的新问题层出不穷;二是论证和评价展览策划方案的细节实施性。在此基础上,还要对多个方案的原有分析预测结果进行逐一的鉴定和比较,权衡其利弊,从不同角度选出几个较优方案。

因此,展览策划方案的论证和评价,既有一个科学性的问题,也有一个可行性的问题。理想的论证可以完善展览策划成果,使展览策划成果变为现实。此阶段要在充分论证的基础上,制定改进方案,整理研究成果,撰写出展览策划研究报告,在决策者对展览策划方案选择决断之后制订实施计划。

(二)成立策划团队

展览策划工作需要集合各方面的人来进行集体决策,因此,首先要成立一个展览策划团队,具体负责展览策划工作。一般而言,展览策划小组应由以下几种人组成,见表2-1。

表2-1 展览策划小组人员组成表

人员	事务
策划主管	负责协调、沟通整个小组各策划人员的工作,并全权负责策划方案的制定和修订
策划人员	负责编拟展览项目计划
文案撰写人员	负责撰写各类展览文案,包括展览常用文书、展览社交文书、展览推介文书、展览合同等
美术设计人员	负责各类各种类型视觉形象设计,如广告设计、展示空间设计,此负责人要求能熟练运用photoshop、imageready、coreldraw等软件
市场调查人员	负责进行市场调查并编写市场调查报告
公关及媒体联络人员	进行展览形象宣传和媒体宣传推广

（三）进行市场调查

展览市场调查是展览策划的基础。从传播学的角度来看，市场调查是展览策划者为了了解市场信息，把握市场动态，进而确定展览目标和主题，编写展览策划方案，选择展览策略，检查展览效果等所必需的调研工作。只有在系统地收集有关市场与相关背景的资料，并加以科学概括分析的基础上确立的展览计划，才能卓有成效地实现其总体目标。

在执行市场调查时，不仅要考虑本区域的优势产业和主导产业，还要考虑重点发展中的行业、政府扶植的行业等。具体分析行业市场状况，要摸清市场的归属，即买方市场还是卖方市场等。

（四）决策展览策略

做出展览决定是一个决策过程，应该有相应的程序。一般情况下，展览决策应考虑营销需求、市场条件、营销方式、内部条件等因素。在充分地进行市场调研与预测之后，需要进行展览目标市场的定位和制订展览营销计划。组织者在进行目标市场定位时需要考虑以下因素。

1. 展览的类型

组织者首先要明确自己所主办的是什么类型的展览，因为政府主办的展览、公益性质的展览和商贸展览在具体操作模式和策略的制定上有很大的区别。

2. 产业标准

导致展览目标市场定位复杂的原因之一是一次展览往往要涉及多个产业。如举办一次汽车展览，组织者除考虑汽车生产企业划分，还要努力吸引销售、运输等汽车需求较大的企业，甚至一些研究机构等。

3. 地理细分

由于不同地区的参展商和专业观众有着不同的需求特征及营销反映，所以地理变量经常被作为细分展览市场的依据。在进行地理细分时，展览组织者不仅要分析不同国家的参展商对展览的个性化要求，而且要弄清参展商在本国的具体分布，这样才能行之有效地进行决策。

4. 行为细分

行为细分是根据参展商的参展动机、购买动机、购买状态或对展览的态度等进行划分，其中，参展动机被认为是进行展览市场细分的最佳起点。

决定展览策略应该在充分掌握现有相关资料的基础上进行，如宏观政策环境、企业经营实力、展览市场竞争状况、顾客满意程度等。如从展览营销的角度来说，一份展览营销计划中，应包括展览营销现状分析、企业（或具体会议、展览）SWOT 分析、营销目标的确立、市场营销组合策略、具体的行动方案、营销预算费用以及营销计划与控制等。

（五）制定媒体策略

现代社会是一个信息社会，人与人之间、企业与企业之间都需要交流，而信息交流的主要载体便是各种各样的媒体。实施有效的媒体策略对展览活动组织者至关重要，展览组织者根据有限的广告预算以及举办会议或展览的需要和条件，来选择合适的媒体。在选择媒体的类型时需要综合考虑目标受众的媒体习惯、产品性质、信息类型以及广告成本等因素。

（六）制定展示设计策略

经济贸易展览展示设计是以传达展览信息、吸引参观者为主要目标的有目的、有计划的环境、展台、展品设计，好的设计能提高展览的品位，吸引参展者、参观者，对产品营销也起着潜移默化的作用。

（七）项目预算方案

良好的财务管理和预算控制是筹办展览重要的因素，如果安排得当不仅会起到增加收益、提高效益的作用，而且能使管理者了解收入的来源及比例、分析主要的投入项目、确定主要的收入来源。预算是协助实现财务目标的一个工具。可以把预算看作一张特有地图，它能引导公司达到所寻找的目标。为了达到这个目标，展览在制定预算时必须做到有计划、有步骤，不断更新信息。

二、展览立项策划内容与方案

展览策划就是展览的策略规划，为了展览的成功举办，必须对展览的整体性和未来性的策略进行规划。它包括从构想、分析、归纳、判断，一直到策略的制定、方案的实施、事后的追踪与评估过程。展览策划与计划不同，它有为达到目的的各种构想，这些构想和创意是新颖的，与目标保持一致的方向，有实现的可能。把策划过程用文字完整地记录下来就是展览文案。

（一）展览立项策划方案的内容结构

一般展览立项策划方案主要包括以下内容。

（1）办展市场环境分析，包括对展览题材所在产业和市场的情况分析，对国家有关法律、政策的分析，对相关展览的情况的分析，对展览举办地市场的分析等。

（2）展览的基本框架，包括展览的名称和举办地点、办展机构的组成、展品范围、办展时间、办展频率、展览规模和展览定位等。

（3）展览价格及初步预算方案。

（4）展览工作人员分工计划。

（5）展览招展计划。

（6）展览招商计划。

（7）展览宣传推广计划。

（8）展览筹备进度计划。

（9）展览服务商安排计划。

（10）展览开幕和现场管理计划。

（11）展览期间举办的相关活动计划。

（12）展览结算计划。

（二）展览立项策划方案的内容要求

1. 展览名称

展览会的名称一般包括三个方面的内容：基本部分、限定部分和行业标识。如"第93届中国出口商品交易会",如果按上述三个内容对号入座,则基本部分是"交易会",限定部分是"中国"和"第93届",行业标识是"出口商品"。

下面分别对这三个内容作一些说明。

(1) 基本部分。用来表明展览会的性质和特征,常用词有展览会、博览会、展销会、交易会等。

(2) 限定部分。用来说明展览举办的时间、地点和展览的性质。

展览举办时间的表示方法有三种:一是用"届"来表示,二是用"年"来表示,三是用"季"来表示。如"第三届大连国际服装节"、"2003年广州博览会"、"法兰克福春季消费品展览会"等。在这三种表达方法里,用"届"来表示最常见,它强调展览举办的连续性。那些刚举办的展览一般用"年"来表示。展览举办的地点在展览的名称里也要有所体现,如"第三届大连国际服装节"中的"大连"。

展览名称里体现展览性质的词主要有国际、世界、全国、地区等,如"第三届大连国际服装节"中的"国际"表明本展览是一个国际展。

(3) 行业标识。用来表明展览题材和展品范围。如"第三届大连国际服装节"中的"服装"表明本展览是服装产业的展览。行业标识通常是一个产业的名称,或者是一个产业中的某一个产品大类。

2. 展览地点

策划选择展览的举办地点,包括两个方面的内容:一是展览在什么地方举办;二是展览在哪个展馆举办。

策划选择展览在什么地方举办,就是要确定展览在哪个国家、哪个省或者哪个城市举办。

策划选择展览在哪个展馆举办,就是要选择展览举办的具体地点。具体选择在哪个展馆举办展览,要结合展览的展览题材和展览定位而定。另外,在具体选择展馆时,还要综合考虑使用该展馆的成本、展期安排是否符合自己的要求以及展馆本身的设施和服务如何等因素。

3. 办展机构

办展机构是指负责展览的组织、策划、招展和招商等事宜的有关单位。办展机构可以是企业、行业协会、政府部门和新闻媒体等。

根据各单位在举办展览中的不同作用,一个展览会的办展机构一般有主办单位、承办单位、协办单位、支持单位等。

(1) 主办单位。拥有展览并对展览承担主要法律责任的办展单位。主办单位在法律上拥有展览的所有权。

(2) 承办单位。直接负责展览的策划、组织、操作与管理,并对展览承担主要财务责任的办展单位。

(3) 协办单位。协助主办或承办单位负责展览的策划、组织、操作与管理,部分承担展览的招展、招商和宣传推广工作的办展单位。

(4) 支持单位。对展览主办或承办单位的展览策划、组织、操作与管理,或者是招展、招商和宣传推广等工作起支持作用的办展单位。

4. 办展时间

办展时间是指展览计划在什么时候举办。办展时间有三个方面的含义：一是指展览的具体开展日期；二是指展览的筹展和撤展日期；三是指展览对观众开放的日期。

展览时间的长短没有一个统一的标准，要视不同的展览具体而定。有些展览的展览时间可以很长，如世博会的展期长达几个月甚至半年，但对于专业贸易展来说，展期一般是3~5天为宜。

5. 展品范围

展览的展品范围要根据展览的定位、办展机构的优劣势和其他多种因素来确定。

根据展览的定位，展品范围可以包括一个或者几个产业，或者是一个产业中的一个或几个产品大类，例如，博览会和交易会的展品范围就很广，广交会的展品范围就超过了10万种，几乎是无所不包，而德国法兰克福国际汽车展览会的展品范围涉及的产业就很少，只有汽车产业一个。

6. 办展频率

办展频率是指展览是一年举办几次还是几年举办一次，或者是不定期举办。从目前展览业的实际情况看，一年举办一次的展览最多，约占全部展览数量的80%，一年举办两次和两年举办一次的展览也不少，不定期举办的展览已经越来越少了。

办展频率的确定受展览题材所在产业的特征的制约。几乎每个产业的产品都有一个生命周期，产品的生命周期对展览的办展频率有很大影响。产品的投入期和成长期是企业参展的黄金时期，展览的办展频率要牢牢抓住这两个时期。

7. 展览规模

展览规模包括三个方面的含义：一是展览的展览面积是多少；二是参展单位的数量是多少；三是参观展览的观众有多少。在策划举办一个展览时，对这三个方面都要做出预测和规划。

在规划展览规模时，要充分考虑产业的特征。展览规模的大小还会受到会观众数量和质量的限制。

8. 展览定位

通俗来讲，展览定位就是要清晰地告诉参展企业和观众本展览"是什么"和"有什么"。具体来说，展览定位就是办展机构根据自身的资源条件和市场竞争状况，通过建立和发展展览的差异化竞争优势，使自己举办的展览在参展企业和观众的心目中形成一个鲜明而独特的印象的过程。展览定位要明确展览的目标参展商和观众、办展目标、展览的主题等。

9. 展览价格和展览初步预算

展览价格就是为展览的展位出租制定一个合适的价格。展位的价格往往包括室内展场的价格和室外展场的价格，室内展场的价格又分为空地价格和标准层位的价格。

10. 项目运营工作相关计划

展览项目运营工作相关计划主要包括人员分工计划、展览进度计划、现场管理计划和相关活动计划等。

三、展览项目主题选择方法

所谓展览主题,就是举办一个展览会计划要展出的展品的范围,或是举办一场会议所要传达的思想与信息范围的概括。

(一) 主题选择原则与目标

1. 主题选择原则

无论是会议还是展览,都需要有明确的主题,展览主题鲜明是展览运作专业化的重要表现之一。无论展览主题具有什么样的特色,展览主题策划应避免以下几种倾向。

(1) 同一化。展览主题与其他展览主题类似,使公众混淆不清。

(2) 扩散化。主题太多,多主题意味着没有主题。

(3) 共有化。策划主题没有鲜明个性,同一主题有时为一个策划服务,有时为另一个策划服务。

2. 主题选择目标

展览项目主题目标是根据展览策划人员所代表组织的宗旨、行动方式、社会角色设定等因素确定的。项目主题只有服从和服务于项目策划目标才不会无的放矢,不会与组织的根本目的相违背。由于展览策划目标又分为经济目标和社会目标,所以在进行主题策划时要坚持可行性和可持续性原则。

(1) 经济目标是对经济效益而言,追求高效益,因此,展览策划时必须坚持可行性原则。

(2) 社会目标是在经济目标的基础上追求展览的社会效益,包括提高企业的市场影响力,培育展览品牌,扩大影响等。

(二) 展览项目主题选择影响因素

展览项目主题通常是社会关注的焦点和热点问题,反映政治和经济状况、具有鲜明时代和社会特色的环境因素是前期信息收集工作中必须获取的信息资源,也是在展览项目的选择过程中必不可少的决策依据。

1. 社会环境因素

这里所说的社会环境因素,包括政治因素、经济因素、社会因素、时代因素等内容。由于展览项目主要是为与会人员或参观者就某一热点问题提供交流合作的平台,其主题通常是社会关注的焦点和热点问题。

2. 项目涉及的行业因素

展览项目的选择与项目所涉及的行业密切相关,不了解该行业的发展状况而盲目介入一个展览项目的管理,是有很大风险的。因此,展览的组织者在选择或策划展览项目时必须考虑和分析相关的行业因素,包括展览项目涉及的行业发展现状、相关行业或产业是否具有发展潜力、举办地产业政策导向等。

3. 项目针对的市场因素

展览的举办是针对一定对象进行的,即使是不涉及经济问题的会议,其与会者也可成为其客源市场。因此,主办方要选择的展览项目必须是有市场需求的项目。这里所说的市场需求包括参会者或参展商要有参加展览的需求、展览为产生预期影响所要吸引的观众的需求两个部分。

4. 举办者自身因素

展览的举办是一项相当耗费财力、人力和精力的工作，因此，在选择展览项目时必须结合项目主办者自身条件量力而行。自身因素主要包括财力因素、人员因素、时间和精力因素、管理因素等。

（三）项目主题选定方法

主题选择的准确与否，直接影响展览专业性和市场扩展性，对展览项目的招展招商和未来发展有着重大影响。

1. 确定行业

选定展览主题仅有上述各种信息是不够的。除了上述各种信息外，还必须对办展机构本身的优劣势做出客观而科学的分析和评价，有一个清醒的认识，然后扬长避短，做出选择。经过评估，如果认为进入该行业办展的机会确实存在，办展机构就可以进入该行业办展；反之则需要另外寻找市场机会。

2. 确立展览项目主题的方法

选定进入的行业后，下一步就是要决定该选择哪些具体主题作为展览的展览主题了。一般来讲，选择具体展览主题有以下四种方法。

1) 确立主题

确立主题就是通过对收集到的各种信息进行整理和分析，选定一个本办展机构从来没有涉及的产业作为举办新展览会的展览主题。

2) 分裂主题

所谓分裂主题，就是将办展机构已有的展览会的展览主题再作进一步的细分，从原有的大主题中分裂出更小的主题，并将这些小主题办成独立的展览会的一种选择展览主题的方式。分裂展览主题要满足以下几个条件。

第一，原有的展览会已经发展到一定的规模，某一细分主题在原有的展览会中已经占有一定的展览面积。

第二，由于场地限制等原因，某一细分主题在原有的展览会中的面积已经很难再进一步扩大，但是，如果将这一细分主题独立分裂出来单独发展，其发展的空间将更大。

第三，尽管某一细分主题在原有的展览会中已经占有一定的展出面积，但是，如果将这一细分主题分裂出来，原有的展览会不会受到太大的影响，或者这一细分主题分裂出来后，原有的展览会还可以得到更好的发展。

第四，某一细分主题与原有的展览会其他主题之间有相对的独立性，这一细分主题的企业和客户可以从原有展览会中分离出来。

第五，收集到的各种信息表明，这一细分主题适合单独举办展览。如果达不到上述条件，分裂主题就可能会导致展览失败。

3) 扩展主题

所谓扩展主题，就是将现有展览会还没有包含的但与现有展览会的展览主题有密切关联的主题，或者是将现有展览大主题中暂时还未包含的某一细分主题列入现有展览主题的一种方法。扩展展览主题不是随意的,它也要满足一定条件才可扩展。

第一,计划扩展的主题与现有展览会的展览主题要有一定的关联性。

第二,现有展览会能容纳计划扩展的主题加入。

第三,现有展览会的专业性不会因为计划扩展的主题的加入而受到影响。

4)合并主题

所谓合并主题,就是将两个或两个以上彼此相同或有一定关联的展览主题的现有展览会合并为一个展览会,或者是将两个或两个以上的展览会中彼此相同或有一定关联的展览主题剔除出来,放在另一个展览会中统一展出。

第二节 展览项目立项阶段市场调查

一、展览项目市场调查概述

(一)展览项目市场调查含义

展览项目市场调查,就是以科学的方法,有系统、有计划、有组织地收集、调研、记录、整理、分析有关展览产品、服务及市场等信息,客观地测定及评价、发现各种事实,用以协助解决有关展览经营决策问题,并作为各项经营决策的依据。

(二)展览项目市场调查的对象和类型

1. 展览项目市场调查的对象

调查研究是可行性分析的重要基础,主要的调查对象和范围如下所述。

(1)展览项目所处的宏观环境,包括经济环境、政治安全环境、社会各界对展览项目的关注程度。

(2)市场环境,包括市场规模、市场发展前景、市场进入壁垒。

(3)竞争环境,包括同类城市、同类展览会及举办者。

(4)展览举办地条件分析,包括经济发展水平和产业体系、基础设施和社会服务体系、自然环境和人文环境、展览中心的规模和服务水平。

(5)自身环境,包括项目管理团队、财务约束以及以往举办同类展览的情况。

2. 展览项目市场调查的类型

展览市场调查从不同的角度可以划分为不同的方式,每种市场调查的方式都有其独特的功能和特征。

(1)按照调查对象所包括的范围不同,可将市场调查划分为全面调查和非全面调查。

(2)按照调查的组织形式不同,可将市场调查划分为报表制度和专门调查。

(3)按照调查登记时间和连续性不同,可将市场调查划分为经常性调查和一次性调查。

二、展览项目市场调查的程序和步骤

(一) 展览调查基本程序

展览调查的过程与一般的各种调查研究相同。

1. 制订计划

有了计划,就可以使展览市场信息的收集工作有条不紊地进行。

2. 收集信息

按照计划确定的内容、信息源和方法收集展览市场信息。

3. 初步分析

由于收集的各种信息资料往往比较杂乱,因而需要边收集边分析,以便使收集工作更加深入细致,同时也可避免收集的过程中发生遗漏。

4. 提供资料

信息收集者将所获得的展览市场信息以文字形式整理出来,提供给信息加工部门或人员。展览市场信息资料的形式很多,可以是调研报告、资料摘编、统计报表等。

(二) 展览调查的一般步骤

1. 确定调查项目的目的

首先,明确调查所针对的对象。不同的对象对调研的要求也有所不同,政府部门关注宏观数据,生产企业关注具体情况,调研也应该因对象而异。

其次,分析调查所要解决的问题。调研过程的开始首先是认识问题,应该准确把握数据的真正作用,明确开展调研究竟解决什么问题,哪些问题是通过展览调研可以解决的,哪些是不能或不用通过展览调研解决的。

确定了课题的目的,就应形成调研目标,目标应尽可能具体和切实可行,这样可以避免许多不必要的麻烦。

2. 生成调研设计

调研设计是指实现调研目标或调研假设需要实施的计划。调研人员需要建立一个回答具体调研问题的框架结构。当然,客观上不存在最好的调研设计,不同的调研设计都各有优缺点,重要的是必须权衡调研成本和信息质量。

3. 选择基本的调研方法

调研人员可以根据调研项目的目标选择描述性、因果性或预测性的调研设计。随后确定收集数据的手段,有三种基本的调研方法,即观察法、询问法、试验法。

4. 抽样过程

不同的调研手段对样本的要求也有所不同,展览调研中抽样与调研手段的对应关系与一般调查研究一样,应根据具体情况灵活运用。

5. 收集数据

大多数数据是由市场调研公司、现场服务公司从展览现场收集得到的,同时,展览的主办方掌握了大量的免费公开信息,无需麻烦便可获得。

6. 加工分析数据

展览市场信息加工,是指将收集到的展览市场信息按照一定的程序和方法,进行分类、计算、分析、判断、编写,使之成为真实的、标准的信息资料,以便使用、传递和储存。展览市场信息加工一般包括分类、比较、计算、研究、判断和编写。

7. 报告撰写

展览项目调研的报告形式因提交对象的不同而有所不同,一般市场调研报告都要求简明、清晰,如果是提交给政府部门用作宏观分析,那么,报告就应详尽丰富。

8. 跟踪

跟踪调研成果的应用情况,不仅可以督促和帮助委托方,还能有效地提高调研服务的水平。

三、项目市场信息的收集

收集拟立项的展览项目所涉及的市场信息是立项策划举办一个展览会最基础的工作。市场信息收集的过程是一个系统的、有目的的市场调查过程,它主要是通过各种市场调查手段,有目的地、系统地收集、记录和整理有关的市场信息和资料,客观地反映市场态势,为全面认识市场、进行市场分析和预测,以及为办展机构进行科学决策提供依据。没有掌握有关市场信息的展览策划是盲目的策划。市场信息收集主要包括四个方面,即市场、产业、相关展览以及法律方面的信息。

(一)信息的种类

1. 市场信息

目前,我国大部分的展览会都是市场化的商业性展览,由政府全程包办的展览会已经越来越少了。举办市场化的商业性展览,需要对市场进行全面的了解,能对各种市场信息进行全面的认识和深入的分析,并能在其基础上做出科学的应对决策。从策划举办一个展览会的角度出发,需要收集的市场信息主要有市场规模、市场竞争态势、经销商数量和分布状况、行业协会状况、市场发展趋势、相关产业状况等。

2. 产业信息

产业发展状况和产业的性质是影响一个展览会是否成功举办的重要因素。收集相关产业的有关信息主要是为了从产业的角度分析产业对举办展览会可能产生的影响,以及产业给展览会提供的可能发展空间等,为制定切实可行的展览举办策略奠定坚实的基础。从立项策划举办一个展览会的需要出发,一般来说,需要收集和掌握的产业信息主要有产业性质、产业规模、产业分布状况、厂商数量、技术含量等。

同步案例 2017年第18届立嘉国际机械展览会市场调研(部分)

问题:本案例中,市场调查数据采用了艺术直观的表现方式,思考对于纷繁复杂的数据还有哪些艺术表现形式?

展览项目管理实务

（资料来源：重庆市立嘉会议与展览有限公司提供。）

分析提示：很多项目市场调查报告因为数据较多，看起来杂乱、枯燥，让阅读者不容易理出头绪，撰写市场调查报告时，在注重数据的科学、客观的同时，也因注重数据表现的艺术化、直观化及便于阅读者的理解。

3. 相关展览的信息

在策划举办展览会时，一定要对该行业内的现有展览的情况有所了解。了解这些信息，一方面，可为我们决定是否在该行业内举办展览会提供决策依据，另一方面，也可以为我们一旦决定在该行业内举办展览会制定竞争策略提供参考。一般来说，在策划举办一个展览会时，至少应该收集到的相关展览会的信息包括同类展览会的数量和分布情况、同类展览会之间的竞争态势、重点展览的基本情况等。

4. 有关法律法规和产业政策

不管是产业还是市场，它们都不同程度地受到国家有关法律法规的影响和约束。如果在收集产业信息和市场信息时，对有关的法律法规不加以了解，收集到的产业信息和市场信息就是不完整的信息；而不完整的信息对展览策划和营销决策是有害的。此外，抛开产业和市场因素不谈，仅是国家的有关法律法规，就会对举办展览会产生重大的影响。如果国家进出口政策发生变化，对海外企业参加展览会就会产生较大影响，国家对某一些行业产品在销售方面的特殊规定和要求，也会对企业参加展览会有一定的限制作用。

（二）获取信息的方法

前面介绍了立项策划举办一个展览所需要收集的信息的内容。在获取上述各种信息时要尽量使获取的信息客观准确、全面系统且富有时效性。要达到这个目的，可以通过以下办法来获取信息。

1. 收集现成的资料

尽管现成资料基本都是二手资料，但它们却是进行决策必不可少的参考。收集现成资料可由办展机构市场部的有关人员收集，也可以委托其他人收集。

2. 委托专门的市场调查机构帮助收集

目前，市场上有许多专门从事市场调查和市场信息收集的机构，它们有专门的市场调查程序和调查人员，有较科学的调查方法和资料整理分析手段，得出的调查结论也较为客观。

3. 市场抽样调查

市场抽样调查也是获取各种信息的一种重要方法。这种方法可以在一定程度上排除主观因素的干扰，对调查结果能有一定把握，并能计算和控制抽样误差。抽样调查的方法有两种：随机抽样调查和非随机抽样调查。

4. 通过网络收集

通过网络收集资料是一种非常便捷的信息收集手段。网络具有信息时效性强、覆盖面广、方便快捷的特点，但通过网络获取的信息的准确性有待提高。在使用网络收集信息时，要注意运用专业知识进行多方面分析和比较，去伪存真，力求信息准确可靠。

通过以上方法收集到各种信息以后，就可以从时间、空间和产业三个角度对信息进行整理和分析。通过整理和分析，得出真实、及时、系统和实用的资料。根据这些资料，就可以进行展览主题的甄选和确定工作了。

四、展览项目市场调查的方法

（一）观察法

观察调研法主要是观察人们的行为。当事件发生时，调查员客观见证并记录信息，或者根据以前的记录编辑整理。展览调研所使用的观察法大致分为以下两类。

1. 非参与观察法

非参与观察法指将受访者视为局外人，从旁进行观察，而不参与活动。调查员可以分布在展览的不同位置，根据之前统一的要求进行现场观察，并在印制好的记录单上予以记录，记录单可以使用按秩序圈选的封闭式量表，也可以使用记录具体情况的开放式表格。调查员的观察不应打扰参会者的行为，最好能够避免引起参会者的注意。另外，也可以安装一些被允许的装置进行机器观察，如流量计数器、条形码识别仪、录像机、现场监测仪等。

2. 参与观察法

参与观察法与前者不同的是要和受访者直接相处并与其一起活动，从中可以更深入地了解被访者。参与观察法仍以观察为主，调查员可以作为展览中的一分子，参与试用，参加专业研讨等，有的放矢地进行观察研究，当然这种研究对调查员的能力要求就更高了。

（二）询问法

询问法是最为广泛使用的调研手段，通过此种方法能够收集到广泛的资讯。询问法又可分为问卷访问法、小组访谈法、深度访谈法、投射法等。

（三）实验法

以实验为基础的调研与以询问为基础的调研相比有着根本的区别，其对调研环境、技术、人员素质的要求都非同一般。实验法有许多值得在展览调研中积极采用的思路和手段。

（四）二手资料分析

以上三种方法是调查研究中较常见的获取一手资料的方式和手段，但并非调研的全部，在展览调研中，二手资料的分析运用也相当重要。从展览上可以收集到大量的二手资料，二手资料主要有以下几个来源。

1. 来自主办方

展览主办方都会在展览过程中免费发放各种名录，如参展商名录，内有详细的地址、联系方式、产品介绍、工厂分布、主要领导的姓名、员工数量、销售水平、市场占有情况等。

2. 来自参展商

参展商在展览中会准备大量资料，这些资料中就有可能包括平时难得一见的内部资料，如新产品研发档案、年度报表、股东报告、新产品测试结果、公司内部刊物等。

3. 来自行业管理部门或行业协会

展览中常设有免费公开的信息查询系统，提供诸如行业发展趋势、市场分布等来自权威机构的统计结果。

4. 来自展览项目管理系统

越来越多的大型展览开始使用展览项目管理系统，这种系统实际上是一个庞大的数据库，可以为各方提供所需要的二手资料。

第三节　展览项目立项阶段财务预算管理

同步思考

2016 年中国绿色食品博览会成本费用分析

第一种方法：收入费用利润法。

展览会费用采取市场运作方式筹集，预测如下。

一、基本数据
1. 展览规模:预计展位600个(业务部门预测)。
2. 展位销售价格
(1) 标准展位3m×3m 4800元/个。
(2) 场外空地300平方米 400元/平方米。
(3) 会刊彩页2000元/页。
3. 展位租金:标准展位3m×3m 1200元/个。
二、预计总收入:322万元
1. 展位收入:4800元/个×600个=288万元。
2. 会刊彩页:0.2万元/页×20页=4万元。
3. 场外广告收入:30万元(含广告、会刊、赞助等收入)。
三、预计总费用:184.91万元
1. 展览场地租金:1200元/个×600个=72万元。
2. 清洁安保费用:2元/平方米/天×6天×15000平方米=18万元(除租金外,重庆展览中心另向主办方收取清洁费和安保费,标准是每天每平方米2元,1个基本展厅15000平方米,展期一般为6天)。
3. 宣传推广费:10万元(包括广告宣传费、主办费、协办费等)。
4. 招展费用:32.2万元(包括印刷费、资料费、电话费、差旅费、人员提成等,按展位销售收入10%预计)。
5. 相关活动费:10万元(包括开幕式、新闻发布会、招待酒会等)。
6. 办公费用和人员报酬:10万元。
7. 税收:322万元×5.5%=17.71万元。
8. 专业观众邀请费用:5万元。
9. 其他不可预测的费用:10万元。
四、预计利润:137.09万元
预计利润=预计总收入-预计总费用=322万元-184.91万元=137.09万元

问题:请根据上述材料,分析总费用中还有哪些费用项目?

分析提示:展览场地费用、展览宣传推广费、招展和招商的费用、相关活动的费用、办公费用和人员费用、税收和其他不可预测费用等构成的成本费用,可以通过总收入减去总费用算出投资利润率和静态投资回收期。

一、展览项目财务管理概述

财务是一门涉及决定价值和制定决策的学科,其功能是配置资源。展览项目的财务关系是指展览企业在展览项目组织财务活动过程中与有关各方发生的经济关系。

(一) 展览项目财务管理的对象

财务管理的对象是企业的资金运动。所谓资金,是社会再生产过程中财产物资价值的货币表现。展览项目的资金运动主要包括资金的筹集、耗费和回收三个环节,其中,资金的筹集和回收是展览项目的现金流入,而资金的耗费则是展览项目的现金流出。

1. 资金筹集

资金筹集又称筹资,是展览项目资金运动的起点,也是展览项目最初的现金流入。一般情况下,中小型展览项目主要通过展览公司自身的经营积累和项目的收入来解决项目运营的资金问题;大型展览项目由于资金需求巨大,还需要通过政府和企业资助、银行借贷等多种方式筹措资金。

2. 资金耗费

资金耗费是指展览项目的成本费用支出,是展览项目运营过程中耗费的活劳动和物化劳动的货币表现,导致展览项目经济利益流出。展览的支出项目包括市场开发费、展览营销费、场馆租金、展览布置费、承包商费用、交通运输费、通信费和人员工资与津贴等。

3. 资金回收

资金回收是指展览公司提供产品和劳务后,以主营业务收入或其他业务收入形式收回的资金,它是展览项目管理过程中所形成的经济利益流入,是展览项目利润的主要来源。资金回收的数量通常大于资金耗费的数量,两者的差额即为项目的总收益,包括税金、利息和净利润等。展览的收入项目主要包括展位收入、门票收入、会务费收入、赞助收入、设备出租收入以及提供劳务收入等。

(二) 展览项目财务管理的主要内容

与财务管理的对象相联系,展览项目财务管理的主要内容包括筹资管理、营运资金管理、成本费用管理和利润管理等方面。

1. 筹资管理

展览项目的筹资,是指项目组织者根据展览项目需要有效地筹措和集中资金的活动。按产权关系,资金分为自有资金和借入资金两种形式。

2. 营运资金管理

展览项目的营运资金是指在展览项目进行过程中快速周转的资金。营运资金有广义和狭义之分。广义的营运资金又称毛营运资金,是指占用在流动资产上的资金;狭义的营运资金又称净营运资金,是指流动资产减去流动负债后的余额。通常,营运资金的管理既包括流动资产的管理,又包括流动负债的管理。

3. 成本费用管理

控制成本费用是实现目标利润的重要手段。展览项目的成本费用管理,是指项目组织者为保证项目目标的实现而指定成本预算,并对项目实施过程中发生的成本费用进行检查、监督和控制,努力将实际成本控制在预算范围内的管理过程。

4. 利润管理

利润是指展览项目的经营净成果,是展览项目的收入减去成本后的余额。展览项目的利润管理主要包括利润规划和利润控制等方面的内容。在项目进行前,项目组织者应通过合理的利润规划制定出最优的利润。

(三)展览项目财务管理的目标

展览项目财务管理的目标是指项目理财活动应当努力达到的境界或水平。财务管理目标是知道展览项目理财活动的方向,是评价展览项目经济效益的基本标准,是项目理财活动的出发点和归宿。

1. 以利润最大化为目标

利润是展览项目经营净成果的货币表现。按现代管理科学的观点,利润最大化财务目标是指在满足投资者必要报酬率的前提下,争取尽可能多的税后利润。

2. 以外部效益最大化为目标

展览项目的外部效益,是指通过展览项目的实施对企业未来经营环境的改善程度,包括市场资料的获取、企业商誉的提升、未来产品销量的增加、潜在客户的增加等内容。外部效益最大化目标,就是通过开展展览项目最大限度地改善企业经营的外部环境,即获得最为翔实可靠的市场资料、最大限度地提升产品和企业自身的声誉、最大限度地增加未来客户数量等。

二、展览项目财务预算管理

财务预算是关于资金的筹措和使用的综合计划,包括短期的现金收支预算和信贷预算,以及长期的资本支出预算和长期资金筹措、收入预算。财务预算是展览项目财务决策的具体化,是控制整个展览项目资金运动的重要依据。

展览项目的财务预算主要是对展览项目的现金流入和流出的预算,其中,现金流入包括各种筹资和收入项目,如拨款收入、展位收入、门票收入、赞助、提供服务收入等方面;现金流出主要指支出项目,如场馆租金、市场开发费、展览营销费用、人员费用和支付给服务承包商的费用等方面。

(一)展览项目财务预算管理对象

1. 展览项目的收入预算

展览项目的收入预算主要从主营业务收入、政府资助收入和资源开发收入三方面进行。一般情况下,市场化运作的商业展览项目多以主营业务收入和资源开发收入为主,政府机构主办的或支持的项目多以政府拨款和资源开发收入为主。

(1)主营业务收入的预算。展览项目涵盖范围广泛,不同的项目类型,其主营业务收入的来源也不同。一般情况下,主营业务收入是商业展览项目最主要的收入来源。编制这部分收入预算时,应充分考虑市场因素对价格的影响,以保证预算的准确性和可靠性。

(2)政府资助收入的预算。对于政府机构主办的或者政府大力支持的展览项目,政府相关的部门会给予一定的拨款,以保证项目的顺利运营。这部分收入是政府的财政支出项目,数额一般是固定的,其预算过程比较简单,预算结果出现偏差的可能性不大。

(3)资源开发收入的预算。资源开发收入是项目组织除了主营业务收入外,充分利用展览项目的各项有形资源或无形资源为项目的各方参与者提供其他服务获得的收入。

2. 展览项目的支出预算

展览项目的支出预算主要从场馆费用、布展搭建费用、招商招展费用以及行政后勤费用等方面进行。展览界一般将展览费用划分为五大类，并根据不同的特点和标准提出分配比例和备用比例，具体见表 2-2。

表 2-2　展览费用分类表

类　　别	用　　途	占总预算比例
场馆费用	场地费是指租借会场和展馆、展场的费用。要根据会议规模来确定场地的大小、多少，会场越大、越多，费用越高。举办展览可根据实际需要展位面积预算费用	30%～40%
设计施工费（展台费用）	设计、施工、场地租赁、展架的制作及搭建和拆除、展具制作和租用、电源连接及用电、电器设备租用及安装、展品布置、文图设计制作及安装等	10%～20%
展品运输费	展品的制作或购买、包装、运输、装卸、仓储、保险等，这部分开支因距离远近、展品多少而有所不同	10%～20%
宣传公关费	宣传、新闻、广告、公共关系、联络、编印资料、录像等，这部分开支收缩性大，有些展出者在宣传、广告、公关、编印资料等方面有专门的预算，展览宣传等工作是整体宣传工作的一部分，在这种情况下这类开支项目可列为间接开支项目	10%～30%
行政后勤费	1. 间接开支：正式筹备人员和站台人员的工资是展出者的经常性开支，虽然不从展览预算中开支，但是从管理角度看，为了计算展览工作效率和效益，必须计算人员开支 2. 行政后勤的直接开支费用主要有人员的交通、膳食、住宿，长期职工的补贴，人员培训，员工制服，临时雇员的工资等方面的支出	10%～20%

成熟的展览项目的支出预算可以在历史数据的基础上进行，预算的准确度相对较高；新的展览项目则要根据市场调查或者同类项目的市场数据进行测算，需要更多的假设和主观判断，其准确度相对较低。

知识活页

展览项目财务预算表案例。

3. 展览项目的筹资预算

展览项目初始资金的筹集方式主要有自有资金筹资和借入资金筹资两种。

（1）自有资金筹资。对于一个展览项目而言，自有资金是指项目主办机构自行拨付的款项,即拨款收入。拨款可以采用现金、实物资产等形式。

(2) 借入资金筹资。借入资金又称项目的债务资金、负债,按资金可用时间分为短期负债和长期负债。

(二) 展览项目预算工作的基本步骤

1. 预算信息的获取

预算编制程序是在有限的信息和假设的基础上展开的,信息的正确性和假设的合理性需要在项目的运营过程中加以检验,信息的偏差会导致预算偏离项目的财务目标。

2. 预算的制定

按照收入和支出项目设置相应的会计科目,并为每个会计科目编号,然后在设定的框架和条件下,预测各个科目的金额。新项目预算的制定方法有两种:一是零基预算,即对每一收支项目的预算都从头开始,分析研究预算期内的实际需要和收益,而后确定其发生额;二是参考同类项目的决算数据确定收支项目发生额。老项目一般根据上届项目决算数、业务量增减变动数和现行价格来制定本次预算。

3. 决算

从广义上看,预算工作还包括决算环节,决算是对预算实施情况的核算、分析和总结。决算工作的重点是对预算和实际发生额之间差异的分析。预决算的差异分析主要是对导致差异产生的各种因素进行分析,具体包括以下几点。

(1) 外部环境影响分析,即对经营环境、竞争对手以及供给条件等外部因素的影响分析。

(2) 内部环境影响分析,即对组织结构变动、业务流程变动以及人员绩效变化等影响进行分析。

(3) 预算过程影响分析,即分析预算时没有考虑到的因素或采用的预算方法存在的缺陷。

预决算的差异分析不仅能为以后的预算打好基础,同时还能反映项目的潜力,为今后项目扩大收入和压缩成本提供数据依据。

三、展览项目利润管理

利润是项目在一定时期内全部经营活动的成果,是全部收入与费用相抵后的净额。展览项目在一定时期内通过努力应当达到的利润水平,称为展览项目的目标利润。展览项目的利润管理主要包括利润规划和利润控制两部分。

(一) 展览项目的利润规划

利润规划是现代科学管理方法之一,项目组织者通过对项目的规模、定价、成本和风险等情况进行分析和测算,合理地制定出目标利润。进行目标利润规划的主要方法是本量利分析法。这种方法以研究成本对业务量的依存关系为基础,研究成本、业务量和利润三者之间的相互关系,也称为成本性态研究,是目标利润管理的基本方法。

1. 成本性态

成本性态是根据成本与业务量之间的依存关系而做出的一种成本分类。根据成本性态不同,可以将成本分为固定成本、变动成本和半变动成本。

展览项目涉及的费用科目众多,不同费用在不同展览项目中的性态也有所不同。在进行目标利润规划时,应充分注意到展览项目的性质和内容对成本分类的影响,以便合理确定目标利润。

2. 目标利润销售量和销售收入

盈亏临界点是指项目的总收入和总成本相等时的状态,此时边际贡献全部用来弥补固定成本,利润为零,即

盈亏临界点的销售量＝固定成本/(单价－单位变动成本)＝固定成本/单位边际贡献

盈亏临界点的销售收入＝固定成本/(1－变动成本率)＝固定成本/边际贡献率

其中,边际贡献率也可表示为(单价－单位变动成本)/单价;边际贡献率与变动成本率(边际成本率,即单位变动成本和单价之比)和为1。

盈亏临界点的销售量,是指展览项目达到保本状态的最低规模水平,对于展览项目就是指最低展位数量。在这个规模水平上,总收入仅仅能够弥补固定成本和变动成本,没有盈利;只有超过这个水平,项目才能盈利。

按销售量分析的盈亏临界点,适用于单品种的经营方式;而按销售收入分析的盈亏临界点,则同时适用于单品种和多品种的经营方式。

项目的正常销售收入超过盈亏临界点销售收入的部分称为安全边际,安全边际的边际贡献形成项目的税前利润,只有安全边际才能为项目组织提供利润。因此,目标利润的计算公式也可以表述为:

目标利润＝目标安全边际×边际贡献率

综上,用量本利分析法预测目标利润时,可以使用以下公式:

目标利润＝目标销售收入－(变动成本＋固定成本)

＝(单价－单位变动成本)×目标销量－固定成本

＝单位边际贡献×目标销量－固定成本＝目标安全边际×边际贡献率

同步案例

某公司举办一个研讨会,场地租金等固定成本总额为40000元,与会人员的酒水和食品费用为每人200元,假定每位与会人员需交纳参会费400元,且除去以上成本外没有其他开支。

要求:(1) 求公司在盈亏临界点的参会人数。

(2) 预计250人参会,求其安全边际与目标利润。

解:(1) 盈亏临界点的参会人数＝40000÷(400－200)＝200(人)

(2) 安全边际＝(250－200)×400＝20000(元)

边际贡献率＝(400－200)÷400×100％＝50％

目标利润＝20000×50％＝10000(元)

(注:利用目标利润的其他计算公式也可以得到上述答案。)

(二)展览项目的利润控制

目标利润的制定建立在对未来销售和成本预测的基础之上,其依据是历史数据和市场预期,具有不确定性。因此目标利润制定后,在项目运营过程中,要对影响目标利润的各项因素进行控制。

1. 目标利润控制的主要措施

(1) 确保服务质量。服务产品的质量直接关系到项目的成败,项目组织者应将质量管理纳入项目的战略管理过程,根据市场的变化制定质量战略。

(2) 拓宽收入渠道。在展览项目中,拓宽收入渠道主要从两方面入手:一方面是开发适销对路的新产品;另一方面是分析项目能够为相关企业带来的经济效益,吸引更多企业对项目进行赞助或捐赠。

(3) 改进营销策略。项目组织者应根据展览的目的,制定正确的商品策略,选择适当的销售渠道,加强广告宣传、人员销售以及公关营销等手段扩大市场影响力,增加项目的参与人数,以提高营业收入和利润。

(4) 控制成本费用。根据成本性态的不同,项目的成本控制可以分为变动成本控制和固定成本控制。

(5) 优化资本结构。合理确定项目资金来源中自由资金和负债之间的比例关系,在盈利状况良好时,可以适当地提高负债比例,以降低资金成本,充分发挥财务杠杆的作用,增加项目利润。

(6) 增加和改善现金流量。现金流量的增加和改善可以减少项目的资金占用和利息支出,有助于目标利润的实现。一方面,通过编制合理的资金预算,控制现金的流出,保证项目日常运营的资金需要;另一方面,通过控制应收应付款项数量,合理安排收付款的时间,增加项目的现金流入。

(7) 优化资源配置。对运营过程进行实时监督,盘活项目中闲置或利用率低下的资产,使资本从低收益领域流向高收益领域,提高资产组合的质量和运用效率,优化资源配置,增加项目利润。

2. 目标利润的实现

目标利润制定后,可以通过增加销售量、提高产品价格、降低产品成本等措施来保证目标利润的实现。

同步案例

某公司 2016 年举办的展览会实现利润 50000 元,参会门票每张 100 元,单位变动成本 60 元,固定成本总额 20000 元,2017 年预计目标利润为 2016 年的 1.2 倍。试分析公司实现目标利润的途径。

解:(1) 如果其他条件不变,该公司可通过增加参会人数实现目标利润。

2017 年的参会人数 = (20000+50000)÷(100-60) = 1750(人)

2017 年的目标利润 = 50000×1.2 = 60000(元)

2017 年需要达到的参会人数 = (20000+60000)÷(100-60) = 2000(人)

2017年该展览项目需要增加250人参会才能达到目标利润。

（2）如果其他条件不变，该公司可以通过降低单位变动成本来实现目标利润。

$$1750=(20000+60000)\div(100-V)$$
$$V\approx54.29(元)$$

当单位变动成本下降5.71元时，可以实现目标利润。

（3）如果其他条件不变，该公司可以通过降低固定成本的方式来实现目标利润。

$$1750=(F+60000)\div(100-60)$$
$$F=10000(元)$$

当固定成本下降10000元时，可以实现目标利润。

（4）如果其他条件不变，在提高服务质量的前提下，该公司可通过提高参会费（即单价）的方式来实现目标利润。

$$1750=(20000+60000)\div(P-60)$$
$$P\approx105.71(元)$$

当参会门票（单价）提高5.71元时，可以实现目标利润。

以上均为项目组织采取单项措施实现目标利润的例子。在实际工作中，单独采取某一方面的措施可能无法实现目标利润，这时应综合运用多种措施，以实现目标利润。

（三）展览项目利润盈亏平衡分析

所谓盈亏平衡，就是办展机构举办展览所得到的所有收入恰好能弥补其为举办该展览所支出的所有成本费用，也就是总收入正好等于总成本。

1. 盈亏平衡分析方法

进行盈亏平衡分析，最重要的是找到能够使展览达到盈亏平衡的盈亏平衡点，找到了盈亏平衡点，就可以为展览制定更加合理的价格或展览规模。

如果展览是以单位标准展位来定价的，那么，展览的盈亏平衡价格可以按以下公式求得：

盈亏平衡价格（单位展位）＝展览总成本÷展览总展位数

按以上公式求得的盈亏平衡价格，就是能够确保展览会不出现亏损的单位展位价格。如果单位展位的价格低于这个价格，展览就会出现亏损。

如果展览是以单位展览面积来定价的，那么，展览的盈亏平衡价格就应该是单位展览面积的价格，这时，展览的盈亏平衡价格可以按以下公式求得：

盈亏平衡价格（单位展览面积）＝展览总成本÷展览总面积

展览的规模，通常是通过该展览拥有的标准展位数量或者是该展览的展览面积来衡量的。相应的，展览的盈亏平衡规模就有两种表示方法：一是通过计算能够使展览达到盈亏平衡的标准展位数量来表示；另一种是通过计算能够使展览达到盈亏平衡的展览面积来表示。

能够使展览达到盈亏平衡的标准展位数量可以用以下公式求得：

$$盈亏平衡规模(标准展位数量)=展览总成本\div 单位标准展位价格$$

能够使展览达到盈亏平衡的展览面积可以用以下公式求得：

$$盈亏平衡规模(展览面积)=展览总成本\div 单位展览面积价格$$

展览盈亏平衡点不仅对评估展览项目是否可行具有极大的参考价值，而且对改进展览的各种执行方案也具有积极的意义。由于展览的各种执行方案对展览的总成本影响很大，因此，改进展览的执行方案，也就可以改变展览总成本，从而有利于展览的成功举办。

2. 基本盈亏方程式

将成本按性态进行分类后，量本利之间的基本关系式可表示为：

$$利润=销售收入-总成本=销售收入-(变动成本+固定成本)$$
$$=单价\times 销售量-单位变动成本\times 销售量-固定成本$$
$$=(单价-单位变动成本)\times 销售量-固定成本$$

不同展览项目的收入来源和支出情况有所不同，但其利润形成的基本原理则是相同的。以展览为例，假设展览以展位收入为主要收入来源，用量本利分析法进行目标利润规划，其利润可表现为：

$$利润=总收入-总成本=总收入-(变动成本+固定成本)$$
$$=单价\times 展览标准展位数-单位变动成本\times 展览标准展位数-固定成本$$
$$=(单价-单位变动成本)\times 展览标准展位数-固定成本$$

根据以上计算公式，可以对目标利润进行预测，其中，销售量根据以前同类项目的运营水平和市场供求状况预测得出；单价根据国家的价格政策、项目的运营目的、项目提供服务的性质和市场供求状况决定；单位变动成本和固定成本依据相关成本、费用的历史资料确定。

式中，单价减去单位变动成本后的余额称为单位边际贡献。销售量与单位边际贡献的乘积，即项目总收入超过变动成本的部分，称为边际贡献总额。边际贡献首先用来弥补固定成本，盈余部分则形成项目的税前利润；如果边际贡献仅能弥补固定成本，则利润为零，表明项目处于盈亏临界或盈亏平衡状态，项目的收入总额只能保本；如果边际贡献不足以弥补固定成本，则表明项目运营亏损。

同步案例

假设某展览项目未来展位销售量不确定，采用盈亏平衡分析法进行财务分析。

（一）基础数据

1. 展位销售价格：4800元/个（策划方案拟定销售价格）
2. 成本费用一览表（见表2-3）
3. 成本费用性质分析

根据成本费用与销售量的关系，可以将总成本费用分解为固定成本和变动成本。固定成本是指在一定范围内不受销售量影响的成本，变动成本是随销售量的增减而成正比例变化的各项成本。

表 2-3 成本费用一览表

序号	费用名称	主要内容	金额或费用标准	依据
1	场地租金		1200 元/个	展览中心
2	清洁安保费		18 万元	展览中心提供
3	宣传推广费	包括广告宣传、主办费、协办费等	10 万元	展览企业(营销人员提成按10%计算)
4	招展费用	包括资料费、电话费、差旅费、人员提成等	销售收入×10%	
5	相关活动费	开幕式、新闻发布会、招待酒会等	10 万元	展览企业
6	办公费	办公费用和人员报酬	10 万元	展览企业
7	税费	营业税	销售收入×5.5%	税法
8	观众邀请费	包括资料、电话、传真	5 万元	
9	不可预测费用		10 万元	
合计			184.91 万元	

从成本费用一览表可以看出,清洁安保费、宣传推广费、相关活动费、办公费、不可预测费用、观众邀请费一般情况下不随展位销售量的增减而变化,属固定成本;展位租金、招展费用、税费会随销售量的增减而成正比例变化,属变动成本。

(二)盈亏平衡点的销售量

盈亏平衡点的销售量,也就是利润为 0 时的销售量。为方便计算,用一系列字母来代替各个经济指标:

B——利润;

S——销售收入;

C——总成本;

$BEP(Q)$——盈亏平衡点的销售量;

P——销售单价;

C_f——固定成本;

C_u——变动成本。

根据会计恒等式,可得:

$$B = S - C$$

求盈亏平衡点的销售量,即令 $B=0$,可得:

$$S = C$$

$$PQ = C_f + C_u$$

$$4800Q = (180000 + 100000 + 100000 + 100000 + 50000 + 100000)$$
$$+ (1200Q + 4800Q \times 10\% + 4800Q \times 5.5\%)$$

$$Q \approx 221(\text{个})$$

（三）量本利图（见图2-1）

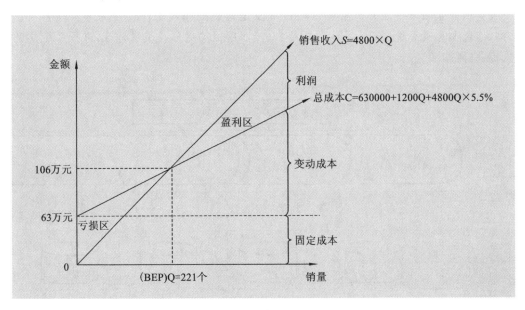

图 2-1　量本利图

从图 2-1 可以很直观地看出，销售收入线与总成本线的交点是盈亏平衡点，也叫保本点。项目在此销量（221 个展位）下，总收入与总成本相等，既无利润，也不发生亏损。在此基础上，增加展位销量，销售收入超过总成本，收入线与成本线之间的距离为利润值，形成盈利区；反之形成亏损区。

通过计算分析，本展览项目盈亏平衡点的销售量是 221 个展位。业务部门可根据市场调查预测情况，对该项目进行经济评价。预计销售量超过盈亏平衡点销售量越大，则说明该项目实施后盈利的可能性越大，适应市场变化的能力越强，抗风险能力也越强；反之则相反。预计销售量小于盈亏平衡点销售量，说明该项目从经济效果方面评价是不可行的。

第四节　展览项目立项可行性分析

一、展览项目立项可行性分析

展览项目的立项可行性分析是展览项目立项策划的继续。展览项目立项策划主要是在掌握各种信息的基础上，初步提出计划举办的展览"是什么样的"；展览立项可行性分析则是在研究各种信息的基础上，深入提出分析举办展览立项策划提出的展览是否可行，为最后是否举办该展览提供科学的决策依据。

展览项目立项可行性分析主要以项目阶段化管理的相应工作内容为分析内容,将人、财、物、信息和时机等管理要素作为分析要素,按照项目的目标及质量标准,进行系统化的研究分析,具体如图2-2。

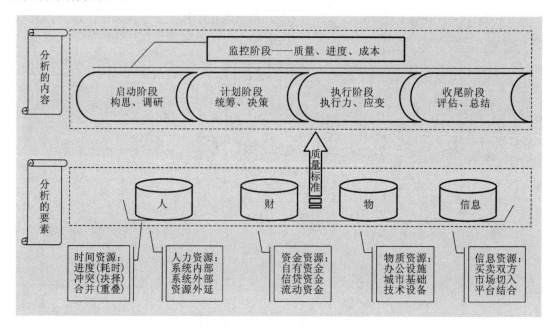

图 2-2　展览项目立项可行性分析的内容与要素

(一)市场环境分析

根据展览立项策划提出的展览举办方案,在已经掌握的各种信息的基础上,进一步分析和论证举办展览的各种市场条件是否具备,是否有举办该展览所需要的各种政策基础和社会基础。

1. 宏观市场环境

宏观市场环境是指能对展览举办产生影响的各种社会因素,这些因素可能会给办展机构举办展览带来市场机会,也可能会给其造成市场威胁。它们包括政治法律环境、社会文化环境、人口环境、经济环境、技术环境等。对举办展览所面临的宏观市场环境的各个方面做出准确的分析,寻找市场机会,发现威胁,为展览立项可行性研究的最终决策服务。

2. 微观市场环境

微观市场环境是指对办展机构举办展览构成直接影响的各种因素。这些因素包括办展机构内部环境、目标客户、竞争者、营销中介、服务商和社会公众等。

3. 市场环境评价

所谓SWOT分析法,就是把办展机构所面临的宏观和微观环境各要素综合起来进行分析,得出市场环境对办展机构举办该展览所形成的机会(opportunity)、威胁(threat)、优势(strength)和劣势(weakness),并将这四个方面结合起来研究,以寻找到适合办展机构举办本展览的可行战略和有效对策。

SWOT 分析法一般分三步进行：第一步，整理和分析收集到的各种信息，并根据这些信息对环境的变化趋势做出预测；第二步，详细地分析办展机构内部和外部的各种环境要素，列出市场环境对办展机构举办该展览所形成的机会、威胁、优势和劣势；第三步，对市场环境对办展机构举办该展览所形成的机会、威胁、优势和劣势进行综合分析，确定可以选择的战略和对策。SWOT 分析法为办展机构举办该展览提供四种可以选择的对策，具体如表 2-4 所示。

表 2-4　SWOT 分析法

外部\内部		内部环境	
		内部优势(S)	内部劣势(W)
外部环境	外部机会(O)	SO 战略 依靠内部优势 利用外部机会	WO 战略 利用外部机会 改进内部劣势
	外部威胁(T)	ST 战略 依靠内部优势 回避外部威胁	WT 战略 克服内部劣势 回避外部威胁

（1）SO 战略，即利用办展机构的内部优势去抓住外部市场机会。
（2）ST 战略，即利用办展机构内部的优势去回避和减少外部威胁。
（3）WO 战略，即利用外部机会来改进办展机构的内部劣势。
（4）WT 战略，即克服办展机构的内部劣势，避免外部威胁。

在对市场环境进行整体分析和综合评估后，就可以形成针对市场环境的分析结论和分析报告，供办展机构最终决定是否进入某一产业举办展览做决策参考。

（二）展览项目生命力分析

市场环境分析是从计划举办的展览项目的外部因素出发来分析举办该展览的条件是否具备；展览项目生命力分析则是从举办的展览项目的本身出发，分析该展览是否有发展前途。

1. 项目竞争力

展览项目竞争力分析是从展览本身出发，分析本展览与同主题的其他展览相比是否具有竞争优势，如展览定位的号召力、办展机构的品牌影响力、参展商和观众的构成、展览价格和展览服务等因素，对展览的竞争优势具有决定性的影响。

2. 项目发展空间

展览项目发展空间分析，是立足于已经掌握的各种信息，根据展览项目立项策划提出的办展方案和展览定位，从展览的长远发展出发，分析展览项目是否有发展空间，主要分析产业空间、市场空间、地域空间、政策空间四个因素，当然还有其他一些因素，如展馆设施状况等，对展览项目发展空间影响较大的还是上述四个因素。

（三）办展机构优劣势分析

办展机构的优势，决定着其在哪些产业举办展览成功的可能性较大，也决定着其举办什

么性质的展览将会有较大的优势。办展机构的劣势,决定着其在哪些产业举办展览成功的可能性较小,也决定着其不能举办什么性质的展览。

(四) 展览项目执行方案分析

展览项目执行方案分析是从计划举办展览项目本身出发,分析该展览项目立项计划准备实施的各种执行方案是否完备,是否能保证该展览计划目标的实现。

1. 展览基本框架评估

分析展览执行方案的可行性,首先就要对计划举办的展览的基本框架进行评估。所谓展览的基本框架,也就是展览的基本内容,包括展览的名称、举办展览的地点、办展机构、办展时间、展品范围、办展频率、展览规模和展览定位等有关展览的基本信息。对构成展览基本框架的各种因素从总体上进行评估,看各种因素彼此问是否协调,从总体上分析展览的基本框架是否可行。对展览基本框架进行的评估包括以下几个方面。

(1) 展览名称和展览的展品范围、展览定位之间是否有冲突。

(2) 办展时间、办展频率是否符合展品范围所在产业的特征。

(3) 展览的举办地点是否符合举办该展品范围所在产业的要求。

(4) 展品范围所在产业能否举办如此规模和定位的展览。

(5) 展览的办展机构对展品范围所在的产业是否熟悉以及在计划的办展时间内能否举办如此规模和定位的展览。

(6) 展览定位与展览规模之间是否有冲突。

2. 展览进度计划评估

展览进度计划是对展览筹备以及展览期间的各项工作进行统筹安排的计划,它明确规划了个办展机构在什么时候应该干什么事情;到什么时候应该完成什么任务,达到什么目标。展览进度计划的主要目的,是要让各办展机构以及工作人员明确展览各时期的工作和任务,让展览筹备以及展览期间的各项工作能有条不紊地进行,并能在保证质量的前提下完成。

3. 招展、招商和宣传推广计划评估

招展计划、招商计划和宣传推广是展览的三个重要执行方案,它们互相影响、互相依赖、互相制约。这三个执行方案执行的结果直接关系到展览将会有多少企业参展、有多少观众到会参观,关系到展览在参展商、观众以及公众心目中的形象如何。

4. 现场管理和相关活动计划评估

现场管理计划是对展览开幕现场和展览现场进行管理的计划安排。展览相关活动计划是对在展览同期举办的各种研讨会、表演和比赛等进行的计划安排。这两项计划的具体执行时间都是在展览的展览期间,地点常常也都是在展览现场内,执行时会彼此影响。

(五) 展览项目财务分析的方法

展览项目财务分析是从办展机构财务的角度出发,按照国家现行的财政、税收、经济、金融等规定,在筹备举办展览时确定的价格的基础上,分析测算举办该展览的费用支出和收益,并以适当的形式组织和规划好举办展览所需要的资金。项目财务分析一般可以按以下步骤进行。

1. 财务分析预测

在对计划举办的展览有一个总体了解的基础上,对相关市场和执行方案进行充分调查,收集并预测项目财务分析所需要的各种基础数据。根据财务分析列出数据及其预测,计算展览项目的财务盈利如何。展览项目的财务盈利是判断该展览能否举办的一个重要依据。

2. 制定资金规划

根据财务分析和预测,筹措和安排举办展览所需要的资金投入量,为展位的前期资金投入提供保障。

(六) 风险预测

风险是指某一行动的结果所具有的不确定性。从展览立项可行性分析的角度看,风险就是办展机构在举办展览的过程中,由于一些难以预料和无法控制的因素的作用,使办展机构举办展览的计划和举办展览的实际收益与预期发生背离。一般来说,举办展览可能面临的风险有四种,分别是市场风险、经营风险、财务风险和合作风险。办展机构要通过对各种风险的评估,采取相应对策,尽量回避和降低可能遇到的风险。

二、展览项目立项可行性研究报告

展览项目立项可行性研究报告要对展览立项是可行还是不可行做出系统的评估和说明,并为最终完善该展览项目立项策划的各具体执行方案提供改进依据和建议。因此,展览项目立项可行性研究报告写作框架主要包括以下几项内容。

(1) 市场环境分析,包括宏观市场环境、微观市场环境、市场环境评价等。

(2) 展览项目生命力分析,包括项目发展空间、项目竞争力、办展机构优劣势分析等。

(3) 展览执行方案分析,包括对计划举办的展览的基本框架、招展招商和宣传推广计划等进行评估。

(4) 展览项目财务分析,包括价格定位、成本预测、收入预测、盈亏平衡分析、现金流量分析等。

(5) 风险预测,包括市场风险、经营风险、财务风险、合作风险。

(6) 存在的问题。

(7) 改进建议。

(8) 努力的方向。

完成上述分析以后,就可以形成展览项目立项可行性研究报告。展览项目立项可行性研究报告是办展机构决策是否要举办该展览的重要依据。因此,一定要使展览项目立项可行性研究报告的材料真实充分,分析客观科学,判断准确有理。

内容提要

本章讲述了展览立项策划程序与内容、展览项目立项阶段市场调查、展览项目立项阶段财务预算管理、展览项目立项可行性分析四个部分。

首先,介绍了展览立项策划程序与内容,包括展览项目立项步骤、展览立项策划内容与方案、展览项目主题选择方法。

其次,介绍了展览项目立项阶段市场调查,包括展览项目市场调查概述、展览项目市场调查的程序和步骤、项目市场信息的收集、展览项目市场调查的方法。

再次,介绍了展览项目立项阶段财务预算管理,包括展览项目财务管理概述、展览项目财务预算管理、展览项目利润管理。

最后,介绍了展览项目立项可行性分析,包括展览项目立项可行性分析、展览项目立项可行性研究报告。

> 核心概念

展览项目市场调查;资金;资金筹集;资金耗费;资金回收;利润;决算;固定成本;变动成本;半变动成本;盈亏平衡分析;SWOT分析法

> 重点实务

展览项目主题与市场调查方法的运用;展览项目财务预算的运用;展览项目可行性分析报告的应用。

第三章
展览项目管理内容和方法

项目目标

通过本章学习,应当达到以下目标:

职业知识目标:学习和把握展览项目管理内容和程序、展览项目计划与目标管理、展览项目活动排序与进度表、展览项目的控制管理等知识,能利用相关知识开展展览项目管理内容和方法相关的项目管理工作。

职业能力目标:运用本章专业知识,培养对展览项目计划与目标管理、展览项目活动排序与进度表、展览项目的控制管理等技能培训,培养展览项目管理等方面的计划统筹与质量控制专业技能。

职业道德目标:结合展览项目管理内容和方法的教学内容,依照行业道德规范或标准,熟悉展览项目管理工作的各个环节,增强专业化与职业化的态度,强化职业道德素质。

第一节 展览项目管理内容和程序

一、展览项目的管理要素和内容

展览项目就是利用项目管理的过程和方法,以展览活动为管理对象的项目形式。

（一）展览项目管理的要素

如果我们把展览活动(包括会议、展览、大型或综合性活动)作为一个运动系统加以考察,那么这一系统一般应具备以下基本要素。

1. 参与者要素

参与者要素是展览项目系统的运营重点,而其中组织者对于展览项目系统的具体运作

有决定性的作用。

(1) 展览主办者。展览主办者是展览的组织者,是展览系统的主体,通常有着特定的服务对象,决定着展览的举办时间和举办形式,并能提供展示环境和信息。展览主办者的类型包括政府机构、展览经营机构、非展览企业单位、境外机构。

(2) 展览的承办者。主办者限于人力、场地、专业技术等因素,常常将承办展览的具体业务委托其他单位。展览承办者的类型包括政府机关、社会团队、展览企业。

(3) 参展者。参展者即向展览的主办者租借展位并提供展品的单位或个人。参展商是展览系统的动力,他们是展览系统的基础要素和市场需求的表征反映。参展者类型包括党政机关、企业、非营利组织、权利人、成员单位、非成员单位。

(4) 观众。观众是指进入展览场馆参观展品的机构或个人。在商业性展览中,观众往往称为客商或采购商,是展览系统结构的起点和终点,因为任何展览活动的举办,最终目的是满足观众的欣赏、购买和选择的需要,展览效果的好坏最终也要由观众来决定。观众的类型主要包括团体观众、个人观众。

2. 主题要素

主题要素是主办者、参展者和观众行为的共同指向。对于一次具体的展览活动而言,展览主题就是指展览的主办者和参展者所要展示的物品(展品)及其所包含的内容。

按主题性质分类,包括知识型主题、产品型主题、智力型主题、劳务型主题、人才型主题、形象型主题。

按主题载体形式分类,包括原型类主题、模型类主题、标本类主题、复制类主题、图片类主题、声像类主题、多媒体类主题。

3. 信息要素

从信息学意义上考察展览活动,我们完全可以将展览活动看作是在特定时间和特定地点内的信息交流活动。具体而言,展览系统的信息要素就是围绕会议的议题所表达或发布的立场、观点、知识、政策、消息,或者通过展示的技术、产品、形象等。

4. 物质要素

展览信息必须通过有效的物质载体才能显示、传递和接收。展览系统物质要素就是指举办会展活动、传播展览信息所必须具备的场馆、仪器、设备、用品、动力、技术等。物质要素是展览活动赖以进行的基本保障。

5. 形式要素

展览形式要素是指展品展示和陈列的形式及技术手段。如图片展以展示图片为主,实物展以陈列实物造型为主,网展则借助计算机和网络技术。现代展览活动常常结合使用多种形式和技术手段,以显示展览的无穷魅力。在展览系统的诸多要素中,形式要素虽然要服从于其他要素,为其他要素服务,但却是最活跃、最能体现创新能力的要素,能对其他要素产生极大的作用。因此,高度重视形式要素,对于办好展览活动具有极其重要的意义。

6. 时间和空间要素

作为一种集体性的社会交往活动,展览活动总是在一定的时间和一定的空间范围内存在。展览项目经过策划后,需要把展品集中在特定的地点进行展示,以体现展览的价值和意义。展品是展览信息的载体,展览地点则是主办者或参展者陈列这种信息载体和观众感知信息的空间。

(二) 展览项目管理的内容

展览管理的含义是展览活动的主办者运用科学的决策、规划、组织、沟通和控制手段,以最佳时间、最优的形式、最低的成本和最高的效率,合理配置展览资源,为实现展览活动目标提供智力和人力保障。根据项目管理的内容,结合展览业自身的特点,展览项目管理主要包括以下九个方面。

1. 展览计划管理

计划是项目的主计划或总体规划,是展览活动的综合性整体管理,它确定了展览项目的执行、监控和结束的方式和方法。

2. 展览人力资源管理

人力资源是展览活动的决策性要素。展览人力资源管理的任务是通过制订展览人才工作计划和人力资源战略,科学合理地设计展览工作岗位,做好展览人才的招聘、培训、服务、使用、协调等一系列工作,为实现展览活动的目标提供智力和人力保障。

3. 展览营销管理

展览营销管理是为了达到展览目标而规划和实施展览理念、展览产品定位、展览服务、价格和促销策略的过程,它包括展览市场的分析、展览市场目标的选择、招展招商和招募会策略的优化、营销过程的控制等环节。

4. 展览信息管理

展览活动从本质上来说是一种信息交流活动。信息是展览活动的起点,也是展览活动的终点。展览信息管理的具体任务是开展信息的收集、加工、传递、储藏、检索,为主办单位领导、与会者、参观者、客商和记者各方面提供及时、准确、系统和有效的信息。

5. 展览服务管理

展览服务包罗万象,展览的成功多半来自一流的服务。展览服务的对象是与会者、参展商和观众,甚至还包括媒体记者。服务的内容包括为与会者、参展商、观众和记者提供旅游、文书、通信、采访、接待、礼仪、交通、后勤、金融、展品物流、展台设计与展具制作等各方面的服务。

6. 展览财务管理

展览财务管理的任务在于编制财务预算、开辟筹资渠道、保证资金到位、实施财务监管、降低展览成本、提高展览效益。

7. 展览品牌宣传管理

展览品牌宣传管理包括展览运营企业及展览项目本身的形象塑造和对展览项目参与者(参展商、客商和赞助商等)的宣传管理两个方面。宣传资源是主办者拥有的资源,是展览收入或资金筹集的重要渠道,因此,主办者要充分重视广告宣传资源的开发利用,同时,要在宣传推广的内容、形式、发布时间和方式等方面进行有效的策划与管理。

8. 展览客户关系管理

展览客户关系管理的本质是为展览营销服务的,它的研发是以提升服务品质、围绕展会营销而进行的。展览企业营销策略的核心在于整体协调、一致行动,在以客户为中心的基础上,找出企业突出的竞争优势,做出最佳战略选择,并努力留住好的客户,提升客户的价值。

9. 展览现场管理

展览活动的现场管理,其内容包括展览场馆的租赁、场地布置,现场报到,展期开馆和闭馆,安排参展单位工作人员的作息时间,布展和撤展以及办理展品进出馆手续,负责场馆的安全、卫生和噪声控制等方面的管理。

二、展览项目管理过程

通常一个项目从开始到结束的全过程按照先后顺序可划分成若干阶段。按照展览项目的特点,可以把展览项目的周期分为五个阶段(见图3-1),项目的每个阶段都要经历以上五组基本的管理过程,这些并非独立的一次性事件,是按一定的顺序发生的,工作强度有所变化,并互有重叠、反复修订、不断变更、再执行的活动。

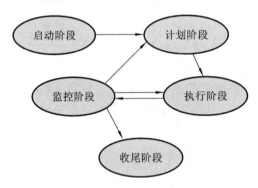

图3-1 展览项目周期的五个阶段

(一) 启动阶段

展览项目的启动也就是展览项目管理的起点,按照展览策划的一般规律,展览项目的启动是从市场调研开始的,然后经过展览项目构思直到展览项目的立项。项目经可行性论证后,申报到有关部门,经过批准后,展览项目就可以正式立项了。展览项目的立项标志着展览项目管理的过程进入下一阶段。启动阶段是正式认可一个新项目的存在或者是对一个已经存在的项目让其继续进行下一阶段工作的过程。

(二) 计划阶段

为实现启动过程提出目标而制订计划,合理的计划是展览项目管理的基本组成部分。计划阶段项目管理内容包括展览项目所实施的工作要素和活动时使用的一些技术,它涉及明确项目目标、制定工作分析结构以及确立工作责任矩阵。

1. 展览项目目标

计划过程的第一步是确定项目的目标。目标通常根据工作范围、进度计划和成本而定,它要求在一定期限和预算内完成工作。对于会议或展览来说,要事先清晰地表达人们参加活动后最终取得的成果。

2. 工作分析结构

一旦项目目标确定,下一步就是确定需要执行哪些工作要素或活动来完成它。这要求做一份所有活动的一览表。

3. 责任矩阵

责任矩阵是以表格形式表示完成工作分析结构中工作细目的个人责任的方法,强调每一项工作细目由谁负责,并表明每个人的角色在整个项目中的地位。

(三)执行阶段

展览项目执行阶段是使展览项目在既定的项目时间和项目预算中执行的动态过程。在项目实施中,要将所有活动列成一个明确的活动清单,并且让项目团队的每一个成员能够清楚有多少工作需要处理。活动清单应该采取文档形式,以便于项目其他过程的使用和管理。

(四)监控阶段

项目监控又叫项目跟踪,是指项目各级管理人员根据项目的规划和目标等,在项目实施的整个过程中对项目状态以及影响项目进展的内外部因素进行及时的、连续的、系统的记录和报告的系列活动过程。项目控制的基础是项目计划,项目计划的基础是项目目标。项目控制的主要工作包括以下三个方面。

首先,要做的工作是指导项目符合目标,就是根据计划对目标和方向进行设定,尽量使项目进展朝着项目计划所确定的目标和方向前进。

其次,是有效利用资源,进一步提高资源的使用效率。在计划阶段是预见问题、预测问题;在实施阶段是判断问题、纠正问题,对计划要做一些适当变更,使之更好地完成项目目标。

最后,在计划阶段,项目组做出的一些关于团队建设和员工激励的方针和措施,在实施阶段就要贯彻和实施这些措施,对员工做出的贡献给予积极的奖励和鼓励。

(五)收尾阶段

展览项目收尾阶段的主要工作包括以下几个方面。

1. 质量验收

质量验收是依据质量计划和相关的质量检验标准,对展览项目进行评价和认可,并撰写质量验收评定报告。

2. 费用决算

费用决算是指对从展览项目筹划开始到展览项目结束为止这一全过程所支付的全部费用进行的结算与核定,并最终编制项目决算书的过程。

3. 合同终结

合同终结指整理并存档各种合同文件(包括合同书本身、各种表格清单、经过批准的合同变更、进度报告、单据和付款记录以及各种检查结果),完成和终结一个展览项目或展览项目各个阶段的合同,完成和终结各种商品采购和劳务合同,结清各种账款,解决所有尚未了结的事项,同时向承包商发出合同已经履行完毕的书面通知。

4. 展后总结

展后总结一般组织所有参加展会管理的人员召开总结会,将相关资料整理汇总,并撰写工作总结。

展览项目各阶段要完成的工作如表3-1所示。

表3-1 展览项目各阶段要完成的工作

展览项目启动阶段	展览项目计划阶段	展览项目执行阶段	展览项目监控阶段	展览项目收尾阶段
1. 展览项目调研 （1）参展市场调研 （2）观展市场调研 2. 展览项目构思 （1）确定展览项目主题 （2）构思相关项目的内容 （3）实施项目可行性研究 3. 展览项目立项 国际国内相关立项规定	1. 制订展览项目计划 （1）明确展览项目目标 （2）确定展览项目范围 （3）估算展览项目时间 （4）编制项目分解计划 2. 实施项目分解计划 （1）招展项目设计 （2）观展项目设计 （3）服务项目设计	1. 展览项目控制 （1）任务监控 （2）成本控制 2. 展览项目调整 （1）人员调整 （2）预算调整 （3）目标调整	1. 展览项目进度控制 （1）跟踪实际进度 （2）分析偏差 （3）提出控制的措施 （4）进度计划调整 2. 展览项目质量控制 （1）确定保证措施 （2）跟踪观测和检查 （3）发现和分析偏差	1. 展览结束总结 2. 展览效益评估 3. 展览信息反馈

第二节 展览项目计划与目标管理

一、展览项目计划的管理

（一）展览项目计划的内涵与形式

1. 展览项目计划的内涵

展览项目计划，是指展览项目未来行动过程的预定路线，即根据项目策划所选定的展览项目主题，确定展览项目所要完成的目标，并依次来制定实现这些目标的资源、进度、成本等的安排。展览活动是一个十分错综复杂的庞大系统，曾经有展览专家统计，一次展览会是由大大小小3600多项事件构成。利用计划可以检查和监督各部门各工作人员的工作，确保展览项目在预定事件得以顺利圆满完成，达到预期的项目目标。

2. 展览项目计划的形式

展览项目计划是一个前后相继的计划体系，它随着项目的进展而不断得到细化、具体化，同时又不断地得到修改和调整。这个计划体系包括概念性计划、详细计划、滚动计划。

1) 概念性计划

概念性计划通常称为自上而下的计划,概念性计划的任务是确定初步的工作分解结构(WBS)图,并由此规定展览项目的整体轮廓和战略方向。

2) 详细计划

详细计划通常称为自下而上的计划。其任务是制订详细的工作分解结构(WBS)。详细计划提供展览项目的详细范围、具体工作任务、执行工作任务的步骤、时间进度安排、资源等。

3) 滚动计划

滚动计划是用滚动的方法对可以预见的将来逐步制订详细的工作计划。随着项目的不断推进,需要分阶段地重估自上而下计划制订过程中所制定的进度的预算。因此,需要在已编计划的基础上,每经过一个阶段(如以月、季度为单位),根据展览项目环境的变化等因素对原计划进行滚动调整。

(二) 展览项目计划的层次性与作用

1. 展览项目计划的层次性

展览项目目标及展览项目计划工作的层次性说明展览项目是一个系统工程,展览项目计划位于项目批准之后、项目实施之前(见图 3-2)。

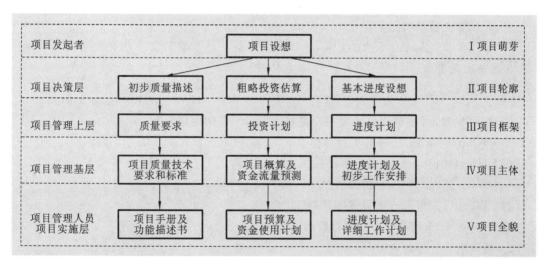

图 3-2 展览项目目标及展览项目计划工作的层次性

同步案例 2011 年西安世界园艺博览会目标

(一) 战略目标

1. 通过本届世界园艺博览会向世界展示全新形象和发展面貌的新西安,大大提高西安及陕西的对外开放水平。

2. 拓展西安及陕西参与国际交往的途径,推进西安国际化进程。

3. 拓宽西安的国际化视野,深化生态文明,进一步带动区域发展。

4. 进一步丰富西安旅游产品,促进旅游业发展,催生城市旅游经济新的增长极。

5. 促进市民文明素质提升。

(二)运营总体目标

在"天人长安、创意自然"主题的指导下,创办一届"有创意、有特点、水平高、影响大"的世界园艺博览会。

1. 通过精细管理,营造具有世界各地园艺景观和风情特色的会场,让参观者尽情享受大自然花、绿、水的魅力,增强环保意识。

2. 搭建一个能够充分展示城市与自然和谐共生及相关技术最新成果的世界级平台,成为参观者、园艺及相关专业者了解最新科技成果、学习交流的会场。

3. 开展城市与自然和谐共生、天人长安相关联的丰富多彩的活动,使会场处处充满喜庆节日气氛、洋溢着活力和欢乐。

4. 提供各种各样的休闲娱乐场所和机会,使之成为能够体验包含世界各地的衣食住行和文化生活的博览会。

5. 打造西部旅游观光新热点,传播生态、节能、环保新理念,引导绿色消费,促进生态产业发展,成为时尚西安——都市生活新亮点。

6. 彰显西安作为世界历史文化名城的特色,突出城市创新、生态文明、科技进步、最适宜人居等新元素。

7. 着眼于区域的可持续发展,为西安世园会在会期前后及会场内外形成巨大的影响力而努力。

(资料来源:人大经济论坛网站。)

因此,可以看出,展览项目计划主要是解决"5个W"的问题。

(1) What(何事)——展览项目目标。

(2) How(如何)——工作分解结构图。

(3) Who(何人)——人员使用计划。

(4) When(何时)——项目进度计划。

(5) How much(多少)——项目费用预算。

2. 展览项目计划的作用

在展览项目实施过程中,由于环境因素或人为因素的影响,项目进展需要以项目计划为基础和依据,保证展览项目运行不脱离项目目标,保证各项任务准时保质地完成,展览项目计划的主要作用表现在以下几个方面。

(1) 明确展览项目目标。

(2) 明确各项任务。

(3) 合理分配资源。

(4) 明确工作职责,调动成员工作积极性。

(5) 实现对项目的有效监控、跟踪及控制。

(三)展览项目计划编制程序与内容

1. 展览项目计划编制程序

一般来说,展览项目计划的编制应遵循如下程序。

第一步:确定展览项目目标。

第二步:项目工作分解。

第三步:工作排序。

第四步:确定各工作任务完成时间。

第五步:编制项目的进度计划。

第六步:项目工作责任分配。

第七步:项目成本预算。

第八步:汇总计划并最终确定计划。

2. 展览项目计划书的内容

展览项目计划书是项目计划的交付性成果,包括一般内容和辅助资料两个部分。

1)一般内容

(1)项目许可证和项目章程,正式承认项目的存在并对项目提供一个概览。

(2)采取的项目管理方法,包括管理目标、项目控制措施等内容。

(3)项目范围说明,包括项目可交付成果和项目目标。

(4)项目工作分解(WBS)。

(5)项目开始时间及进度。

(6)责任分解与费用估算。

(7)主要里程碑和评估制度。

(8)人员安排计划。

(9)业绩考核和评估制度。

(10)项目主要风险。

2)辅助资料

(1)项目各具体计划未考虑的事项。

(2)项目规划期间新增的文件或资料。

(3)技术文件。

二、展览目标和项目范围管理

(一)展览项目目标的管理

展览项目目标是指展览组织者根据营销战略、市场条件和展览情况制定的明确的、具体的展览目的及期望通过展览而达到的企业目标。由于展览涉及的主体包括政府、展览公司、参展商、服务分包商、观众等,制订展览项目计划应综合考虑各利益相关者的需要。

1. 展览项目目标的属性

(1)多目标性。展览项目的目标是一个目标体系,政府、展览公司、参展商、服务分包商、观众等不同的利益主体有不同的项目目标。

(2) 优先性。当展览项目的目标之间发生冲突时,要优先考虑其中的某个或某些目标。

(3) 层次性。展览项目的目标是一个从抽象到具体的层次结构,是一个多级的目标体系。既需要总目标,也需要各个子目标,总目标是对展览项目最终交付结果的要求,而子目标则是对每一项具体任务的结果要求,是可操作的解决问题的具体措施。

2. 展览项目目标的描述准则

描述项目一般有以下几个原则,首字母合在一起为"SMART"。

(1) 具体的(specific)。项目有一个明确界定的目标,即一个期望的结果或产品。一个项目的目标通常依照工作范围、进度计划和成本来定义。

(2) 可测量的(measurable)。项目目标的结果都是以具体到可测量的数据为基础的条件来限定的,例如,2010年上海世博会门票收入目标为60亿元。

(3) 可实现的(achievable)。项目的结果或产品应该是通过努力可以达到和完成的。

(4) 相关的(relevant)。项目的实施要通过完成一系列相互关联的任务,也就是许多不重复的任务以一定的顺序完成,以便达到项目目标。

(5) 可跟踪的(traceable)。项目的过程是可以通过文档、信息系统来监控和跟踪的。

项目目标必须明确、具体,尽量用定量化的语言进行描述,保证项目内容易被沟通和理解,并能使每个项目组成员结合项目目标确定个人的具体目标,做到责任到人。

(二) 展览项目目标分析

从展览项目申报和运营管理具体操作出发,一般在设定展览项目目标中会根据项目举办地宏观目标和项目运营企业微观目标两个方面进行设定。

1. 展览项目的宏观目标

1) 展览项目的政治目标

(1) 执政党和政府管理理念的示范性效应。

(2) 实现区域政府间合作。

(3) 提高举办地城市知名度和美誉度,强化城市文化建设。

2) 展览项目的经济目标

政府对展览项目的经济目标主要包括完善城市基础设施建设、推动城市产业结构升级、促进区域经济一体化、拉动城市对外经贸合作。大多以专业展览场馆为核心打造的展览功能区,都在打造一流的展馆场所和商务配套设施,积极地进行全方位的综合性城市基础建设,客观上会使城市功能得到充分发挥。

2. 项目运营微观目标

展览项目主办方必须根据项目所涉及的行业发展趋势及政府的发展规划设定长期发展规划和短期发展计划、定性目标和定量目标,并在展览项目目标框架确定的基础上,通过招标或选拔相应的展览运营企业负责项目的承办或运营,要求展览运营企业及时制订对市场环境具有适应性的展览项目运营计划和执行计划。

1) 展览项目战略目标的设定

战略目标的设定,原则上应以适应环境变化的需要和展览项目主办方能力为依据。展览项目主办方在确定目标体系的主要目标时,因主办者的角度和职责不同,对展览项目提出的目标标准各有特色,但其主要目标的内容基本相同,一般包括收益性、成长性和安全性三项目标。

(1) 收益性目标。最常用的目标标准是社会效益和经济效益(总资本利润率、销售利润率、销售周转率)等目标。

(2) 成长性目标。主要指展览项目的社会影响力成长性(知名度、美誉度、文化塑造力等)和经济成长率(销售额增长率、市场占有率、利润额增长率等)。

(3) 安全性目标。主要是展览项目在社会安全性(交通物流安全、人群聚集安全、反恐安全等)及经济案例性(自有资本比率、附加值增长率、盈亏平衡点等)。

2) 展览项目发展战略的形成和确定

此过程也就是把发展战略具体化。根据战略的目的、目标、所需资源的数量和主办方及项目运营企业的能力进行规划,最后确定实施方案。发展战略正确与否,关键是对提出的发展战略的评价。

3) 展览项目运营目标设定

(1) 展览项目运营企业的分析。在主办方提出展览项目的发展战略和总体目标框架后,具体由展览项目运营企业来细化目标,并制定切实可行的执行方案。构成展览运营企业环境的影响因素很多,一般由主体环境因素、企业环境因素和地域环境因素三个方面构成。企业的主体环境因素是指与企业的经营成果有利害关系的个人和集团,如股东、顾客、金融机构、交易关系单位、竞争企业、外部机关团体等。企业环境因素是由社会的政治因素、经济因素、文化因素和科学技术因素等因素构成。而地域环境因素是针对上述环境因素产生的地理位置而言,它包括国内环境因素和国际环境因素。

(2) 展览项目运营目标的设定步骤。在进入设定目标的行动阶段时,应该遵循一定的步骤和程序,一步接一步,一环扣一环,要有科学的态度和实事求是的精神,不能随心所欲。否则,即使最后设定了目标,也是缺乏牢固基础的。如果仍按这种目标去执行,只会背道而驰,离期望越来越远。

4) 制定展览项目目标时常见的问题

制定展览项目目标时存在的问题大致可以归结为:目标不明确、目标主次不分、目标过高或过低、目标过于抽象、目标没有可操作性、目标随意更换等,它们是展览项目主办方或运营企业的通病,几乎一切失败的展览,都可以在这里找到原因。同时,如果改变展览项目整体目标而不做相应的资源调整,那么这个新的目标就可能是个虚空的目标,本身就没有什么实际意义,也不容易提高工作的效率和质量,最终展览效果就更加难以保证。

三、展览项目范围管理

(一) 展览项目范围的内涵

1. 展览项目范围的定义

展览项目范围是指为达到项目目标所要做的各项工作内容,包含所交付的产品或服务应该具有什么样的特征和功能以及需要完成的工作内容。确定展览项目范围可以提高项目费用、时间、资源估算的准确性,可以作为确定进度测量和控制的基准,有助于项目管理者清

楚地分派责任。

2. 展览项目范围的内容

一般展览项目主要包括以下内容。

（1）参会者、参展商的确定，即确定参会人员或参展商的类型、层次、数量。

（2）专业观众和普通观众的确定，即确定观众人员的类别、购买能力水平、决策能力、数量等。

（3）制定合适的营销战略，即通过一定营销方式的组合，实现会议和展览产品的顺利销售，确保展览组织者的收入来源。

（4）确定展览服务的范围，即与展览服务总承包商或分承包商签订合同，为参会者、参展商和观众提供各种服务，如展品运输、展台搭建、保险、清洁、餐饮、邮寄等各项服务。

（5）展会现场的管理工作，即在展会现场协调参展商、观众和服务商之间的关系，确保展会顺利进行。

（6）展览评估工作，即在展览活动结束之后对展会环境、展览工作、展览效果等进行评估。

(二) 展览项目范围定义的操作软件

1. MSP 展览项目范围定义软件

Microsoft Project（或 MSP）是由微软开发销售的项目管理软件程序。软件设计目的在于协助项目经理发展计划、为任务分配资源、跟踪进度、管理预算和分析工作量。Microsoft Project 2010 不仅可以快速、高效地建立展览项目计划，使展览项目经理从大量烦琐的计算绘图中解脱出来，而且可以帮助项目经理实现成本分析、预测、控制等靠手工很难实现的功能，使项目工期得到优化，提高资源使用率，提高经济效益。本章引入了 Microsoft Project 2010 在展览项目管理中的应用。

在运用 Microsoft Project 2010 对展览项目进行管理时，首要的就是要定义展览项目（见图 3-3）。

图中，左侧任务工具条下面，可以对展览项目开始定义，包括展览项目开始的时间、常规工作时间、工作任务等。

2. WBS 展览项目范围定义软件

1）WBS 简介

WBS 是 Work Breakdown Structure 的英文首字母缩写，是一种面向可交付成果的项目元素分解，这个分解组织并定义了全部的项目工作范围，每降一级都表示一个更加详细的项目工作的定义。

2）WBS 建立的方法

（1）自上而下法。

①确定项目目标，着重说明将要完成的整个项目所有的工作任务。

②准确确认完成每一个工作任务所需的所有任务。

③详细说明完成每一个任务所需的子任务。

④进一步细分步骤②和③的每一项，使其形成顺序的逻辑子分组，直到其能够详细地描

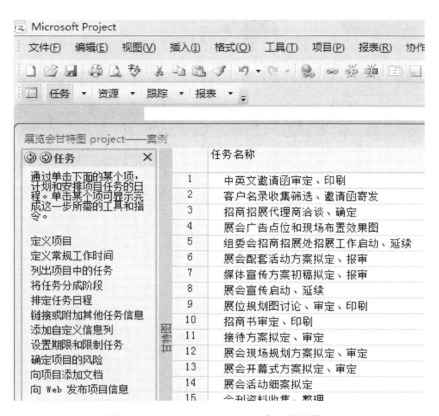

图 3-3　Microsoft Project 2010 定义项目界面

述整个项目。

例如,开展一个展览中的宴会项目的步骤如下。

第一步,定义项目目标,举办一次成功的宴会,让参展商增加彼此的沟通,并且得到福利,增强对展览项目的归属感。

第二步,确定完成任务所需的所有子任务,如准备丰盛的宴会、邀请参展商、宴会厅布置等。

第三步,确定其他的工作范围,以确保100%的工作被识别。例如,需要准备桌子、食品、饮料、环境布置等。

某展览项目的 WBS 如图 3-4 所示,某会议项目的 WBS 如图 3-5 所示。

(2) 集思广益法制定工作分解结构。

①在一个单独清单上记下认为必须完成的项目包括的所有任务。

②研究清单,把工作分成有共同特征的几个主要类型,并注意在每一个类型里必须按统一标准划分。

③把一个特定工作任务中的工作分成一些更小的任务。

④使用向上而下法确定可能遗漏的任何需要追加的工作。

(3) WBS 的基本结构。

WBS 的结构主要有大纲式和图解式两种。图解式又叫家族式谱系图或树状图,有垂直和水平两种。

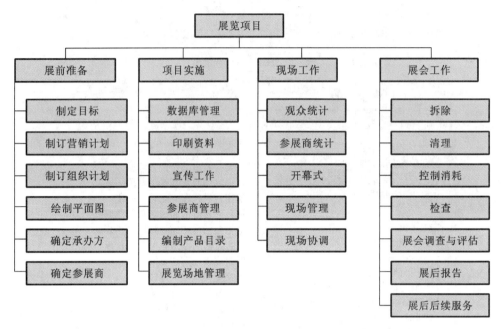

图 3-4　某展览项目的 WBS

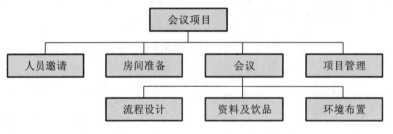

图 3-5　会议项目的 WBS

①树状图。

垂直树状图,像一颗倒悬的大树,根、主干和树枝分明,如图 3-6 所示的会议项目 WBS 树状图。

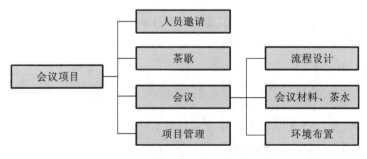

图 3-6　会议项目 WBS 树状图

②大纲式。

如表 3-2 所示的会议项目 WBS 大纲式。

表 3-2　会议项目 WBS 大纲式

0. 会议项目
1. 人员邀请
2. 茶歇
3. 会议 　3.1　流程设计 　3.2　会议材料、茶水 　3.3　环境布置
4. 项目管理

（4）WBS 的编码。

展览项目是一个系统工程，由于不同项目的复杂程度、规模不同，形成了 WBS 不同的层次。WBS 一般最多使用 20 个层次，多于 20 个层次就是分层过度了。一般只需分解到能做出所要求程度的准确估算，最低一级需要分解到可分配某个或某几个人具体负责的工作单元就可以了，这样，上级便于直接管理和监督，下级可以具体执行。一般较小的项目，只需 4~6 级就可以了。

WBS 中的每一项工作都准确而唯一地确定了一个编码。这个编码有两个信息：第一，这项工作的类属，编码上直接能够读出该工作分级等次，以及其往上各层的拖延关系；第二，编码是 WBS 系统内部各项工作逻辑关系的基本识别信息。WBS 编码采用的数字位数需视项目复杂程度而定，由项目层数来决定，如图 3-7 所示为某展览活动的 6 级工作分解结构模型。

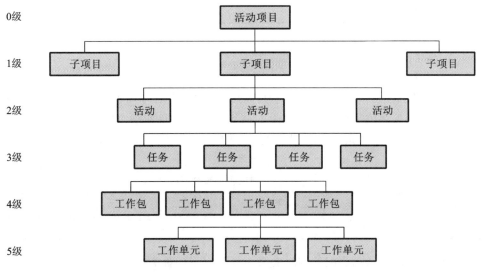

图 3-7　某展览活动的 6 级工作分解结构模型

第三节　展览项目活动排序与进度表

一、展览项目活动排序

（一）展览项目活动排序内涵

展览项目活动排序就是确定各活动之间的依赖关系，并形成相应的文档，即在项目工作分解的基础上，通过判断不同活动在项目执行过程中的逻辑关系和先后顺序，确定哪些活动可以同时进行，哪些必须按先后顺序进行，某个活动在开始之前哪个或哪些活动必须结束，以及哪些活动必须都完成后项目才能结束等关联关系，并以一定的图示方法表示出这些活动的先后逻辑关系。其主要工作如表3-3所示。

表3-3　展览项目活动排序表

输　　入	工具和方法	输　　出
活动清单 约束条件 假设条件 可交付物说明 活动间的逻辑关系 里程碑	节点法 箭线图法 网络模板法	项目网络图 更新的活动清单

（二）项目活动排序输入

1. 项目活动之间的逻辑关系

在展览项目工作中，每一个活动并不是孤立存在的，而是与其他各项活动有着不同的依赖关系，这种依赖关系就是项目活动之间的逻辑关系。项目活动之间的逻辑关系是项目各项活动进行时必须遵循的先后顺序，即确定每项工作的紧前工作或紧后工作，以及与相关工作的搭接关系，如表3-4所示。

表3-4　工作逻辑关系分析表

工作名称	A	B	C	D	……
紧前工作	—	—	A	B	……

通常情况下，项目活动之间的逻辑关系主要有以下四种类型。

1) 结束—开始型

必须等A活动结束，B活动才可以开始，即B在A结束之前不能开始（见图3-8）。这是最常见的逻辑相关关系。

2）开始—开始型

B活动开始前A活动必须开始,即B在A开始之前不能开始(见图3-9)。此种逻辑关系允许活动A和其今后活动B在某种程度上可以同时进行。

图 3-8　结束—开始型　　　　　　　　图 3-9　开始—开始型

3）结束—结束型

B活动结束前A活动必须结束,即B在A结束之前不能结束(见图3-10)。此种逻辑关系允许活动A和其紧后活动B在某种程度上可以同时结束。

4）开始—结束型

B活动结束前A活动必须开始,即B在A开始之前不能结束(见图3-11)。此种逻辑关系很少使用,仅被编制进度计划的专业工程师象征性地使用。

图 3-10　结束—结束型　　　　　　　　图 3-11　开始—结束型

对于以上四种逻辑关系,如果标上时间间隔将能够更精确地描述活动之间的关系,具体如图3-12所示。

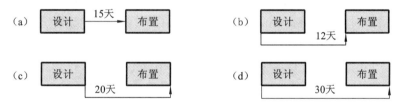

图 3-12　四种逻辑关系举例

图3-12(a)表示两个活动之间的正常的结束—开始型关系,其含义是布置要在设计完成15天后才可以进行;(b)表示的是开始—开始型关系,其含义是从设计开始之时有12天的时间间隔,然后布置才可以开始;(c)表示的是结束—结束型关系,其含义是布置要等设计完成了20天后才可以结束;(d)表示的是开始—结束型关系,其含义是布置至少要在设计开始30天后才能完成。

2. 展览项目活动排序

Microsoft Project 2010也提供了作业延时。双击任一项总的任务(活动)名称,屏幕上会弹出如图3-13所示的任务信息对话框,默认的逻辑关系是结束—开始。

图中,任务1的名称是"中英文邀请函审定、印刷",任务2的名称是"客户名录收集筛选",任务3的名称是"邀请函寄发"。任务2"客户名录收集筛选"的前置任务是任务1"中英文邀请函审定、印刷",是结束—开始型逻辑关系。任务3"邀请函寄发"的前置任务是任务2,是结束—开始型逻辑关系。

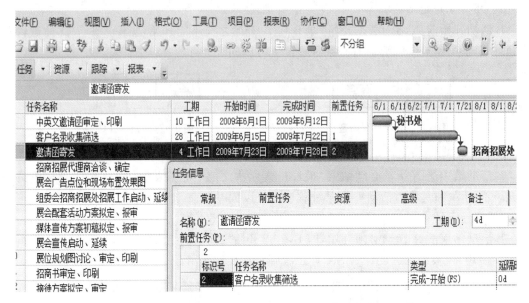

图 3-13 Microsoft Project 2010 任务信息对话框

1）节点法

节点法也叫顺序图法、前导图法，这是编制项目网络图的一种方法，它用单个节点（方框）表示一项活动，用节点之间的箭头表示项目活动之间的相互依赖关系。节点代表项目活动，使用节点之间的箭头代表项目活动之间的关系。如图 3-14 所示，每项活动用一个方框表示，对项目活动的描述或者命名一般直接写在框内，项目活动之间的关系用连接方框的箭头表示。

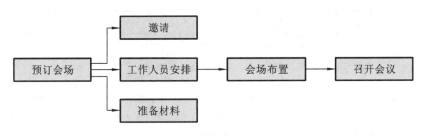

图 3-14 某展览项目的节点图

在节点图中，每项活动有唯一的活动号，每项活动都注明了预计工期，一般地，每个节点的活动会有以下几个时间。

（1）最早开始时间(ES)：能够达到该节点的最早时间。

（2）最迟开始时间(LS)：为使项目在限定日期内完成，该节点的活动开始的最迟时间。

（3）最早结束时间(EF)：某活动能够完成的最早时间。

（4）最迟结束时间(LF)：为使项目在限定的日期内完成，该节点的活动必须完成的最迟时间。

（5）持续时间(Dur)：活动持续时间长度。

（6）时差(SL)：在不影响后续活动最早开始时间的前提下，本活动所具有的机动时间。

(7) 关键路径(critical path,CP):网络中最长活动的路径,如果延迟会延误整个项目。

在 Microsoft Project 2010 中,可以在任务信息中的高级选项的限制类型中,定义每项任务的时间方面的限制条件,如图 3-15 所示。

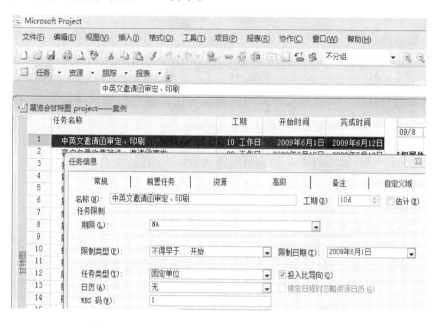

图 3-15　Microsoft Project 2010 定义时间限制条件

2) 箭线图法

箭线图法又称双代号网络图法,它是以横线表示活动,以带编号的节点连接活动,活动间可以有一种逻辑关系。如图 3-16 所示为某展览项目中论坛的箭线图。

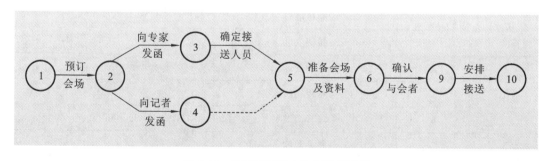

图 3-16　某展览项目中论坛的箭线图

绘制箭线图时主要有以下一些规则。

(1) 在箭线图中不能出现回路。回路是逻辑上的错误,不符合实际情况,而且会导致计算的死循环,所以这条规则是必须的要求。

(2) 箭线图一般要求从左向右绘制。

(3) 每一个节点都要编号,号码不一定要连续,但是不能重复,且按照前后顺序不断增大。这条规则有多方面的考虑,在手工绘图时,它能够增加图形的可读性和清晰性。

(4) 编号要预留一定的间隔。主要是为了在完成的箭线图中可能需要增加活动,如果编号连续,新增加活动就不能满足编号由小到大的要求。

(5) 表示活动的线条不一定要带箭头,但是为了表示的方便,一般推荐使用箭头,可以增加箭线图的可读性。

(6) 一般箭线图要求开始于一个节点,并且结束于一个节点。

(7) 在绘制网络图时,一般要求连线不能相交,在相交无法避免时,可以采用过桥法或者指向法等方法避免混淆。此要求主要是为了增加图形的可读性。在箭线图中,有一些实际的逻辑关系无法表示,所以在箭线图中需要引入虚工作的概念。

(8) 计算关键路线。关键路线计算的关键是确定项目网络图的关键路线,这一工作需要依赖于活动清单、项目网络图及活动持续时间估计等,计算步骤如下。

①把所有的项目活动及活动的持续时间估计反映到一张工作表中。

②计算每项活动的最早开始时间和最早结束时间,计算公式为 $EF=ES+Dur$。

③计算每项活动的最迟结束时间和最迟开始时间,计算公式为 $LS=LF-Dur$。

④计算每项活动的总时差,计算公式为 $TF=LS-ES=LF-EF$。

⑤找出总时差最小的活动,这些活动就构成关键路线。

例如,某展览项目现场搭建施工活动清单如表3-5所示。

表3-5 某展览项目现场搭建施工活动清单

开始节点	结束节点	工 序 名 称	工序时间(天)
1	2	放线	2
1	3	卫生、清料	2
1	4	展商统计、楣板制作	4
2	3	铺地毯	1
2	4	电料准备	2
3	4	展架安装	3.5
4	5	灯具安装	2
4	6	安装楣板	2
5	6	灯具调试	1
6	7	展品装卸	1
6	8	租赁服务	2
7	9	展台卫生	1
9	10	竣工验收	1

上述工序数据和展览项目的活动与工作顺序及其相互关系,可编制该展览布展项目的网络图,如图3-17所示为展览现场布展节点图。

然后,根据节点的算法,我们可得到表3-6所示的展览布展各项活动中的关键节点和关键工作。

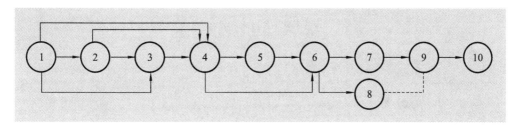

图 3-17 展览现场布展节点图

表 3-6 关键节点和关键工作表

节点	最早可能完成时间(天)	最晚可能完成时间(天)	关键点	关键工作
1	0	0	1	1—2
2	2	2	2	2—3
3	3	3	3	3—4
4	6.5	6.5	4	4—5
5	8.5	8.5	5	5—6
6	9.5	9.5	6	6—7 或 6—8
7	10.5	10.5	7	7—9
8	11.5	11.5	8	8—9(虚工作)
9	11.5	11.5	9	9—10
10	12.5	12.5	10	

由关键节点的关键工作可以得到关键路线,如图 3-18 所示。

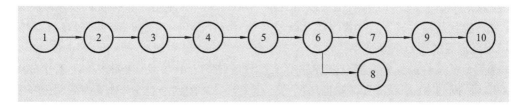

图 3-18 展览现场布展关键路线

总工期=2+1+3.5+2+1+1+1+1=12.5(天)

3) 模板法

展览项目经理还可以用一些标准化的网络图或者过去完成的项目的网络图作为新项目网络图的模板,根据新项目的实际情况来调整这些模板,可以准确、高效地编制出新项目的网络图。互联网上以及项目管理软件商都有大量网络模板,展览项目经理可以在绘制项目网络图前将其作为参考。图 3-19 所示为 Microsoft Project 2010 自带的贸易展览规划、执行和总结项目的网络模板示例。

3. 项目活动输出

1) 项目网络图

项目网络图就是项目所有活动以及它们之间逻辑关系(依赖关系)的一个图解表示,即

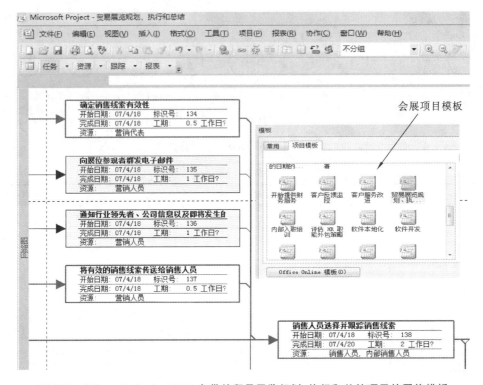

图 3-19　Microsoft Project 2010 自带的贸易展览规划、执行和总结项目的网络模板

活动之间的逻辑关系和依赖关系示意图。项目网络图可以包括整个项目的全部活动细节，也可以包含项目的一个或多个主要活动及其状况。

项目网络图可以手工绘制，也可以由计算机项目管理软件完成。而项目管理软件的一项重要功能就是活动排序。如图 3-20 所示为 Microsoft Project 2010 绘制的网络图。

2）更新后的项目活动清单

在活动定义的过程中可能会发现原有工作分解结构存在不妥，从而产生对工作分解结构的更新。同样，在编制项目活动网络图的过程中，也可能会发现必须对某些活动进一步分解或重新定义之后，才能画出正确的逻辑关系图，从而会产生对项目活动清单的更新。

二、展览项目活动持续时间估算

（一）展览项目活动持续时间约束条件

1. 展览项目活动清单

活动清单是一份包含项目所需的全部进度活动的清单，是在展览项目 WBS（工作任务分解）基础上进一步细化而得出的详细工作任务。

2. 活动属性

每项工作具有多重属性，如工作编码、工作描述、紧前活动、紧后活动、逻辑关系、时间提前与滞后量、资源需求、强制日期、制约因素、建设条件等。

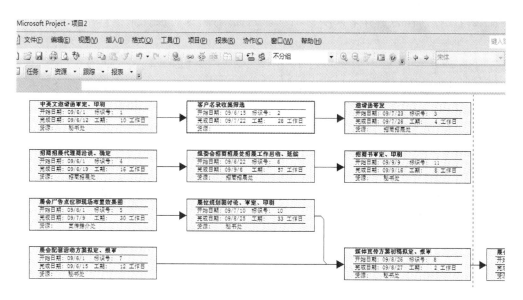

图 3-20　Microsoft Project 2010 绘制的某会展项目网络图

3. 资源因素

展览活动时间受分配给该项工作的资源数量和质量的影响。一般估算是以典型工作人员的平均熟练程度为基础而进行的,但在实际工作中,情况不会恰好如此,参与相关活动的人员的熟练程度可能高于平均水平,也可能低于平均水平,这使项目活动进行的时间可能会比估算时间长,也可能更短,因此,需要项目经理及管理人员根据经验综合判断。

4. 突发事件

在展览项目实施过程中,难免会遇到一些意外的突发事件,这些突发事件均会对项目活动的实际需要时间产生影响。在项目计划和活动时间估算阶段,考虑所有可能的突发事件是不可能的,也是没有必要的,但是,在项目实际进行时,项目经理及管理人员需要对此有心理准备,并且做好相应的应急计划,然后便于遇到突发事件时进行相应调整。

5. 历史信息

历史信息可以为活动的时间估算提供参考。这些历史资料主要来源于项目档案、商业数据库和项目组织的知识、经验等。项目管理者可以根据以往同类型展览各项工作运作的时间资料来估算本项目各工作所需的大概时间。

(二)展览项目活动时间估算的方法

1. 专家判断法

专家判断法是经常采用的一种项目持续时间的估算方法,这种方法需要尽可能地广泛征求意见。不同组织的专家以及个人都应当是咨询的对象,他们有着专门的知识和经验,接受过培训,因此,对于项目组织来说是外在的资源。

2. 类比估算法

类比估算法又称为历史估算法或最大可能性估算法,是指利用一个先前类似展览活动的实际时间来估算当前展览项目活动的可能时间,即将过去类似展览项目活动的实际时间的历史文档及数据作为估算未来项目活动时间的基础,通过类比来推算当前项目所需的时间。

3. 德尔菲法

德尔菲这一名称起源于古希腊有关太阳神阿波罗的神话,即通过多轮次调查专家对问卷所提问题的看法,经过反复征询、归纳、修改,最后汇总成专家基本一致的看法,作为预测的结果。这种方法具有广泛的代表性,较为可靠。

4. 定量估算活动持续时间的方法

1)时间定额估算法

根据测算出来的工作或活动的工作量,每天可安排的劳动量或设备量,可按如下公式计算出各工作或活动的持续时间:

$$D=\frac{Q/S}{R \cdot B}$$

式中:D——工作或活动的持续时间(天);

Q——工作或活动的工作量(单位为千克、立方米、平方米等);

S——工作定额(单位为千克/工日,立方米/工日,平方米/工日等);

R——每班安排的劳动力数或设备数;

B——每天工作班数。

2)三点估计法

对于一些特殊工作或活动,在确定活动持续时间时,既无经验可循又无定额可查,可由项目管理人员采用三点估计法对工作或活动持续时间进行估算,即对一项活动估算出三个历时值,然后对每个值赋予一个权重,最后通过计算得出活动的期望完成时间。三点估计法采用如下公式:

$$T=\frac{a+4m+b}{6}$$

式中:T——工作或活动持续时间(天);

a——最乐观估计时间(完成该活动最短的估计时间);

m——最可能估计时间(完成该活动最大可能的时间);

b——最悲观估计时间(完成该活动最长的估计时间)。

三、编制展览项目进度计划表

(一)展览项目进度计划表的作用

展览项目进度计划表是一个表格文件(见表3-7),对项目工作分解结构的各项任务的工作内容、负责人、开始时间、完成时间、工期等进行说明。确定了展览项目工作分解结构、活动排序以及时间估算后,就需要开始制订展览项目的具体的进度计划了,以便对展览项目的进度实施控制,保证项目能够在规定的时间内完成。展览项目进度计划是在工作分解结构的基础上,对项目活动进行一系列的时间安排,它要对项目活动进行排序,明确项目活动必须何时开始以及完成项目活动所需要的时间。

表 3-7　展览项目进度计划表

文档编号		制表人		制表日期	
工作内容	负责人	计划开始时间	计划完成时间	计划工期	备注

（二）展览项目进度计划表形式

1. 甘特图

甘特图又称横道图或条形图，主要用于项目计划和项目进度的安排，它是以图示的方式通过活动列表和时间刻度形象地表示任何特定项目的活动顺序与持续时间。它直观地表明任务计划在什么时候进行，以及实际进展与计划要求的对比。如图 3-21 所示为某展览项目甘特图（用 Microsoft Project 软件绘制）。

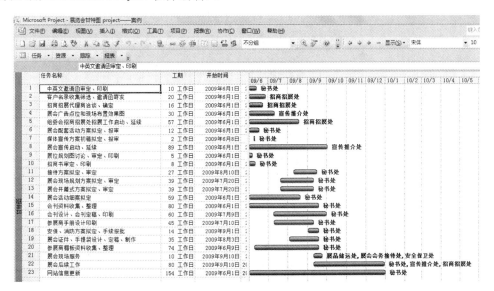

图 3-21　某展览项目甘特图

2. 绘制里程碑

项目的里程碑是指具有历史性的重要事件，它对整个项目具有重大的影响，并对其他工作具有非常重要的参考价值。它是以项目中某些重要事件的开始时间或结束时间作为基准进行图表绘制的一种方法，是一个战略计划或项目框架，是编制更细的进度计划的基础，通常和甘特图配合使用，如图 3-22 所示为某展览项目里程碑计划（图中◆号为里程碑事件标记）。

3. 关键路径

关键路径是一种基于数学计算的项目计划管理方法，是网络图计划方法的一种，属于肯定型的网络图。关键路径法将项目分解成多个独立的活动并确定每个活动的工期，然后用逻辑关系（结束—开始、结束—结束、开始—开始和开始—结束）将活动连接，从而能够计算

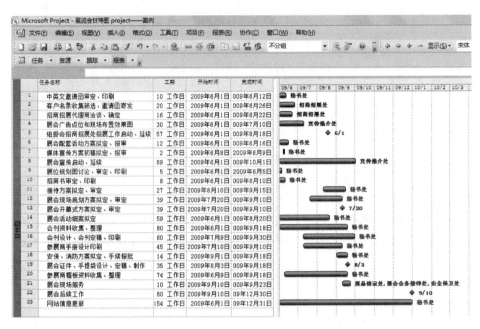

图 3-22　某展览项目里程碑计划

项目的工期、各个活动时间特点（最早、最晚时间，时差）等。

同步思考

表 3-8 所示为 2017 年中国某地区科技产品交易会整体工作进度安排表。

表 3-8　2017 年中国某地区科技产品交易会整体工作进度安排表

序号	工作内容	时间安排	责任人	责任工作组
1	参加大会组委会召开的各项准备会议，负责高新区整体联络协调工作	9月底—12月5日	甲	项目展览组
2	起草制定高新区整体工作方案	10月11日—10月16日	甲	项目展览组
3	起草制定项目展览工作组的工作方案	10月11日—10月16日	丙	项目展览组
4	负责会议期间日常工作，督办各项工作任务的落实	9月底—12月8日	乙	
……				
31	配合大会组委会做好布展工作	11月30日前	丙	

问题：如何利用 Microsoft Project 2010 软件绘制该展览项目的进度计划表，使相关工作及责任人更清晰和符合逻辑？

分析提示：在展览项目工作中，因为根据分工和业务资源的实际情况，会出现同一责任人负责多种工作的情况，如果只按简单的工作时间表进行排序，很容易遗漏工作或出现前一阶段工作未完成致使后面工作无法开展的现象。通过使用专业软件对纷繁复杂的工作进行逻辑编排和责任人界定，将有利于展览工作责任的明确。

第四节　展览项目的控制管理

一、展览项目控制的过程与内容

（一）展览项目控制的内涵

展览项目控制是指展览项目管理者根据项目跟踪提供的信息，对比原计划（或既定计划），找出偏差，分析成因，研究纠偏措施的全过程。展览项目控制过程是一种特定的、有选择的、能动的动态作用过程，它作用于展览项目计划、实施以及结束的全过程，是展览项目实施过程中的重中之重。

（二）展览项目控制的影响因素

项目管理的失败很大程度上是因为项目处在一个开放的动态系统中，展览项目内部环境和外部环境的不断变化要求不断修改项目计划以适应新的变化。影响展览项目的主要因素有以下几种。

1. 内部因素

影响展览项目实施的内部因素主要来自组织内部，例如资金的来源与运用、花费的成本、实施的进度、产品的质量、人事安排等。

2. 外部因素

影响展览项目实施的外部因素主要来自系统外部，不为展览项目所控制的因素。例如国家政策、法律法规、市场价格、汇率变动、项目所在地自然条件、人文环境等。

3. 意外因素

项目组在完成任务的过程中不可避免地会碰到各种问题，合理解决这些矛盾和问题成

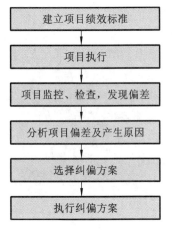

图 3-23　展览项目的控制过程

为项目能否成功的关键,这种发现偏差、调整计划的过程就是项目控制。

(三)展览项目控制的过程

展览项目控制的过程为,首先建立展览项目的绩效标准,其次对展览项目的执行过程(项目范围、项目进度、项目质量、项目成本/收益等)进行监控、检查,发现偏差,分析项目偏差及产生原因,然后提出并选择纠偏方案,最后通知项目各方执行纠偏方案(见图 3-23)。

二、展览项目进度控制

进度控制是指在一定工期内,以事先制订的进度计划中的工期为依据,对项目运行进行监督、检查、协调和纠正的行为过程。

(一)展览项目进度控制原理

在项目进度计划的实施中,动态进度控制过程如图 3-24 所示,这个过程实际是一个 PDCA 动态循环过程,即制订进度计划(plan)—实施(do)—检查(check)—纠偏(action)。

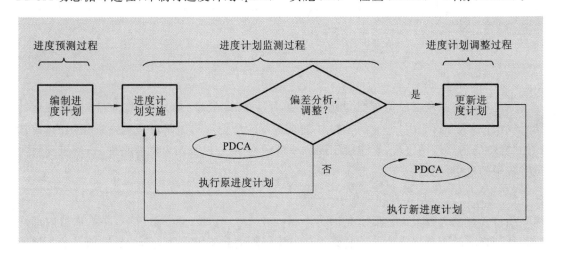

图 3-24　进度控制的动态循环过程

(二)展览项目进度控制的内容

进度控制的主要内容包括准备阶段进度控制、实施阶段进度控制和后续阶段进度控制。

1. 准备阶段进度控制

准备阶段进度控制是指在展览项目实施前的准备阶段的进度控制。主要内容有绘制各阶段进度控制工作细则,编制及审核展览总进度计划和日程安排,审核各部门工作实施进度计划,编制年度、季度、月度工作进度计划。

2. 实施阶段进度控制

实施阶段进度控制是指在展览项目实施过程中进行的进度计划,是展览计划能否实现的关键过程。主要内容有进度控制人员要求各部门定期汇报工作进展情况;视具体情况定期或不定期召开各部门工作会议,检查部门工作计划执行情况,一旦发现实际进度与目标偏离,采取措施纠正偏差,以保证各项工作按正常计划顺利完成。

3. 后续阶段进度控制

后续阶段进度控制是指在完成整个展览任务后进行的进度控制。主要内容有及时组织评估工作;处理工程索赔;整理本次展览有关资料,及时将有关信息向客户通报;将客户档案、总结评估报告及时整理归档;根据实际实施进度,对有关人员进行答谢,以保证下一阶段工作的顺利开展。

(三)展览项目进度控制的程序

1. 跟踪记录展览项目的实际进度

考察展览项目的进度是否按照进度计划完成,需要实时跟踪并记录展览项目的进度。具体的方法是用日常观测法和定期观测法,跟踪观察记录每个活动的开始时间、完成时间,在计划表中进行实际进度记录,并记录每日完成数量、活动现场发生的情况、干扰因素的排除情况等。

2. 分析展览项目偏差

根据跟踪记录的展览项目计划实施的实际进度与计划进度的对比,发现实际进度与计划进度的不一致,这就产生了偏差,必须及时分析偏差,这样才能保证在下一阶段对症下药。通常从以下几个方面进行分析。

(1)分析产生进度偏差的工作是否为关键工作。若出现偏差的工作是关键工作,则无论偏差大小,对后续工作及总工期都会产生影响,必须对进度计划进行更新;若出现偏差的工作为非关键工作,则需根据偏差值与总时差和自由时差的大小关系,确定其对后续工作和总工期的影响程度。

(2)分析进度偏差是否大于总时差。如果工作的进度偏差大于总时差,则会影响后续工作和总工期,应采取相应的调整措施;若工作的进度偏差小于或等于该工作的总时差,表明对总工期无影响,但对后续工作的影响,需要将其偏差与自由时差相比较才能做出判断。

(3)分析进度偏差是否大于自由时差。如果工作的进度偏差大于该工作的自由时差,则会对后续工作产生影响,应如何调整,要根据后续工作允许影响的程度而定;若工作的进度偏差小于或等于该工作的自由时差,则对后续工作无影响,进度计划可不用调整更新。

3. 提出进度控制的措施

进度控制的措施主要有组织措施、技术措施、合同措施、经济措施和管理措施等。

(1)组织措施是指落实各层次的进度控制人员、具体任务和工作责任,建立进度控制的组织系统等,从而对影响进度的因素进行分析和预测。

(2)技术措施主要是指采取加快项目进度的技术方法。

(3)合同措施是指项目的发包方和承包方之间签订合同明确工期目标,对项目完成的时间进行制约。

(4)经济措施是指实现进度计划的资金保证措施。

(5)管理措施是指加强信息管理,不断地收集项目实际进度的有关信息资料,并对其进行整理统计,与进度计划相比较,定期提出项目进展报告,以此作为决策依据之一。

除此之外,还有一些辅助措施,如加强控制、加强沟通等。

4. 展览项目进度计划的调整

根据上一阶段提供的措施,这一阶段着重是对实际出现的情况,选择一个最令人满意的措施,这一阶段涉及对进度计划的调整。

1) 关键工作的调整

(1) 关键工作的实际进度较计划进度提前时的调整方法。选择后续关键工作中资源消耗量大或直接费用高的予以适当延长,延长的时间不应超过已完成的关键工作提前的量;若要求缩短工期,则应将计划的未完成部分作为一个新的计划,重新计算与调整,按新的计划执行,并保证新的关键工作按新计算的时间完成。

(2) 关键工作的实际进度较计划进度落后时的调整方法。调整的目标就是采取相关措施将耽误的时间补回来,保证项目按期完成。调整的方法主要是在原计划的基础上,采取组织措施或技术措施缩短后续工作的持续时间以弥补时间损失。

2) 非关键工作的调整

当非关键线路上某些工作的持续时间延长,但不超过其时差范围时,则不会影响项目工期,进度计划不必调整。

3) 增减工作项目

由于编制计划时考虑不周,或因某些原因需要增加或取消某些工作,这时需要重新调整计划。

4) 资源调整

若资源供应发生异常时,应进行资源调整,在展览项目中主要是指人力资源。资源调整的前提是保证工期不变或使工期更加合理。

三、展览项目质量控制

项目质量控制是指在力求实现项目总目标的过程中,为满足项目总体质量要求所开展的有关监督管理活动。

(一) 展览项目质量控制的内容

同其他行业的质量一样,展览项目的质量也是讲求产品的内在与合格程度,其最重要的部分是满足顾客需求的内在属性,包含的内容有以下两个方面。

1. 展览项目的产品属性质量

可以通过以下问题来说明展览项目的产品属性质量如何:展览项目是否取得权威机构的支持?是否代表该行业的发展方向?是否获得国际有关机构的资格认证?展览场馆设施及便利性如何?参展商的数量和质量如何?外国参展商的数量及占总参展商的比例为多少?专业观众的数量及质量如何?国外专业观众的数量是多少?成交额是多少?

2. 展览项目工作人员的工作质量

展览项目工作人员的工作质量控制是通过组织内部各部门以及部门内部成员的工作态度、工作绩效等反映出来的。对产品质量的检验只有在事后才能准确得出,而对产品质量的事先控制必须通过控制工作质量来实现。因此,在现代质量管理中,展览项目组织越来越将质量控制的重点放在工作质量控制过程中。

(二)展览项目质量控制的主要依据

1. 工作结果

工作结果包括项目实施的中间过程结果和项目产品的最终结果,同时还包括项目工作本身质量的结果。有了这类信息,才可能与项目的质量要求和控制标准进行对照,从而发现质量问题,并采取项目质量纠偏措施,使项目质量处于受控状态。例如,展览项目服务质量的结果,可以通过合理的员工绩效考核和科学的服务质量评估方法来得到结果。

2. 质量管理计划

质量管理计划的内容包括特定产品、项目或合同应达到的质量目标,项目各阶段中职责和职权的分配,应采用的特定程序、方法和作业指导书,有关阶段的试验、检验和审核大纲,为使项目进展而修改和完善质量计划的方法,以及为达到项目质量目标必须采取的其他措施。

3. 实施说明

实施说明指对项目质量管理具体工作的描述,以及对项目质量保证与控制方法的说明。对于展览项目而言,可以通过有计划的企业内训,提升员工服务意识,特别是针对性极强的岗位技能培训,是保障展会服务品质的有效管理工具。

4. 检查表

检查表也叫质量核查清单,利用它检查各个项目流程步骤的质量计划执行情况和质量控制的实际结果,通常做法是列出一系列需要检查核对的工作与对象的清单。

(三)展览项目质量控制的步骤

1. 选择控制对象

质量控制的对象可以是某个因素、某个环节、某项工序或某阶段成果等一切与项目质量有关的要素。根据项目的特点,可以参考以前类似项目来确定最初的控制对象。

2. 为控制对象确定标准或目标

这要根据项目的具体情况,来确定控制对象的大致或具体目标。

3. 制订实施计划,确定保证措施

这实际上是项目质量计划的工作内容。

4. 按计划实施

这其实是项目的实施过程。

5. 跟踪观测、检查

在项目的实施过程中,要不断地对项目的实施情况进行检查,以利于及早发现问题。

6. 发现、分析偏差

在对项目实施情况进行检查时,如果发现偏差,要采取一定的方法分析偏差产生的原因。

7. 根据偏差采取对策

发现项目质量产生偏差的原因后要采取措施纠正偏差,以便最终实现项目质量目标。

(四) 展览项目质量控制的方法

在项目的质量控制过程中,要实现真正的控制,首先要发现产生质量偏差的问题,其次要对这些质量偏差问题进行分析,找出产生问题的原因,而这些都需要一些方法。以下是展览项目质量控制中常用到的一些方法。

1. 数据表法

数据表又称数据分析表、检查表或统计分析表等,是主要用来系统地收集资料和积累数据,确认事实并对数据进行粗略整理和分析的统计图表。质量控制活动在大多数情况下运用数据分析法来对缺陷做出统计归纳和初步的分析。质量数据表简单明了,一般围绕构成展览项目质量的因素来展开,如参展商的实力和数量、专业观众的结构及人次、展会成交额预计、展馆面积和设施情况、展会服务质量、沟通渠道、展会相关活动的价值等,可以根据展览项目来进行灵活设计。表 3-9 所示为某展览项目服务质量满意度检查表。

表 3-9 某展览项目服务质量满意度检查表(参展商)

满意度类型	布展阶段		展会第一日		展会第二日		展会第三日		撤展阶段	
	满意度(%)	原因分析	满意度(%)	原因分析	满意度(%)	原因分析	满意度(%)	原因分析	满意度(%)	原因分析
服务组织										
服务态度										
服务种类										
能否解决										
……										

2. 因果图法

确定需要分析的质量特性,并分析影响质量特性的各种因素,用大枝表示大原因,中枝表示中原因,小枝表示小原因,并找出关键因素用文字说明或做出记号。图 3-25 所示为某展览项目质量因果关系图。

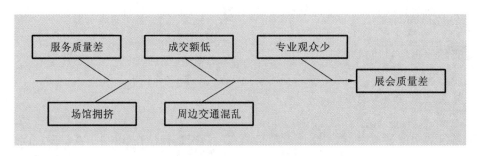

图 3-25 某展览项目质量因果关系图

3. 质量标杆法

质量标杆法指利用其他展览项目实际或计划的项目质量管理结果或计划,作为新项目的质量比照目标,通过对照比较制订新项目质量计划的方法,是项目质量管理中较常用的有效方法。例如2008年奥运会、2010年上海世博会等都可以采用质量标杆法列出项目质量计划。

4．项目成本/收益分析法

项目成本/收益分析法，核心是项目成本控制，指项目组织者为保证项目目标的实现而制定成本预算，并对项目实施过程中发生的成本费用进行检查、监督和控制，努力将实际成本控制在预算范围内的管理过程。此法的实质是分析质量的投入成本和所获取收益之比，选择那些对项目最有价值的质量活动。例如在展会对参展商的服务中，增加少许成本，延伸服务内涵，扩大服务范围，可以带来高满意度。

教学互动

互动问题：假设你所在的学校要举办一次大学生用品展。

1. 请利用本章的知识和技能要点，思考如何进行项目的质量控制。
2. 如何制订项目质量控制的计划？

要求：

1. 教师引导学生结合本章教学内容就这些问题进行独立思考、自由发表见解，组织课堂讨论。
2. 教师把握好讨论节奏，对学生提出的典型见解进行点评。

本章小结

内容提要

本章讲述了展览项目管理的内容和程序、展览项目计划与目标管理、展览项目活动排序与进度表、展览项目的控制管理四个部分内容。

首先，介绍了展览项目管理内容和程序，包括展览项目的管理要素和内容、展览项目管理过程。

其次，介绍了展览项目计划与目标管理，包括展览项目计划的管理、展览项目目标管理、展览项目范围管理。

再次，介绍了展览项目活动排序与进度表，包括展览项目活动排序、估算展览项目活动持续时间、展览项目的控制管理、编制展览项目进度计划表。

最后，介绍了展览项目的控制管理，包括展览项目控制的过程与内容、展览项目进度控制、展览项目质量控制。

核心概念

展览主题；展览形式要素；项目监测；展览项目计划；展览项目目标；展览项目范围；展览项目控制；项目质量控制；展览项目活动排序；WBS；项目网络图；德尔菲法；甘特图；关键路径

重点实务

项目管理知识在展览项目管理与控制工作中的运用;熟悉展览项目工作内容和范围,掌握展览项目工作计划的编制。

第四章
展览项目品牌塑造与公关宣传

项目目标

通过本章学习,应当达到以下目标:

职业知识目标:学习和把握展览项目品牌的内涵与特征、展览项目品牌定位原理、展览项目宣传与推广的目的和方式、展览项目公共关系的内涵等知识,能利用相关知识开展展览项目的品牌塑造和公关宣传工作。

职业能力目标:运用本章专业知识,培养对展览项目品牌塑造和公关宣传的操作技能,有效地掌握与展览项目相关的品牌定位的步骤与实施策略、宣传与推广方式和实施策略、公关活动策划等实践训练,培养展览项目品牌塑造与公关宣传等方面的管理与策划专业技能。

职业道德目标:结合展览项目品牌塑造和公关宣传管理内容和方法的教学内容,依照行业道德规范或标准,熟悉公关与广告相关工作在展览项目工作各个环节中的应用,增强对媒体业及公众应用的职业态度和职业道德素质。

第一节 展览项目品牌塑造

一、展览项目品牌形象概述

(一)品牌的定义

品牌一词来源于古挪威文字"brand",意思是"烙印"。当代世界已进入品牌时代,企业对品牌的理解已不再仅仅是一个"烙印或标记",而是一个含义更广、更抽象的概念,它存在于消费者的心目中,成为企业最重要的无形资产,由此出现了具有现代意义的品牌。

品牌是制造商、商标、产品和服务质量、标志、色彩、包装等要素的综合,是一个整体的理念与形象概念。

(二) 展览项目品牌的内涵与特征

1. 展览项目品牌的内涵

展览项目品牌是指能使一个展览项目与其他展览项目区别的某种特定的标志,它通常是由某种名称、图案、记号、其他识别符号或设计及其组合构成。一个展览项目品牌主要由商标、品牌名称、品牌标志3部分组成,它主要反映参与者对展览项目的感知和体验,不仅是物质层面的体验,更多的是心理和精神层面的体验,它让参与者体验一种新的生活方式。价值、文化和个性是一个展览项目品牌永葆魅力的关键。

2. 展览项目品牌的特征

(1) 无形性。品牌是有价值的,品牌的拥有者凭借品牌能够不断地获取利润,而展览项目品牌效应的价值是无形的,它必须通过一定的载体来表现自己,直接载体就是品牌元素,间接载体就是品牌知名度和美誉度。

(2) 排他性。展览项目品牌排他性是指一个展览项目一经举办者注册或申请专利等,其他的展览项目就不能使用此标志品牌和类似的品牌名称从事任何商业活动。

(3) 风险性。对于展览项目品牌的风险,有时由于客观或主观方面的因素,未能保持展览项目品牌的质量,都会给其品牌的维护带来难度。

3. 展览项目品牌的意义

(1) 展览项目品牌成为国家、地区或城市的代名词。展览项目是经济发展到一定阶段的产物,尤其是大型展览项目更需要雄厚的经济实力作为支柱。一个国家或地区拥有多少在国际上享有较高声誉的展览项目品牌反映了其形象或经济实力,反过来,国家或地区又不断扶持、强化展览项目品牌的国际地位。从某种意义上说,著名的展览项目品牌是一个国家(地区)或城市的名片。

(2) 展览项目品牌是保证服务与产品质量、赢得参展者信任的重要手段。展览项目品牌只要保证了产品质量,满足了参展商的心理需求,就会赢得参展商的信任和认可。

(3) 品牌展览项目有利于促进展览营销沟通,促进销售和增加利润。品牌展览项目更容易取得购买者的信任,促使顾客形成品牌偏好,重复购买甚至愿意出高价购买,从而有助于稳定和扩大展览会的产品销售,并获得比一般产品更多的利润。

二、展览项目品牌定位

(一) 展览项目品牌定位原理

1. 展览项目品牌定位原理

根据品牌分层定位的理论,展览项目品牌定位有六个方面的内涵。

(1) 属性,即展览项目品牌所代表的展览项目的品质。

(2) 利益,即展览项目品牌能带给参展商和观众怎样的利益。

(3) 价值,即展览项目品牌在参展商和观众的心目中位于怎样的等级。

(4) 文化,即展览项目品牌所体现的展览项目本身的文化内涵以及和它相关的办展机构的企业文化。

(5) 个性,即展览项目品牌所体现的展览项目的独特个性和特征。

(6) 角色,即展览项目品牌是某些特定客户群体的特定角色和地位的象征,它被该客户群体喜欢和选择。

展览项目品牌形象定位是以展览项目定位为基础来展开的,它的主要目标是通过各种传播手段将一个符合展览项目发展需要的展览项目品牌形象深植于参展商和观众的心目中,考虑如何更好地将展览项目提供的差异化利益传播给目标参展商和观众。

同步思考

2017 Cool Kids Fashion 上海助力童装市场破局同质化竞争

2017年7月19日至21日,由博闻中国主办的时尚童装盛会 Cool Kids Fashion 上海时尚童装展(简称2017 Cool Kids Fashion 上海)在国家会展中心(上海)举行。此次展会将通过系列精彩活动展示时尚童装趋势,助力童装设计创新与人才交流,并帮助业内人士提升时尚童装经营技巧。

相关研究咨询报告指出,我国童装消费规模不断扩大,预计2017年市场规模将突破1500亿。但目前童装同质化严重,除了由成人装延伸出来的一些有特定风格的童装或者专门针对某一细分年龄段的服饰之外,大多数品牌形象和目标人群都不够突出。Technavio公司2016年发布的一份全球童装市场调查报告显示,人们在童装上花的钱越来越多,但消费者们对童装要求比以前更加多元化。

2017 Cool Kids Fashion 上海主办方博闻中国认为,同质化竞争是目前童装市场面临的主要挑战。随着新生代父母逐渐成为消费主力,他们更推崇童装的设计感、时尚性、个性化;但童装市场同质化严重,难以满足消费者的新需求。为帮助业内人士提升专业度,Cool Kids Fashion 上海也将继续举办更多系列精彩活动,展示时尚童装前沿趋势,解析童装实战营销策略与经营技巧,帮助业者了解时尚童装流行趋势,提升经营技巧。

(资料来源:中国行业会展网。)

问题:这个案例说明展览项目在同行业竞争日趋激烈的环境中应如何差异化发展?

分析提示:寻求准确的展览项目定位和走差异化道路。

2. 展览项目品牌资产的心理学分析

品牌资产是指消费者对品牌刺激的心理回应所产生的市场效益,是指品牌所有者拥有的一种影响和控制消费者品牌心理和由此获利的权益。美国品牌专家凯文·莱恩·凯勒认为,当顾客对品牌有高度的认知和熟悉程度,并在记忆中形成强有力的、偏好的、较强的品牌联想时,基于顾客的品牌资产就会产生。美国著名品牌学家大卫·艾克认为,品牌资产的结构由五个维度组成,即品牌质量感知、品牌认知、品牌联想、品牌忠诚与品牌商标、专利等其他资产,并提出品牌资产的五星模型(见图4-1)。

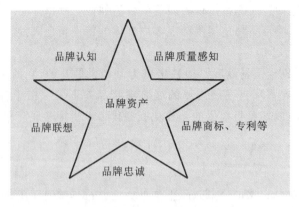

图 4-1　品牌资产的五星模型

心理学分析的一般框架是以认知、动机和态度作为三个维度的。展览项目品牌资产是参展商和观众对展览项目品牌刺激的心理回应所产生的市场效益,创建展览项目品牌可以从展览项目品牌认知、展览项目品牌联想和展览项目品牌忠诚三个层面逐步展开,层层推进。

3. 展览项目品牌定位的构成要素

展览项目品牌一般包括展览项目规模,专业化的服务水准和服务质量,知名度和美誉度,知名企业、部门和协会的支持,行业权威性和代表性,国际化程度及媒体伙伴关系。

(1) 展览项目规模。展览项目规模主要用展览项目场馆的规模、参展商和参展观众或参会代表的数量等指标来衡量。展览项目规模越大,其宣传效果和影响力也就越大,展览项目品牌就越容易形成。

(2) 专业化的服务水准和服务质量。展览项目专业化服务水准是衡量展览项目品质高低的重要标志。专业化的展览项目服务是指以展览项目客户的需求为核心,提供一系列优质、高效、人性化的服务,它包括展览项目企业或展览公司的整个运作过程,从市场调研、主题立项、贸易洽谈、营销手段、观众组织、会议安排、售后服务、物流管理,到展览项目企业所有对外文件、信函、宣传资料规范化程度,都应具备相当的专业水准和优质的专业化服务,并与国际接轨。

(3) 知名度和美誉度。知名度和美誉度是从展览项目目标客户心理感知度来考察展览项目品牌的要素。知名度是指潜在的客户对一个展览项目品牌的知晓与了解的程度,以及这个品牌对社会影响的广度和深度;而美誉度是指客户对一个展览项目品牌所持的满意和赞美程度。

(4) 知名企业、部门和协会的支持。是否获得行业内代表性企业的参与和政府部门、权威机构、行业协会的支持,也是衡量展览项目品牌影响力大小的重要标志。一个展览项目,若有行业内代表性企业及相关权威组织的参与、支持和合作,无形中就为参展企业与展览项目客户之间架起了中介担保的桥梁,增强了展览项目的可信度,提升了展览项目的声誉,扩大了展览项目的影响力。

(5) 行业权威性和代表性。展览项目的行业权威性和代表性主要指展览项目要能够覆盖本行业主要企业和产品,代表本行业形象和水平,引领行业发展方向,并得到了国际权威机构的认可,它体现了展览项目的权威性、专业性和前瞻性。展览项目品牌越具权威性和代表性,越能得到更多客户的青睐。

(6) 国际化程度。展览项目的国际化程度主要以海外客户所占的比例为评价指标。通常,一个品牌展览项目吸引世界各国客户参展或参会的比例越高,展览项目的国际化程度就越高,展览项目所形成的品牌效应也就越大。

(7) 媒体伙伴关系。媒体是沟通买卖双方、搭建交流的一个重要平台,任何一个展览项目的推广、营销、宣传均离不开专业媒体和大众媒体的推介。

4. 展览项目品牌定位的原则

进行展览项目品牌定位是展览项目营销中的一项极富挑战性的创意策划工作,在策划和开展展览项目品牌定位时,要注意把握好以下原则:市场导向原则、目标性原则、系统性原则、针对性原则、诚信原则等。

(二) 展览项目品牌定位的步骤与策略

1. 展览项目品牌定位的步骤

展览项目品牌定位必须紧紧围绕发现、甄别和明确展览项目的竞争优势来进行。

(1) 发现潜在竞争优势。竞争优势是本展览项目比其他同类展览项目带给参展商和观众更多的价值,它可以来源于低成本优势或功能优势等。低成本优势是在同等条件下,本展览项目的办展成本要低于其他同类展览项目,成本优势可以转化为价格优势和其他优势;展览项目功能优势是本展览项目能提供更符合目标参展商和观众需要的展览项目功能。一般说来,展览项目具有成交、信息、发布和展示四大功能,展览项目可以集中精力打造上述四大功能中的某一个功能,也可以全面塑造上述四大功能。

(2) 甄别潜在竞争优势。并不是所有潜在竞争优势都能转化为现实的竞争优势,能够被选择作为品牌形象定位基础的潜在竞争优势必须满足以下四个要求:差异性、沟通性、经济性、营利性;如果不满足上述条件,在执行上往往也会遭到失败。

(3) 明确潜在竞争优势。经过上述甄别后,有利用价值的潜在优势就不多了,但并不是说所有满足上述条件的潜在优势都得包含在展览项目品牌形象定位之中。展览项目品牌形象定位到底要传播哪些优势,还得结合展览项目的定位和参展商与观众对展览项目的期望来做最后的选择。竞争优势不一定就是某一项单一的优势,而是多重优势的综合体。

2. 展览项目品牌定位策略

展览项目品牌定位主要关注的是通过品牌形象传播后,参展商和观众对展览项目及其品牌产生什么样的认知、反应和联想,结合这一焦点,可以采用以下几种方法来给展览项目进行品牌定位。

(1) 特色定位。根据展览项目所具有的某一项或几项鲜明的特色来定位。用来定位的展览项目的特色应是参展商和观众所重视的,是他们能感觉得到的,并且是能给他们带来某些利益的。

(2) 利益定位。直接将展览项目能带给参展商和观众的主要利益作为展览项目品牌定位的主要内容。和特色定位一样,用来定位的"利益"可以是一项或者多项。

(3) 功能定位。根据展览项目的主要功能来定位。前面说过,展览项目具有成交、信息、发布和展示四大功能,如果本展览项目在这四大功能中的一项或几项特别突出,又符合展览题材所在产业的需要,可以用它们来定位。

(4) 竞争定位。参考本题材展览项目中某一与本展览项目具有竞争关系的展览项目的品牌形象来定位本展览项目的品牌。这里"与本展览项目具有竞争关系的展览项目"多指那些在行业里具有领先地位的展览项目。

(5) 品质价格定位。很多时候,价格是品质好坏的反映,我们可以根据展览项目的性价比来定位。比如,将展览项目品牌定位为高品质高价格,或者定位为高品质普通价格等。

(6) 类别定位。将本展览项目与某类特定类别的展览项目联系起来。可以将展览项目市场细分成若干细分市场,如出口型展览项目、国内成交型展览项目、地区型展览项目等,然后将本展览项目归入其中的某一类。

不管是运用上述哪种策略来给展览项目品牌形象进行定位,在定位的过程中,都要尽量避免出现定位不够、定位过分、定位模糊、定位疑惑和定位僵化等错误。否则,错误的形象只能给客户和市场带去错误的信息。

3. 展览项目品牌定位的 CIS 识别策略

CIS 是将企业经营理念与精神文化,运用整体传达系统(特别是视觉传达系统),传达给企业内部与大众,并使其对企业产生一致的认同感或价值观,从而形成良好的企业形象和促销产品的设计系统。

1) CIS

CIS(Corporate Identity System)即企业形象识别系统,是企业大规模化经营而引发的企业对内对外管理行为的体现。CIS 是由理念识别(Mind Identity,简称 MI)、行为识别(Behaviour Identity,简称 BI)和视觉识别(Visual Identity,简称 VI)三个方面所构成。

(1) 理念识别(MI)。它是企业经营的观念,是企业经营过程中设计、科研、生产、营销、服务、管理等经营理念的识别系统,是企业对当前和未来一个时期的经营目标、经营思想、营销方式和营销形态所作的总体规划和界定,主要包括企业精神、企业价值观、企业信条、经营宗旨、经营方针、市场定位、产业构成、组织体制、社会责任和发展规划等,属于企业文化的意识形态范畴。

(2) 行为识别(BI)。它是企业实际经营理念与创造企业文化的准则,对企业运作方式所作的统一规划而形成的动态识别形态。它以经营理念为基本出发点,对内是建立完善的组织制度、管理规范、职员教育、行为规范和福利制度;对外则是开拓市场调查、进行产品开发,透过社会公益文化活动、公共关系、营销活动等方式来传达企业理念,以获得社会公众对企业识别认同的形式。

(3) 视觉识别(VI)。它是以企业标志、标准字体、标准色彩为核心展开的完整体系的视觉传达体系,是将企业理念、文化特质、服务内容、企业规范等抽象语意转换为具体符号的概念,为企业塑造独特的形象。视觉识别系统分为基本要素系统和应用要素系统两个方面。基本要素系统主要包括企业名称、企业标志、标准字、标准色、象征图案、宣传口语、市场营销报告书等。应用系统主要包括办公事务用品、生产设备、建筑环境、产品包装、广告媒体、交通工具、衣着制服、旗帜、招牌、标识牌、橱窗、陈列展示等。

2)展览项目品牌识别

展览项目品牌识别标志着办展机构希望展览项目的目标参展商和观众如何来认知展览项目和对展览项目产生怎样的联想,是经过系统化后提出的一套促进展览项目形象传播的整体策略。

展览项目理念识别(MI)是展览项目办展理念的对外展示,它是进行展览项目品牌识别策划的核心内容,可以从展览项目定位、办展方式、展览项目价值、顾客利益、展览项目规范、展览项目发展策略等方面进行提炼。

展览项目行为识别(BI)是展览项目理念识别(MI)的外化和具体执行,是展览项目办展行为的对外展示,具体包括展览项目服务活动、展览项目营销、展览项目礼仪、展览项目工作人员行为、展览项目现场相关活动等方面。

展览项目视觉识别(VI)是通过一种视觉化的符号、图案、色彩和文字等来展示展览项目特征的一种方式,能给参展商和观众最直接的视觉刺激,使展览项目在他们脑海里留下深刻的印象。

4. 展览项目品牌定位的宣传技巧

对品牌展览项目来说,战略联盟的意义更加重大。传统展览项目企业的业务往往只局限于某一个区域,即使形成品牌,其影响力也有限。如果通过与其他地区的展览项目企业建立战略同盟,共同承办反映某一主题文化的展览项目业务,原来区域性的展览项目品牌的影响力就会迅速膨胀,地区级的展览项目品牌就有可能形成国家级的展览项目品牌;国家级的展览项目品牌就有可能形成国际性的展览项目品牌。

第二节　展览项目的宣传与推广

一、展览项目宣传与推广的目的与类型

展览项目宣传与推广和展览项目招商与招展有密切关系,它既是展览项目策划的重要内容,也是展览项目营销的中心环节之一,它对招揽企业参展、吸引观众到会参观以及提升展览项目的知名度和美誉度都有很大的作用。

(一) 宣传与推广的目的

1. 提升展览项目品牌的知名度

展览项目品牌知名度分为以下四个层次。

(1) 无知名度,即展览项目的目标参展商和观众根本就不知道该展览项目及其品牌。

(2) 提示知名度,就是经过提示后,被访问者会记起某个展览项目及其品牌。

(3) 未提示知名度,即不必经过提示,被访问者就能够记起某个展览项目及其品牌。

(4) 第一提及知名度，就是即使没有任何提示，当一提到某一种题材的展览项目时，被访问者就会立即记起某个展览项目及其品牌。

提升展览项目品牌知名度，就是要使展览项目品牌逐渐从无知名度走向第一提及知名度，这样，展览项目才会被其目标参展商和观众作为首选的对象。

2. 扩大展览项目品牌的品质认知度

品质认知度是指目标参展商和观众对展览项目的整体品质或优越性的感知程度，它是参展商和观众对展览项目的品质做出是"好"还是"坏"的判断，对展览项目的档次做出是"高"还是"低"的评价。

3. 努力创造积极的展览项目品牌联想

展览项目品牌联想是指在目标参展商和观众的记忆中与该展览项目相关的各种联想，包括他们对展览项目的类别、展览项目的品质、展览项目的服务、展览项目的价值和顾客在展览项目中的利益等的判断和想法。展览项目品牌联想有积极的联想和消极的联想之分，积极的展览项目品牌联想有利于强化展览项目的差异化竞争优势，使目标参展商和观众对展览项目的认知更趋于全面，并可帮助目标参展商和观众进行参展（参观）选择决策，促进他们积极参加本展览项目。

4. 不断提升展览项目品牌的忠诚度

目标参展商和观众对一个展览项目品牌的忠诚度越高，他们就越倾向于参加该展览项目，否则，他们就很可能抛弃该展览项目而去参加其他展览项目。品牌忠诚度可以分为以下五个层次。

(1) 无忠诚度。参展商和观众对该展览项目没有什么感情，他们可能随时抛弃该展览项目而去参加其他展览项目。

(2) 习惯参加某展览项目。参展商和观众基于习惯而参加某展览项目，他们处于一种可以参加该展览项目也可以参加其他展览项目的摇摆状态，容易受竞争展览项目的影响。

(3) 对该展览项目满意。参展商和观众对该展览项目基本感到满意，他们不太倾向于转而参加其他展览项目，因为对他们而言，不参加该展览项目而去参加其他展览项目存在较高的时间、财务和适应性等方面的转换成本。

(4) 情感参加者。参展商和观众真正喜欢该展览项目，对该展览项目有一种由衷的赞赏，对该展览项目产生深厚的感情。

(5) 忠贞参加者。参展商和观众不仅积极参加该展览项目，还以能参加该展览项目为骄傲，并会积极向其他人推荐该展览项目。提升目标参展商和观众的品牌忠诚度，就是要不断增加展览项目的情感参加者和忠贞参加者队伍，使该展览项目成为行业的旗帜和方向标。拥有较多具有较高品牌忠诚度的参展商和观众的展览项目，必将成为该行业中较为著名和较具影响力的展览项目。

(二) 宣传与推广的类型

在展览项目筹备的不同阶段，展览项目宣传与推广的目的和重点是不同的。按照不同的目的，展览项目的宣传与推广可以分为以下五种类型。

1. 竞争型宣传与推广

主要目的是与竞争对手展开竞争或进行防御，采取与竞争对手针锋相对的措施，是一种针对性很强的宣传与推广活动。这种宣传与推广多在展览项目受到竞争对手的威胁,或者该展览项目意欲与其他展览项目展开竞争时使用。

2. 促销型宣传与推广

主要目的是在短期内推动展览项目的销售或者招揽更多的观众到会参观,宣传与推广的重点是参展商或者观众所关心的主要问题。这种宣传与推广多在展览项目招展和招商时使用。

3. 显露型宣传与推广

以迅速提高展览项目的知名度为主要目的,宣传与推广的重点是展览项目的名称、办展时间和办展地点等简单明了、便于记忆的展览项目信息。这种宣传与推广多在展览项目创立的初期实施,或者是在展览项目已经有了一定的名气后作为对客户进行定期"提醒"之用。

4. 形象型宣传与推广

主要目的是扩大展览项目的社会影响,建立展览项目的良好形象,宣传与推广的重点是追求目标受众对本展览项目定位及形象的认同,积极与他们进行信息和情感的沟通,增强他们对展览项目的忠诚度和信任。这种宣传与推广几乎可以在展览项目筹备的任何阶段实施。

5. 认知型宣传与推广

主要目的是使受众全面深入地了解展览项目,增加受众对展览项目的认知度,宣传与推广的重点是展览项目的特点、优势等内容。这种宣传与推广多在行业对该展览项目已经有了一些初步了解之后,作进一步的招展和招商时实施。

(三)展览项目宣传与推广的内容

展览项目的级别与目的不同,其宣传与推广的内容也有所不同,以下所介绍的宣传与推广内容不一定会同时出现在某次展览项目过程中。

1. 展览项目基础资讯的宣传与推广

各种展览项目都需要向参加者详细介绍展览项目的一切基础资讯,包括以下几点。

(1)开展的时间、场馆地点、交通住宿情况、会务组接待事宜、展览项目时限等。

(2)参展者情况、往届展览项目效果、社会评价等。

(3)参展要求与条件等。

以上宣传内容主要是针对参展方,比较简便的做法是将所有基础资讯编订成册,印发邮寄或进行人员推广。

2. 展览项目相关活动的宣传与推广

展览项目过程中往往会安排一些活动,一方面增加展览项目的内容,另一方面也可以有效吸引参观者,这些活动不仅是展览项目的有效组成部分,对于一些特定主题的展览项目,甚至可以说是其重中之重。

根据活动的类别划分,可将其归纳为以下几种。

(1)正式活动——由主办者举行的前夜典礼、开幕式、闭幕式等活动。

(2)主题活动——围绕展览项目主题进行的讨论会、研究会、电影节等活动。

(3) 交流活动——出展单位主办的活动。

(4) 一般活动——音乐演奏会、电影、传统艺能、街头表演、盛装游行等。

(5) 市民参加活动——由一般市民资助主办的活动。

展览项目期间活动的宣传与推广可以在很大程度上帮助展览项目聚集人气，突显风格，形成品牌效应。特别是大型展览项目如世界博览会，将一些重要活动融入展览项目过程，不仅在展览项目场地进行，更可以将活动延展至整个城市，从而实现更大的社会效应和经济效应。在这方面完全可以借鉴一些比较成功的城市文化活动的先例。

3. 品牌的宣传与推广

品牌展览项目都是通过对展览项目进行卓有成效的品牌经营才培育出来的，展览项目品牌经营是展览项目进行市场竞争的有效手段。在形成品牌产权之后就是以经营品牌的观念来经营展览项目，将展览项目培育成品牌，并通过展览项目品牌来加强展览项目与参展商和观众的关系。展览项目品牌经营的主要目的，是通过对展览项目进行品牌化经营来提高展览项目的影响力和市场占有率，并努力使该展览项目在该题材的展览市场上形成一种相对垄断，因此，展览项目品牌的宣传与推广应着力于独特性与排他性，可以在宣传过程中突出品牌展览项目在行业或领域中的不可替代性。

二、展览项目宣传与推广的方式和策略

(一) 展览项目宣传与推广的方式

展览项目宣传与推广在执行方式上是多种多样的，应根据财力、人力以及展览项目本身的特性选择组合使用。必须看到的是，展览项目的市场化程度越高，其宣传与推广工作对市场化的运作方式的依赖也就越高，因此，以下主要介绍几种市场化操作中常见的宣传与推广方式。

1. 广告

广告是展览项目宣传的重要方式，也是吸引参观者的主要手段之一。展览项目广告的范围可以覆盖已知的和未知的所有参观者，可以将展览项目情况传达到直接联络所遗漏的目标观众，也可以加强直接联络的效果，这是覆盖面最广同时也是最昂贵的展览项目宣传手段，因此，必须目标明确，根据需要、意图和实力有效安排。

2. 新闻宣传

新闻宣传费用一般较低，因为通常情况下新闻采访与报道是免费的，同时新闻报道的可信性较大，效果不错。新闻宣传必须在展览项目之前、期间和之后连续进行。

3. 公关活动

为扩大展览项目的影响、吸引观众、促进成交，展览项目组往往也要通过会议、评奖、演出等公关手段对展览项目进行宣传。这些公关活动通常不是单纯地为展览项目服务，还兼顾政策宣传、文化交流等社会责任。报告会、研讨会、交流会、说明会、讲座等会议形式是展览项目过程中普遍使用的公关手段。

(二) 展览项目宣传与推广的步骤

展览宣传推广的内容较多，也比较复杂。在制订展览宣传推广计划时，我们必须做到全

面、系统,并按展览筹备工作实施的需要来制订。一般来说,制订展览宣传推广计划的步骤有六个。

1. 确定宣传目标

确定宣传目标就是要确定展览宣传推广所希望达到的目标,展览宣传推广目标具有一定的阶段性,在展览筹备的不同阶段其主要任务也有所差别,如前期偏重于招展,后期偏重于招商等。

2. 宣传资金投入

宣传资金投入就是要确定为了达到上述宣传推广目标所需要的资金投入。在实际操作中,展览宣传推广预算可以先按宣传渠道的不同来分别制定,如专业媒体宣传投入预算、大众媒体宣传投入预算等,然后再将各渠道的预算汇总成展览宣传推广的总预算。从国际普遍的做法来看,办展机构一般会将展览收入的10%～20%拿出来作为展览宣传推广的资金投入。

3. 宣传信息策划

宣传信息策划就是要确定展览宣传推广需要向外界传递怎样的信息,如展览的办展理念、展览的优势和特点、展览的视觉形象等。不管展览宣传推广向外界传递的是怎样的信息,这些信息都必须是真实且具有较高可信度的。另外,展览宣传推广传递的信息要具有自己的特色,不能与别的同类展览雷同,信息要具有差别性和排他性,这样才能达到更好的宣传效果,并不会被其他信息所淹没。

4. 宣传资料策划

宣传资料的策划就是要确定制作什么样的宣传资料来承载上述信息。展览的宣传资料很多,在制作宣传资料时必须有自己具体的目标客户,各种宣传资料既有自己的特色,又互相配合、互相补充,为整个展览服务;在内容上要能反映行业的特点和展览的特色,要在具有国际化特征的同时兼顾各国的不同文化差异,各种宣传资料在宣传口径上要统一,并要继承上届展览的宣传信息。

5. 宣传渠道策划

宣传渠道策划就是确定展览宣传推广的渠道,或者说要确定采用哪种渠道将展览信息传递出去。展览宣传推广的渠道很多,如专业媒体、大众媒体、同类展览、电子商务、直接邮寄、事件推广、公共关系等,这些渠道各有特色。

6. 宣传效果评估

宣传效果评估就是测量展览宣传推广的质量与效果,评估展览宣传推广目标完成的状况如何。展览宣传推广的效果可以分为即时效果、近期效果和远期效果。对这些效果的评估可以从观众、参展商和展览功能定位三个方面来进行,也可以从宣传的传播效果、宣传的促销效果和宣传的形象效果三个方面来评估。

(三) 展览项目宣传与推广的策略

广告策略是办展机构根据不同目标市场的特点和展览项目宣传阶段的特点,采取的相应的宣传手段和方法。广告策略要在具体实施上把握主要环节,选择合适的媒体将展览项目信息以最有效的方式传播给目标受众。

1. 广告策略的步骤

一个展览项目,尤其是大型展览项目,它要传达给目标受众的信息是多方面的,所有这些都是在制定广告策略时必须考虑的。从展览会主办机构的角度来说,制定广告策略应注意以下环节。

(1) 明确广告受众。展览项目的广告受众包括潜在受众和目标受众。从目标受众来说,他们是展览项目的观众,是从参展商那里购买或预订产品、商品或服务的人,或者至少是去展览项目收集信息的人。

(2) 设计广告内容。一方面是由广告自身的特性所决定的,另一方面,受众也有自身的接受规律。

(3) 制定广告目标。广告目标是整个广告活动要达到的最终目的。在展览项目的广告策略中,制定广告目标是最重要的一环。这个目标实际上就是广告活动在社会上展开以后引起的预期反应,以及由此所产生的促销效果。从内容上又可以分为商品目标、企业目标和观念目标。

(4) 组合运用各种广告手段。从整合传播(又称新广告)的角度来说,广告活动可以涵盖广告、促销、公共关系、CI、包装、新媒体等一切传播活动。整合传播的特性在于将广告扩展到与企业市场营销活动有关的一切信息传播活动中,而且为所有对外信息传播活动提供整体策略。

(5) 策划广告中的互动环节。没有互动,展览项目不能充分地发挥展览会的营销作用,单纯的信息或一味地强调销售,可能会影响广告的整体效果。如果在策划广告时注重互动环节,如利用注册表、反馈回执或有奖促销等广告手段,则可能收到较好的效果。

2. 媒体选择策略

选择媒体主要看媒体的读者、观众、听众是否是目标客户。如果是消费性质的展览项目,可以选择大众传媒,包括大众报纸、电视、电台、人流集中地的招贴等,如果是专业性质的展览项目,就要选择使用生产和流通里只针对专业观众的专业媒体,包括专业报纸、内部刊物、展览刊物等。如果是文化性质的展览项目,则可以兼用上述各种媒体形式。

3. 本位宣传策略

本位宣传策略是展览项目组织者利用自身的宣传平台和信息资源,对展览项目进行的宣传推广,具有可控性强、费用低、目标客户准的特点。

(1) 展会官方网站的宣传。官方网站是展会信息及时发布的重要窗口,同时有利于让更多、更好、更新的功能服务于目标客户。

(2) 定期出版展会特刊。定期出版展会特刊发送给所有目标观众群,将参展商动态信息、展品信息、专业观众动态、行业和市场供需信息传递给目标客户。

(3) 电子邮件群发展会信息。用网络群发系统,将展会进展信息及时、准确地发给广大参展商和观众,起到规模宣传效果。

(4) 展会资料的直邮。除进行目标客户邀请的措施之外,通过直邮的方式,根据每阶段宣传的侧重不同,将展会相关资料邮寄给目标客户,加深目标客户对展会的了解,吸引更多客户关注展会。

4. 新媒体宣传与推广策略

对于新媒体的界定,学者们可谓众说纷纭,至今没有定论。一些传播学期刊上设有"新媒体"专栏,但所刊载文章的研究对象也不尽相同,有数字电视、移动电视、手机媒体、IPTV(交互式网络电视)等。随着国家"互联网+"战略的普及,基于"互联网+展览"的创新模式正极大地助力展览业经济创新转型和提速,新媒体逐渐成为信息交流的主要方式,它能够实现对信息的实时及大量传输。

1)新媒体传播的界定与特征

新媒体是继电视、报纸、广播等传统媒体之后发展起来的新型媒体形态,包括网络媒体、手机媒体、数字电视等。它依托数字技术、网络技术和通信技术,通过网络、卫星等渠道以及电脑、手机等终端,向用户提供所需信息。新媒体传播即借助新媒体对信息进行传播的一种形式,具有互动性、快捷性、大众性、多元性的特征。

2)常见的新媒体形式

将互联网新媒体推广常见的九类新媒体平台,划分为层次不同、重要性不同的三大阵营(见图4-2)。

第一阵营新媒体包括微信平台、微博平台、问答平台、百科平台。这四类平台是大中小互联网企业都需要深耕的新媒体平台。

第二阵营新媒体包括直播平台、视频平台、音频平台。娱乐化与多媒体化是营销推广的趋势,这三类新媒体平台是大中型互联网金融企业的强化阵地,是初创互联网企业的占位阵地。

第三阵营新媒体包括自媒体平台(除微信公众平台之外)和论坛平台。这两类平台,就互联网金融产品而言,营销/运营工作投入产出比相对较低,这两类新媒体平台可作为大中型互联网平台的占位阵地。

3)"互联网+会展"的双线会展新媒体宣传与运营模式

双线会展,是基于线下会展同步到线上举办的新模式。该模式是基于"互联网+会展",利用大数据、云计算、VR(虚拟现实技术)、ZR(再造现实)与信息集成打造的一种数字展览会,并形成互联网上的会展产业闭环生态圈和经济圈。其有效实现线下+线上会展的双线融合,为展馆方、主办方、承办方、参展商、展装方和观众提供了线上会展整体解决方案和服务。该数字展览会模式成功运用到2015年米兰世博会上,实现了让广大民众足不出户观看世博会的愿望。作为互联网会展的一种新的展示形态,数字会展最大的优势在于将线下的展览会全景化移植到了线上,利用云计算将整个展览业的大数据量化,再将这些量化数字与数据信息配合VR与ZR建立一个综合的信息数字化展馆模型。运用大数据发展平台化管理与运营,从而开创展览业发展新局面,实现会展产业的升级——展览OAO(线下+线上)模式。

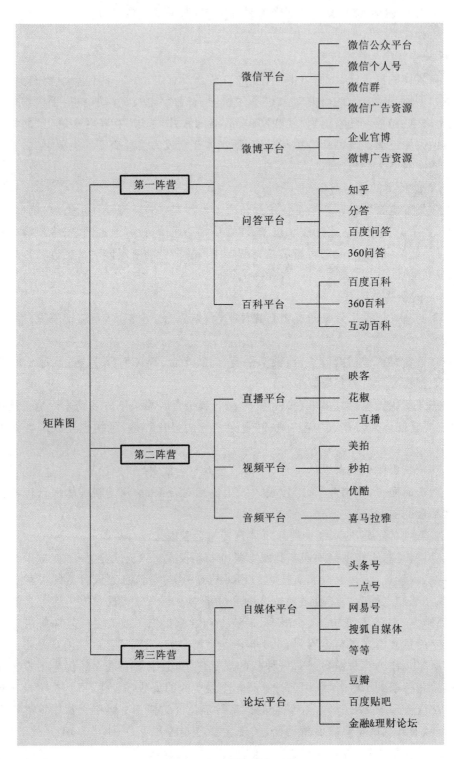

图 4-2　常见的新媒体形式

教学互动

互动问题:双线会展已为展览业兴起的一种宣传与互动形式。

1. 线上展览是否能取代传统的展示模式,为什么?
2. 双线会展模式主要应用于哪些类型的展览更能发挥优势?

要求:

1. 教师不直接提供上述问题的答案,而引导学生结合本节教学内容就这些问题进行独立思考、自由发表见解,组织课堂讨论。
2. 教师把握好讨论节奏,对学生提出的典型见解进行点评。

第三节 展览项目公关活动策划与宣传

一、公共关系的内涵

(一) 公共关系的定义

公共关系是指某一组织为改善与社会公众的关系,促进公众对组织的认识、理解及支持,达到树立良好组织形象、促进商品销售目的等一系列的公共活动。公共关系的含义是指这种管理职能:评估社会公众的态度,确认与公众利益相符合的个人或组织的政策与程序,拟定并执行各种行动方案,提高主体的知名度和美誉度,改善形象,争取相关公众的理解与接受。成功的展览项目公关活动能持续提高会展项目品牌的知名度、认知度、美誉度、忠诚度、顾客满意度,提升项目品牌形象,改变公众对项目的看法,累积无形资产,并能从不同程度上促进展会招展、招商。

(二) 公共关系的特征

公共关系是社会关系的一种表现形态,科学形态的公共关系与其他任何关系都不同,有其独特的性质,了解这些特征有助于我们加深对公共关系的理解。

1. 情感性

公共关系是一种创造美好形象的艺术,它强调的是成功的人和环境、和谐的人事气氛、最佳的社会舆论,以赢得社会各界的了解、信任、好感与合作。

2. 双向性

公共关系是以真实为基础的双向沟通,而不是单向的公众传达或对公众舆论进行调查、监控,它是主体与公众之间的双向信息系统。

3. 广泛性

公共关系的广泛性包含两层意思：一层意思是公共关系存在于主体的任何行为和过程中，即公共关系无处不在，无时不在，贯穿于主体的整个生存和发展过程中；另一层意思指的是其公众的广泛性。因为公共关系的对象可以是任何个人、群体和组织，既可以是已经与主体发生关系的任何公众，也可以是将要或有可能发生关系的但暂时无关的人。

4. 整体性

公共关系的宗旨是使公众全面地了解自己，从而建立起自己的声誉和知名度。它侧重于一个组织机构或个人在社会中的竞争地位和整体形象，以使人们对自己产生整体性的认识。它并不是要单纯地传递信息，宣传自己的地位和社会威望，而是要使人们对自己的各方面都有所了解。

5. 长期性

公共关系的管理职能应该是经常性与计划性的，它是一种长期性的工作。

（三）公共关系的结构

公共关系是由组织、公众、传播三要素构成的。公共关系的主体是社会组织，客体是社会公众，联结主体与客体的中介环节是信息传播。这三个要素构成了公共关系的基本范畴，公共关系的理论研究、实际操作都是围绕着这三者的关系层层展开的。

1. 公共关系的主体——社会组织

公共关系的主体是社会组织，尽管有些个人，如在竞选中的候选人、国家公务员、社会名流等，为了某种特殊利益也会举办公关活动，但他们在从事公共关系活动时，不是以自然人的身份，而是以法人的身份出现的。社会组织的特点有群体性、导向性、系统性、协作性、变动性、稳定性。人们形成组织必定是为了完成某种共同目标，但目标的存在方式又各不相同，这就决定了社会组织必然具有多种类型，如营利性组织、非营利性组织、互利性组织、公益性组织等。

2. 公共关系的客体——社会公众

公共关系也称作公众关系，因为公共关系的工作对象就是公众。要做好公共关系工作，就必须了解和研究公众。在公共关系学里，公众与大众、群众是有区别的。它不是泛指社会生活中的所有人或大多数人，也不是泛指社会生活中的某一方面、某一领域的部分人，而应具体地称为组织的公众。公众与组织之间必须存在着相互影响和相互作用。公众的特点有群体性、同质性、变化性、相关性。常见的公众分类方法有以下几种。

（1）根据公众与组织的所属关系分类，可将公众分为内部公众与外部公众。员工是组织直接面对而最接近的公众，是组织赖以生存与发展的细胞，是组织内部公众的主体。一般来说，在组织的外部公众中，消费者公众、传播媒介公众、社区公众、政府公众等对组织的发展尤为重要。

（2）根据公众与组织发生关系的时序特征分类，可把公众分为非公众、潜在公众、知晓公众、行动公众。

（3）根据公众对组织的重要程度分类，可以把公众划分为首要公众、边缘公众和次要公众。

(4) 根据公众对组织的态度分类,可将其分为顺意公众、逆意公众和独立公众。对于公共关系工作人员来说,顺意公众是组织的基本依靠对象,逆意公众是组织急需转化的对象,独立公众是组织值得争取的对象。

3. 公共关系的中介——信息传播

当组织明确了公共关系目标,确定了目标公众,并有了公共关系活动的设想之后,便要考虑如何运用媒介把目标和设想变成行动。公共关系传播可以分为自发传播与自觉传播两种。

二、展览项目公共关系的意义与目标

(一) 展览项目公共关系的意义

展览项目是围绕着特定主题在特定时空环境下由多方参与并共同推进,实现各方利益均衡的集体性的社会活动。由于展览项目是一项复杂的系统工程,组织者在实施总体战略的过程中,需要协调与政府、合办单位、新闻媒体、参展商、社会公众、内部员工等多方面的关系,以达到良好的产业效应、经济效应和形象效应。因此,在展览工作的整体运作中如何成功地实施公关战略,协调和维系与社会各界的多种错综复杂的关系,赢得各界公众的好评,取得良好的社会效果与展览效益,成为参与展览活动各方研究的重要议题。公共关系在展览活动中的意义主要体现在以下几个方面。

(1) 展览项目可以充分展示企业的形象和产品品牌,建立良好的企业形象。

(2) 展览项目是吸引注意力的平台,是维系多方的纽带。

(3) 展览项目可以通过各方的合作,建立彼此的互惠互利关系。

(二) 展览项目公共关系的目标

展览项目中,需要维系的公共关系目标主要包括内部员工的关系、投资者关系、政府关系、新闻媒体关系、社会公众关系和其他服务提供者的关系。

1. 内部员工的关系

展览活动是一项高智能、高风险、高难度、高强度、高时效,同时也是高回报的工作。它要求工作人员有高度的责任感、使命感和团队意识,既要有自制力还要有协调力,更要有超人的意志力,工作中不得有丝毫马虎或差错。因此,组织者如何做好内部员工的沟通与管理,直接关系到整个展览的成功与否。因此,展览活动实施过程中要做到分工明确、责权对等、奖罚分明,实施有效的物质激励和精神激励,力图使每个员工均处于最佳竞技状态,充分发挥其主动性、积极性和创造性。

2. 投资者关系

投资者关系是一个社会组织的战略性工作,与投资者之间良好的开放性和经常的沟通可以帮助降低企业的资金成本,为企业的管理层赢得更多的支持和吸引新的资金。良好的投资者关系是企业公共关系的一种功能。展览活动涉及面广,一次展览将有数家甚至更多国别、行业、角色、职能、利益不同的主办、承办、协办、赞助、鸣谢、同贺等单位介入,从本质上说,它们共同构成了一项展览活动的投资人,是展览活动的股东,将从中获取形式各异、内容不同、大小有别的各种所有者权益,具体涉及股东的利润、管理费、企业或品牌形象、知名度、

美誉度等。

3. 政府关系

政府是对社会进行统一管理的权力机构,具有权威性,政府和组织之间是管理与被管理的关系。协调维系与政府的关系非常有必要,因为政府是国家权力机构,对国家实行宏观调控,具有权威性,一个组织要是能够得到政府的认可和支持则就有可能得到社会大众的认可和支持,我国对展览业的管理沿用的是展览审批制,即一个展览从立项到实施,必须接受从国家有关批准单位到工商、税务、卫生防疫、海关、公安、消防、交通,以及环保、市容监察等诸多政府管理部门的审核与约束,而且政府对展览业的宏观调控在相当长的时间内将会持续。

4. 新闻媒体关系

媒体是社会上的新闻传播机构或工具,包括报纸、电视、杂志、广播、网站等,媒体公众是组织外部环境中最特殊、最敏感的公众群体。组织的公关活动必须依靠媒体才能完成,如果没有媒体的传播报道与沟通也不能称之为公关活动。对组织而言,良好的媒体关系可以帮助组织引导良好的公众舆论,让公众对组织产生良好的口碑和评价,有利于组织形象的塑造,维护组织的知名度和美誉度。展览属于综合、大型的社会活动,是新闻媒介关注的焦点。

5. 社会公众关系

社会公众是指购买、使用或关注本组织提供的产品、服务、观念的个人、团体或组织。良好的社会公众关系能给组织带来直接的经济利益,能让企业确定以谁为目标的问题。展览活动的社会公众包括与展览内容直接相关的国内外来访者、买家,也包括潜在的关注、影响展览达到其预定目标的其他各类社会力量。

6. 其他服务提供者的关系

展览活动通常会涉及场馆、旅游、住宿、餐饮、运输、仓储、租赁、报关、通信、邮电、广告、会务服务、礼品鲜花、礼仪、演艺、印刷、保安等多种服务及众多合作伙伴。每个合作者都是整个展览活动的一部分,各方只有通力合作才能取得理想效果。

三、展览项目公关活动策划

(一) 专题活动策划

公共关系的专题活动是以公共关系传播为目的,有计划、有步骤地组织众多人参与的协调的社会活动。专题活动中应掌握以下三点。

1. 专题活动以社会传播为目的

通过专题活动向社会大众传播企业价值理念及打造品牌文化。例如,中国银行斥巨资庆祝香港回归,在香港维多利亚港进行烟花大会演,目的就是传播中国银行的良好形象。

2. 众多人参与的社会活动是专题活动定义的基本条件

要算得上大型,必须有两个基本条件:一是活动社会化,二是活动参加人数量多。香港烟花会演覆盖香港,参加活动的人有上百万,加上电视的转播,影响的人就更多了。

3. 活动是有组织、有计划、有步骤的社会协调行动

假如不是协调的行动,再多人参与也不能算是专题活动。群体策划是一种人才组合的

集体策划的形式。具体形式为组成一个专责策划小组，由策划小组共同完成策划的任务。

（二）新闻发布会

新闻发布会，也有人把它叫记者招待会，其实严格来讲两者不太一样。新闻发布会侧重于发布新闻，如企业做出了某项重要的决策、研制生产了某种新产品或推出了某项对社会有重大影响的革新项目。企业若想通过大众媒介把这些信息广泛地传播出去，就可以举办新闻发布会。记者招待会则有所不同，它不一定是有新闻发布，它的主要目的是和新闻媒介公众进行沟通。任何企业与社会各界公众的交往中，都会遇到很多错综复杂的问题，如本单位与外单位发生了法律纠纷、企业受到了社会舆论的谴责、受到了新闻媒体的公开指责、受到了某一其他社会组织的诬告等。当这些问题发生之后，企业为了挽回影响并争取舆论界的支持，借助于新闻媒介传递真相、澄清事实，引导公众舆论，树立或维护形象，就有必要召开记者招待会。

要使新闻发布会召开成功，达到预期的效果，在新闻发布会召开之前、召开之中、召开之后都需要做好以下工作。

（1）确定必要性和主题。

（2）确定时间和地点。

（3）确定邀请的对象。

（4）选定主持人和发言人。

（5）准备好发言和报道提纲，以及宣传辅助材料。

（6）预算会议所需费用。

除以上几点会前准备工作，有时会后还需要组织记者实地参观采访，这项工作需要有专人接待，安排好参观路线和范围。

同步案例　Fenestration Bau China 上海新闻发布会

Fenestration Bau China 中国国际门窗幕墙博览会暨中国国际建筑系统及材料博览会于2017年3月15日在上海浦东淳大万丽酒店举办了上海新闻发布会，中国建材网携中国行业会展网参加了此次发布会。

Fenestration Bau China 中国国际门窗幕墙博览会暨中国国际建筑系统及材料博览会（简称FBC），是由亚洲第一的 Fenestration China 中国国际门窗幕墙博览会与世界领先的德国 Bau 建筑展会在中国共同组建的全新展览。2017年展览将沿用 Fenestration China 中国国际门窗幕墙博览会时间和地点，于11月7日至10日在上海新国际博览中心（浦东）举办，原有的 Bau Congress China 中国国际建筑科技大会及展览将并入此博览会。FBC博览会由慕尼黑博览集团与北京中德建联新组建的合资公司——中联慕尼（北京）国际会展有限公司负责运作。

Fenestration China 中国国际门窗幕墙博览会已连续举办十四届，自2003年创办以来，深受门窗幕墙企业、工程单位、建筑设计师和房地产开发商的关注和好评，目前已有600多家优质展商参展，展会规模达到10万平方米，是亚洲第一大门窗幕墙博览会。Fenestration Bau China——强强联合，打造全球领先的建筑系统解决

方案和高端建造技术及材料博览会。

(资料来源:中国行业会展网。)

问题:一次成功的专业展览项目新闻发布会,通过哪些渠道向外界公布信息更实效?

分析提示:不是所有的大众媒体都适合参与专业展览项目的宣传与推广工作,专业展览项目会有本行业内的专业媒体或活动圈,找准客户群和信息集中媒介,有的放矢才是宣传推广的关键。

(三)展览会

展览会是通过实物展示和示范表演来展示社会组织的成果和风貌的公共关系宣传活动。由于它图文并茂,较为直观形象,往往会给公众留下深刻的印象,因此,展览活动是新组织、新产品、新技术等塑造形象的较优公共关系宣传媒介之一。

(四)赞助活动

赞助活动是社会组织无偿地提供资金或物质支持某一项社会事业或社会活动,以获得一定形象传播效益的公共关系专题活动。它可以使提供赞助的组织与赞助的项目同步成名,是一种信誉投资和感情投资行为,也是一种有效的公共关系手段。赞助活动的基本类型主要有赞助体育活动、赞助文化活动、赞助教育事业、赞助慈善福利事业、赞助纪念活动、赞助特殊领域。赞助活动的基本步骤如下。

1. 明确赞助目的

每次赞助活动都有它的目的,赞助活动的目的一般有以下几种。

(1)追求新闻效应,扩大社会影响。

(2)增强广告效果,提高经济效益。

(3)联络公众感情,改善社会关系。

(4)提高社会效益,树立良好形象。

2. 选择赞助对象

社会组织可以主动选择赞助对象,也可以请求决定赞助对象。不论是什么情况,都要依据组织自身的发展战略和公共关系目标来选择和确定。

3. 制订计划与具体实施

提供赞助的社会组织要由赞助委员会根据赞助方向和政策,根据组织的经济实力等,提出年度赞助计划,写明赞助对象的范围、经费用预算、赞助形式、组织管理办法等,以做到有计划、有控制地进行活动。计划制订好以后,要派专门的公共关系人员负责各项赞助方案的具体实施,运用公共关系技巧去扩大组织的社会影响。如果遇到不正当赞助要求和摊派,应坚决拒绝,必要时可诉诸社会舆论和法律。

4. 检测赞助效果

赞助活动结束之后,组织应对赞助效果进行调查检测。可以对照计划检测指标完成情况,收集社会公众、新闻媒体和赞助者的看法,找出差距,评定效果,写出报告,存档备查。

(五)庆典活动、参观活动、联谊活动

在公共关系专题活动中,除了前面所讲的新闻发布会、展会以外,还有庆典、参观、联

谊等多种常见的活动。

1. 庆典活动

庆典活动是社会组织为庆祝某一重大事件而举行的一种公共关系专题活动,如开业、周年庆、新设施奠基、展销会开幕等。目的在于联络公众、广交朋友、增进友谊、扩大影响。一个组织举行一次气氛热烈、隆重大方的庆典活动,就是一次向社会公众展示自身良好形象的机会,它体现出的领导人的组织能力、社交水平及企业文化素质,往往成为社会公众取舍亲疏的重要标准,因此,庆典活动必须进行精心策划和组织。

2. 参观活动

参观活动是社会组织为了让公众更好地了解自己、向公众宣传自己、表明自身的存在,或为了消除某种误解而进行的开放活动。通常由公共关系部门负责组织一些社会公众到组织内部来考察、参观,使公众了解真相,增加兴趣和好感。虽然这项工作很麻烦,但却可以较好地提高组织美誉度。

3. 联谊活动

联谊活动是以实现一定合作目标为宗旨的信息沟通和感情交流专题活动,企业之间经常开展这类活动。联谊活动要做到以下几点:首先要遵循真诚的原则,绝不损人利己、损公肥私;其次要遵循互惠互利的原则,应在不损害社会利益的前提下使联谊双方共同受益;最后还要遵循效益的原则,争取在有限的时间和空间范围内取得最大的效益,少花钱多办事。

【教学互动】

互动问题:展览项目的公关宣传活动。

1. 请利用新知识和理念,思考还有哪些新兴宣传和推广形式?

2. 如何利用各种公关宣传形式,有效提升展览项目品牌塑造?

要求:

1. 教师引导学生结合本章教学内容就这些问题进行独立思考、自由发表见解,组织课堂讨论。

2. 教师把握好讨论节奏,对学生提出的典型见解进行点评。

本章小结

【内容提要】

本章讲述了展览项目品牌塑造、展览项目的宣传与推广、展览项目公关活动策划与宣传等三个部分内容。

首先,介绍了展览项目品牌塑造,包括展览项目品牌形象概述、展览项目品牌定位原理。

其次,介绍了展览项目的宣传与推广,包括展览项目宣传与推广目的与类型、展览项目的宣传与推广方式和策略。

最后,介绍了展览项目公关活动策划与宣传,包括公共关系的内涵、展览项目公关活动的意义与目标、展览项目公关活动策划。

▎核心概念▎

品牌;展览项目品牌;品牌形象定位;CIS;理念识别;行为识别;视觉识别;新媒体;公共关系;专题活动策划;庆典活动;参观活动;联谊活动

▎重点实务▎

展览项目品牌定位知识在展览项目品牌塑造、公关宣传等方面的实务应用;掌握展览项目的公关活动策划与组织。

第五章
展览项目营销管理与实施

项目目标

通过本章学习,应当达到以下目标:

职业知识目标:学习和把握展览项目营销管理与实施、展览项目产品营销实施程序与策略、展览项目招展和招商管理等知识及其在展览项目营销与工作中的应用;能利用相关知识开展展览项目营销工作。

职业能力目标:运用本章专业知识,培养对展览项目营销管理过程的操作技能,有效地进行展览项目产品营销实施程序与策略、展览项目招展和招商管理的实践训练,培养展览项目营销管理的专业技能。

职业道德目标:结合展览项目营销管理内容和方法的教学内容,依照市场营销业的道德规范或标准,熟悉展览项目营销工作的各个环节,增强专业化与职业化的态度,强化职业道德素质。

第一节 展览营销基础理论

一、市场营销的基础理论

(一)市场营销的内涵

1. 市场营销的定义

市场营销是指个人或集体通过交易其创造的产品或价值,以获得所需之物,实现双赢或多赢的过程。它包含两种含义,一种是动词理解,指企业的具体活动或行为,称之为市场营销或市场经营;另一种是名词理解,指研究企业的市场营销活动或行为的学科,称之为市场营销学、营销学或市场学等。

2. 市场营销的核心概念

市场是商品经济中生产者与消费者之间为实现产品或服务价值，满足需求的交换关系、交换条件和交换过程。市场营销是通过创造和交换产品及价值，从而使个人或群体满足欲望和需要的社会过程和管理过程。

市场营销涉及其出发点，即满足顾客需求，还涉及以何种产品来满足顾客需求，如何才能满足消费者需求，通过交换方式，产品在何时、何处交换，谁实现产品与消费者的连接。由此可看出，市场营销的基本任务是满足有支付能力的需求。

市场营销的核心概念应当包含需求及相关的欲望、需要，产品及相关的效用、价值和满足，交换及相关的交易和关系，市场、市场营销及市场营销者。因此，市场营销涉及如下核心概念。

1) 需要、欲望和需求

需要是指人们与生俱来的基本需要。人类的需要是市场营销的基石，如为了生存与发展，人们会有吃、穿、住、安全、归属、受人尊重、自我实现的需要等。这些需要存在于人类自身生理和社会之中，市场营销者可用不同的方式去满足它，但不能凭空创造。

欲望是指想得到基本需要的具体满足品的愿望，是个人受不同文化及社会环境影响表现出来的对需要的特定追求。市场营销者无法创造需要，但可以影响欲望，并通过开发及销售特定的产品和服务来满足欲望。

需求是指人们有支付能力并愿意购买某个具体产品的欲望。在营销者看来，需求是对某特定产品及服务的市场需求。

2) 产品和服务

产品特指能够满足人们的需要和欲望的任何事物。产品的价值在于它给人们带来对欲望的满足。人们购买轿车不是为了得到一种机械，而是要得到它所提供的交通服务。产品实际上只是获得服务的载体。这种载体可以是有形物品，也可以是不可触摸的、无形的服务。

3) 效用、费用和满足

企业在市场营销活动中如果能给顾客事业带来更大的效用，节省更多的费用，达到最大的满足，其顾客价值就会更高。

4) 交换、交易和关系

交换是指从他人处取得所需之物，而以自己的某种东西作为回报的行为。

交易是交换的基本组成单位，是交换双方之间的价值。交易通常有货币交易和非货币交易（以物易物等）两种形式。建立在交易基础上的营销可称为交易营销。为使企业获得更多，就需要关系营销。关系营销是营销者与有价值的顾客、分销商、零售商、供应商以及广告代理、科研机构等建立、保持并加强长期的合作关系，通过互利交换及共同履行诺言，使各方实现各自目的的营销方式。与顾客建立长期合作关系是关系营销的核心内容。

5) 市场营销与市场营销者

在交换双方中，如果一方比另一方更主动、更积极地寻求交换，我们就将前者称为市场营销者，将后者称为潜在顾客。所谓市场营销者，是指希望从别人那里取得资源并愿意以某种有价值的东西作为交换的人。市场营销者可以是卖方，也可以是买方。当买卖双方都表现积极时,我们就把双方都称为市场营销者,并将这种情况称为相互市场营销。

(二)市场营销的影响因素

市场营销的影响因素,主要从宏观环境和微观环境两个方面进行分析。

1. 宏观环境因素

宏观环境因素主要包含政治环境、经济环境、社会文化环境等方面。

2. 微观环境因素

微观市场营销环境是指与企业紧密相连、直接影响企业营销能力和效率的各种力量和因素的总和,主要包括企业内部环境、市场营销渠道、企业、顾客、竞争者及社会公众。这些因素与企业有着双向的运作关系,在一定程度上,企业可以对其进行控制或施加影响。

二、市场营销的理论

市场营销策略是企业以顾客需要为出发点,根据经验获得顾客需求量以及购买力的信息、商业界的期望值,有计划地组织各项经营活动,通过相互协调一致的产品策略、价格策略、渠道策略和促销策略,为顾客提供满意的商品和服务而实现企业目标的过程。市场营销的演变过程主要是随着市场营销观念的演变,而导致的具体市场营销所发生的变化。随着社会的发展,市场营销观念发生了一系列的演变与发展(见图5-1)。

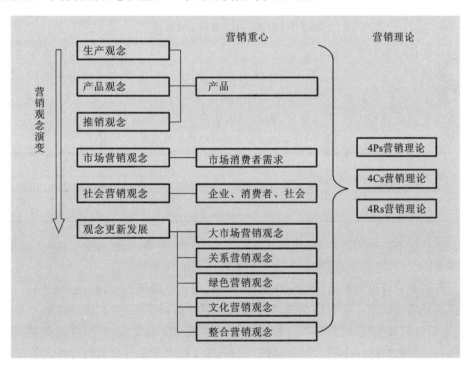

图 5-1 营销观念演变过程

(一)4Ps 营销理论

产品(product)、价格(price)、促销(promotion)、渠道(place)这四个因素应用到营销过程中，就形成了 4Ps 营销策略（见图 5-2），若加上权力（power）和公共关系（public relations），便为 6Ps。

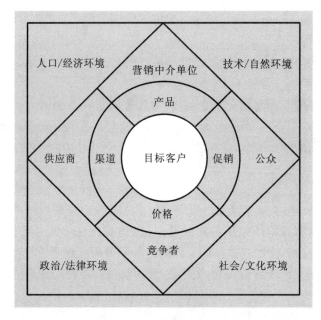

图 5-2　企业的 4Ps 营销组合模型

根据与市场竞争对手对抗的需要而制定富有竞争力的产品、价格、渠道和促销政策。当时还是大众媒体盛行的时代，依靠大众媒体促进销售，无差异化策略成为这一阶段的明显特征。4Ps 的提出奠定了管理营销的基础理论框架。该理论以单个企业作为分析单位，认为影响企业营销活动效果的因素有两种，即可控因素和不可控因素（见表 5-1）。

表 5-1　影响企业营销活动效果的因素

可控因素	不可控因素
产品、价格、分销、促销	社会、人口、技术、经济、环境/自然、政治、法律、道德、地理
内部环境	外部环境

一种是企业不能够控制的，如社会、人口、技术、经济、环境/自然、政治、法律、道德、地理因素等环境因素，称之为不可控因素，这也是企业所面临的外部环境。

另一种是企业可以控制的，如产品、价格、分销、促销等营销因素，称之为企业可控因素。企业营销活动的实质是一个利用内部可控因素适应外部环境的过程，即通过对产品、价格、分销、促销的计划和实施，对外部不可控因素做出积极动态的反应，从而促成交易的实现和满足个人与组织的目标。市场营销活动的核心就在于制定并实施有效的市场营销组合。

（二）4Cs 营销理论

4C 即消费者（consumer）、成本（cost）、便利（convenience）和沟通（communication），与传统营销的 4P 相对应，加上市场机会（market chance）、市场变化（market change），便成为 6C。不销售制造的产品，而是要将满足消费者需求的产品售出；不依竞争者或者企业自身的盈利策略来定价,而是要通过一系列测试手段了解消费者为满足需求愿付出的成本;不以自身为出发点,想着网点怎么布置,采用什么样的策略,而要关注消费者购买产品的便利性;不是想着如何通过媒体传播来提升销量,而是要和消费者互动沟通。它以消费者的需求为导向,重新设定了市场营销组合的四个基本要素。

(三) 4Rs 营销理论

4R 即关联(relevancy)、反应(reaction)、关系(relationship)和回报(return)。该营销理论认为,随着市场的发展,企业需要从更高层次以更有效的方式在企业与顾客之间建立起有别于传统的新型的主动性关系。4Rs 理论以关系营销为核心,重在建立顾客忠诚。它既从厂商的利益出发又兼顾消费者的需求,是一个更为实际、有效的营销制胜术。

4Ps、4Cs 和 4Rs 三个理论是互补的而非替代关系,三者各有侧重点,具体如图 5-3 所示。

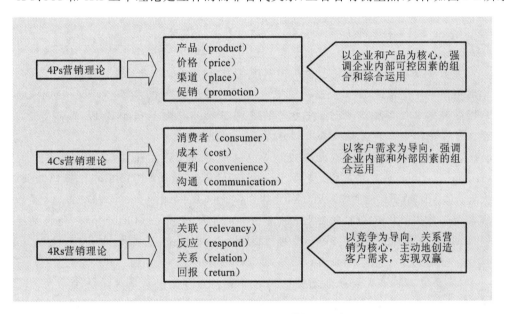

图 5-3　4Ps、4Cs 和 4Rs 的营销侧重点

三、展览营销基础

(一) 展览营销的含义

展览营销是营销理论应用于展览业的体现。展览营销是指展览企业为了吸引更多的目标客户,提高展览品牌的价值和影响力,通过展览服务、形象设计、定价、渠道、促销、宣传等手段所采取的一系列市场推广活动。简而言之,展览营销就是展览机构通过创造向目标客户提供展览产品或服务的一种社会和管理过程。

展览营销的内容包括两个方面:一是内部营销,二是外部营销。内部营销是指展览企业从"组织—员工—客户"这一关系传导理念出发,通过有效地培训和激励一线员工使其为顾客提供满意的服务。内部营销是一项管理策略,其核心是提升员工的顾客意识。外部营销是展览企业以市场为导向,以客户为中心所进行的营销环境分析、会议营销、展览营销、展旅游营销、展览品牌营销等方面的工作。

（二）展览营销主体

在商业性展览中，展览行业将营销主体称为展商和客商，后者虽然意思表达并不准确，但约定俗成，已成惯例。展商就是在展览会上展示自己商品或服务的制造商或服务提供者。客商则主要是指专业观众，他们是现实或潜在的采购商。展览项目的组织者则是展览营销的施动者，在展览营销中起主动作用。

所谓招展就是通过各种方式将那些产品（服务）与拟办展览会主题相符的制造商、供应商、成果拥有者、服务提供者吸引进展览会，让其在展览会上展示和推销自己的产品、服务和技术成果。所谓招商就是通过各种方式将那些对拟办展览展示产品有需要和感兴趣的采购商和其他观众吸引进展览会。

同步案例 2017年亚洲消费电子展将打破多项展会记录

第三届亚洲消费电子展已售出净展览面积10500平方米（112902平方英尺），比去年同期相比增长10%。亚洲消费电子展由美国消费技术协会所有和主办、上海国展展览中心有限公司联合主办。2017年亚洲消费电子展于2017年6月7日至9日在中国上海新国际博览中心盛大开幕。

2017年亚洲消费电子展已有超过200家知名企业确定参展，其中包括铁三角（Audio-Technica）、百度、大陆集团（Continental Automotive Holding）、神州数码、大疆、Fossil/Misfit、佳明（Garmin）、吉普森品牌（Gibson Brands）、海尔、华为、英特尔、乐视、魔声（Monster）、四维图新、安桥（Onkyo）、水獭盒（OtterBox）、先锋电子（Pioneer）、Scosche、苏宁、美国邮政署（USPS）、UPS快递、法雷奥（Valeo）、沃尔沃、奥迪富斯（Voxx）、和冠（Wacom）及昊翔（Yuneec）等。

"亚洲消费电子展是一个发展迅速的行业展会"，美国消费技术协会消费电子展和企业业务战略高级副总裁凯伦·查布卡（Karen Chupka）女士表示，"展会规模的不断扩大也正反映了亚洲市场的快速发展趋势，各科技相关行业皆竞相在此发布创新技术。我们的展会正变为全球企业发布新产品，并在亚洲市场建立持久合作关系的不可或缺的重要活动"。

2017年亚洲消费电子展最终吸引超过3万人与会，以及超过1100位中国及国际媒体对450余家参展企业的19大产品类别的创新进行报道，其中也包括增长迅速的领域如无人机、物联网及虚拟现实等。

（资料来源：中国行业会展网。）

问题：营销是企业实现获益的根本目标，展览项目如何有效吸引展商和客商？

分析提示：参展商和专业观众（即展商和客商）前来参展和观展是出于一定目的的。参展商的目的不外乎以下几个方面：向市场推介现有的商品或服务，向市场推介企业新的产品或服务；了解本行业产品和技术的发展；提高企业在市场上的认知度；了解当前市场需求的最新发展和趋势；掌握竞争对手的发展状况等。专业观众观展的目的则比较简单，主要是寻找合适的货源；了解供应市场竞争态势的变化；

供应产品的技术变化等。展览项目组从展商和客商的需求出发制定营销策略。

(三) 展览营销主体对展览项目的关注点

归纳起来,潜在的参展商和专业观众决定参与展览项目前一般需要弄清以下问题。

1. 展览会本身的问题

展览的主题和专业设置、主办、承办、协办、支持单位及其背景、展览项目的历史和业绩。

2. 关于参展投入方面的问题

参展需要投入,因此参展的费用水平以及其他支出水平自然是参展商高度关心的问题。因为展览市场存在竞争,展商还需要"货比三家",即对各个展览进行性价比分析,他们不仅希望参与的展览项目物有所值,而且希望花最少的费用,获得最大的效果。

3. 将有哪些企业前来参展和参观

一家潜在的参展商对拟参与的展览项目的两种参展商是十分关注的:一是是否有本行业的领先企业、国际上的著名企业前来参展。对于一般参展商而言,行业内的龙头企业有很强的号召力,这些企业的参加能提高展览项目的品位和层次。同时,能在展览项目过程中从这些企业的产品中了解行业技术的最新发展。二是哪些竞争对手将参展,主要是考虑应该采取什么竞争对策。

4. 其他参展细节问题。

展览项目提供的服务、付款方式与期限、展览项目组织对参展商的推广提供什么样的协助、广告范围等。

(四) 展览营销产品

展览营销产品是指展览企业向展览参加者提供的用以满足其需求的展览活动及全部服务,具有综合性、无形性、不可分割性、不可储存性、异质性等特点。展览产品是一个整体概念,它是由多种元素组合而成的综合体,主要内涵应包括展览服务、展览活动、展览设施、展览延伸或派生的服务等要素。从产品的整体概念来分析,展览产品应包括三个层次,即核心产品、形式产品和延伸产品(见图5-4)。

1. 核心产品

这是展览组织或经营者通过展览活动提供给展览参加者的基本效用或利益,而效用或利益是通过服务来实现的,从产品的角度,我们将服务定位为展览产品整体概念中最主要、最核心的部分。

展览参加者参加展览活动,并不是为了感受展览活动的氛围,而是为了获得展览活动所提供的基本效用和利益。从展览参展商的角度看,核心展览产品是指展示产品、贸易成交、开发客户或树立企业形象等;从会议参加者的角度看,核心展览产品是指发布信息、交流研讨和解决问题;从环节上看,核心产品包括与展览相关的展前、展中和展后服务,它们的集合构成展览产品的核心。

2. 形式产品

这是一种概念性的东西,效用或利益要通过一定的形式或载体才能得以实现。形式产品就是展览活动,是核心产品借以实现的形式或载体,它是展览产品的第二个层次。由于核

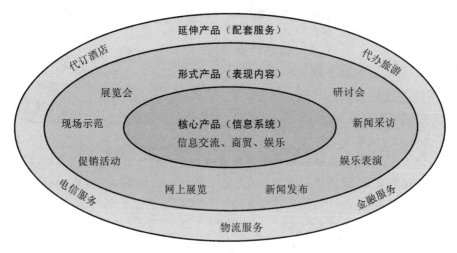

图 5-4　展览产品的形式组合

心产品是以展览活动为依托,因此展览产品的主体不是服务,而应是展览活动。展览活动作为形式产品,主要通过展览名称、展览品牌、展览主题、展览设施以及展览从业人员的衣着修饰、形态礼仪、语言表达、服务态度和精神风貌等表现出来。

3. 延伸产品

延伸产品有两层含义:一是指展览企业为培育顾客忠诚度,提高核心竞争力,向展览参加者所提供的与展览活动直接相关的附加产品,包括展览产品知识介绍、咨询和培训,展览产品的宣传、报道,售前、售后的服务保证,提供行业相关资料等;二是为满足展览参加者派生需求形成的产品,如展览旅游、展览商业等产品。适当设计延伸展览产品,使展览参加者在参加展览活动后能够获得额外的、附加的利益,不仅有利于展览产品的促销,而且可以突出产品的特色,有助于提升展览企业的竞争优势。

(五)展览营销策划程序

展览活动由于参与主体较复杂,在开展营销活动时企业要不断协调自身系统以适应需求的变化,企业内部的各职能部门也要统一协调,做好各方面工作。一般说来,在策划展览市场营销时主要需做好以下程序。

1. 展览营销调研

销售任何产品,都要在了解自身产品的同时,进行详细的市场调研,这是市场营销的第一步。展览营销也同样如此,展览企业在进行营销时要根据展览项目市场调查的要求掌握相关信息。

2. 目标市场定位

展览营销过程中,目标市场定位有两层含义:一是选择展览的目标市场;二是给所选的目标市场正确定位。展览市场定位从总体上讲,是一个国家或地区的展览业、展览企业或展览产品和服务在目标顾客心目中的位置。

3. 制订营销计划

展览营销活动需要有计划、按步骤实施,如果缺少计划,营销活动就难以实现。营销计划是形成文字的反映营销目标、营销战略和行动方案的营销计划书,用来指导企业在某一特定时间内(通常为一年)的营销活动。

4. 实施营销计划

展览营销计划工作制订完成后,展览企业或组织要根据自身的实际与营销计划的要求,设置合理的营销组织机构,并明确各相关部门和人员的职责、任务。

5. 营销效果评估

展览营销效果评估分事前测试和事后评估两部分。事前测试主要有征求或随机采访与会者、参展商对各种营销活动的意见,小范围的营销效果对比试验等;事后评估是衡量是否完成营销目标的重要环节。

第二节　展览项目产品营销实施程序与策略

一、展区和展位划分

(一) 展区和展位划分

展区和展位划分是展览项目招展策划与展位营销的另一项重要的基础性准备工作。展览会一般都要按展品类别划分展区。一个专业题材展区可能包括一个或几个展馆,也可能是另一个展馆的某一部分。在每个展区里,还要根据场馆的场地特征划分展位,决定哪些地方将搭建特装展位,哪些地方将搭建标准展位,两种展位格子需要多大的面积。合理地划分展区和展位,对于展览项目招展和更好地吸引目标观众到会参观、提高参展商的展出效果、进行展览项目现场服务与管理等有着十分重要的作用。

(二) 划分展区和展位的原则

展区和展位是在展览项目进行招展之前就已经划分好了的。展览项目招展时,同类展品的参展商被安排在同一展区。在划分展区和展位时,要注意遵循以下基本原则。

1. 按专业题材划分展区

在展览项目招展前,要对展览项目所有的展览场地进行统一安排,按专业题材划分展区,筹划各种展览题材适合安排在什么样的位置,各展区需要多大的面积。所谓按专业题材划分,就是在满足展品对场地要求的基础上,将同类展品安排在同一个区域里展出。之所以要考虑展品对场地的要求,是因为有些展品对场地的要求比较特别,如某些超高、超重展品对馆内高度、地面承载力大小的特殊要求等。如果展览项目的国际参展商很多,也可以不按专业题材分馆的要求而将其单独安排在一个展区,一般称这个展区为国际馆。按专业题材划分展区,可以使展览项目条理清楚,秩序井然。

2. 要有利于提高展览项目的档次

展区和展位的划分直接影响到参展商和观众对展览项目的印象。如果一个展览项目里的标准展位和特装层次的分布杂乱无章,各种展品的展位相互混杂,即使这个展览项目的规模很大,我们也会认为它档次不高,非常不专业,对它的印象也一定不会很好。因此,展区和展位的划分要有利于提高展览项目的档次,使参展商和观众首先从外观上对展览项目能产生好的印象。

3. 要有利于观众的参观

展区和展位的划分,要使对某类商品感兴趣的目标观众很方便地找到展出该类展品的所有展位,该展品有关联的产品也能在相邻的展区里找到。给观众方便就等于是在提高展览项目的影响力,促进展览项目成交量的提高,提高展览项目在观众心目中的地位。

4. 要有利于提高参展商的展出效果

展区和展位的划分对参展商的展出效果有直接的影响,展区和展位的划分既要符合展品的特点,也要考虑到展位的搭装效果,还要考虑到方便观众参观和集聚。

5. 要有利于展览项目现场管理和现场服务

展区和展位的划分要注意到展览场地的充分利用,最好不要有闲置的展览死角;展区和展位的划分要注意展馆消防安全,要便于遇到紧急情况时及时疏散人群;展区和展位的划分要方便展位的搭装和拆卸,方便展品的进馆和出馆。

划分好展区和展位以后,要按一定的比例将它绘制成展位平面图,并在图中标明各展区和展位的具体位置,标明展馆各出入口、楼梯、现场服务点等,以便参展商在选择展位时能更好地做出选择。展位平面图是展览项目招展时需要经常使用的主要资料,在绘制时一定要准确、细致,图标和线条要清楚,使人一目了然。

(三) 展位样式

1. 标准展台类型

室内一般标准国际摊位为:3m×3m,提供的标准配置一般包括一台、一桌、两椅、两射灯(或日光灯),一个 5A/220V 的插座,一个纸篓,三面围板(见图5-5)。

(1) 道边型展台,也称单开口展台,它夹在一排展位的中间,观众只能从其面前的过道进入展台内,这种类型的展位租金最低,中小企业在选择这类展台时要注意它的位置,优先挑选位于洗手间、小卖部、快餐厅、咖啡屋附近的展台,这些地方是展览项目人流密集的区域,易于参展商捕捉商机。

(2) 墙角型展台,也称双开口展台,它位于一排展台的顶端,两面邻过道,观众可以从它前面的通道和垂直于它的过道进入展台。墙角型展台与道边型展台相比,面积相同,但多出一条观众进入展台的侧面过道,因而观众流量较大,展示效果相对较好,当然租金也要比道边型展台高出 10%~15%。

2. 空地特装展位类型

室内或室外空地一般不提供任何配置,如有需要可向主场搭建商提前预订或现场租赁,一般企业自行进行特装修时选用。

(1) 半岛型展台,观众可从三个侧面进入这种类型的展台,其展示效果要比前两种好一

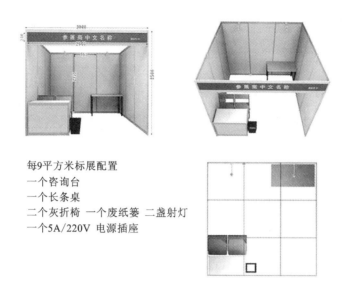

每9平方米标展配置
一个咨询台
一个长条桌
二个灰折椅 一个废纸篓 二盏射灯
一个5A/220V 电源插座

图 5-5　标准展位图

些,企业在选择这种展台时,应该配合做好装修才能达到满意的效果。

（2）岛型展台,它在四种类型的展台中租金最高,它与前三种类型的展台不同,观众可以从任意一个侧面进入展台内,因而更能吸引观众的注意力。这类展台展示效果好,因而设计起来要更为精心,搭建费用相对较高,它是大型企业参加展览项目的首选。

二、展览产品定价

建立合理的招展价格体系是招展策划的一项重要工作,对参展商的参展决策具有重要影响。如何制定合理的招展价格,运用招展价格体系形成多种促销手段,是展览营销研究的重要课题。在我国展览营销的组织工作中,招展价格体系主要由招展价格、价格策略和促销战术三个部分组成,如图 5-6 所示。

在展览的展位销售过程中,科学地为展览的展位制定适当的价格,不仅可以提高展览营销的市场竞争力,还可以减少参展商的成本,使展览与参展商实现合作双赢,对展览长远发展十分有利。招展价格过高,将会影响到参展商的参展积极性,招展价格过低,会影响展览的收入,降低展览组织者的办展热情。因此,合理的招展价格体系,是实现展览营销和展览效益同步增长的重要助推器,是展览整体策划的重要内容。

（一）招展价格制定

招展价格须以展览盈亏平衡价格标准为根本,在确保展览不亏损的情况围绕两个目标：最大程度扩大盈利和摊销展览组织成本。以下是几种基本分析方法。

1. 结合展览发展阶段定价

展览如同产品,具有与产品相同的特质及四个不同的发展阶段,即培育期、成长期、成熟期和衰退期,在不同阶段参展商的构成也不相同。

（1）培育期。展览尚处在市场竞争的劣势,知名度不高,行业内对展览认知有限,参展商构成以小型企业为主,展览是以保本或微利方式运行,因此,招展价格定位不宜太高。

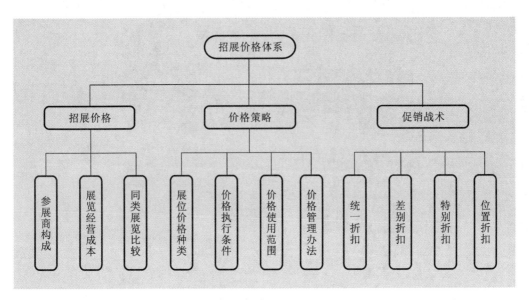

图 5-6 招展体系构成

(2) 成长期。展览在行业内形成一定的知名度,具有一定的市场竞争力,参展商构成发生变化,中小型企业参展热情提高,展览规模迅速扩大,招展价格可相应提高。

(3) 成熟期。展览在市场上的地位基本稳定,参展商构成多元化且数量也基本固定,展览规模基本定格,展览的招展价格与其他竞争展览的价格也基本固定,不宜变动。

(4) 衰退期。展览竞争力开始减弱,大中型参展商开始逐渐减少,展览规模萎缩,根据这一阶段的参展商构成,展览的招展价格应该较低,以调动参展商的参展积极性。

综上所述,展览各个不同时期的参展商构成是不同的,展览组织机构应在制定展位销售价格时充分考虑以上不同展览所处不同时期而对展览招展价格所产生的影响。

2. 分析展览题材行业发展状况

展览题材所在行业的状况主要是指该行业平均利润率的大小和该行业的市场发展状况。行业平均利润率的大小决定了该行业所属企业可能的盈利水平和支付能力。如行业平均利润率较小,那么,该行业的企业的盈利水平和支付能力可能也不高,这时,如果展览的招展价格定得过高,参展企业将无法承受而放弃参展;反之,展览的招展价格就可以相应地定得高一些。

3. 分析经营成本确定价格目标

展览一般有五种定价目标,即利润目标、市场份额目标、价值目标、质量优先目标和生存目标。这些目标的本质都是基于展览的经营成本而言的。不同的价格目标,展览的招展价格也不尽相同。而质量优先目标则可考虑以提高服务水平,高质高价的方法来确定展览的定价。

4. 充分考虑竞争需要的定价策略

在制定招展价格时,要充分考虑那些与本展览有竞争关系的同类展览的价格状况,要充分评估本展览在市场上处于什么样的地位,是处于市场领先地位还是处于跟随地位。如果是前者，就可以将价格稍微定得高一些；如果是后者，就必须将价格定得低一些。国际展览组织机构在开发新的展览项目时往往会仔细分析整个展览市场及展览所代表的行业发展趋势，并通过收集竞争对手的各种资料与信息，进行周密的分析，通过顾问与决策团队的反复酝酿，最终确定具有较强竞争力的定价标准。

5. 考虑展览的价格弹性

所谓价格弹性，是指当展位价格每变动1%时，展位销售量变动的大小，它是用来表示招展价格的变动对展位销售量影响大小的参数。如果展览的价格弹性较大，展览招展价格的降低就会引起展览展位销售量的大增；如果展览的价格弹性较小，展览招展价格的降低对展览展位的销售就不会产生什么影响；如果展览的价格弹性为负数，那么，展览的价格的降低不仅不会促进展览展位的销售，反而会使展览展位销售量大幅下降。因此，展览招展价格的高低，不是随意确定的，展览组织者还必须考虑展览价格弹性对招展价格的影响和作用。

上述各因素往往互相牵制，彼此影响，如果只考虑某一方面而忽视其他因素，展览的招展工作就会因此而受到影响。

(二) 展览定价的方法

展览组织者一旦确定了切实可行的定价目标后，基本可采用以下三种(国内外展览组织机构经常使用)具体的定价方法，即成本导向定价法、需求导向定价法和竞争导向定价法。

1. 成本导向定价法

以展览组织成本作为展览定价的基础。展览组织成本包括固定成本和变动成本两个部分，而单位展位(或单位面积)的成本需要根据项目财务分析所预测的展位销售量来推算。三种成本导向定价分别如下。

(1) 成本加成定价。在单位展位成本的基础上附加一定的加成金额作为展览组织者收益的一种定价方法。有两种计算方式：一种是在成本上附加一个对成本而言的百分数作为单位展位的出售价格；另一种是在展位售价中包含一定的加成率作为展览组织者的收益。

(2) 边际成本定价。边际成本是指展览增加一个展位时所增加的成本，边际成本定价法是在展览增加展位所引起的追加成本的基础上来制定展览价格。

(3) 目标利润定价。在制定展览价格时，使展位的售价能保证展览组织者达到预期的目标利润率。目标利润定价依据展览组织的总成本来定价，而成本加成定价法则依据单位展位的成本定价。

2. 需求导向定价法

主要是从参展商的角度出发，着重考虑参展商对展览价格的期望和接受程度，并根据参展商对展览的反应和接受能力来制定展览价格。三种需求导向定价分别如下。

(1) 市场价值定价。以参展商对展览的认可程度和认可价值，而不是以展览组织成本为定价基础的一种定价方法。展览组织者首先通过市场调查来研究该展览在参展商心目中所形成的价值，然后制定价格。

(2) 需求差别定价。根据市场需求强度的不同而定出不同的价格，所定的价格的差别与展览展位成本之间没有直接的关系。按需求差别来定价有多种形式：其一，以顾客为基础的差别定价，如对大的参展商，由于所需展位面积大，其价格就可以比小的参展商的展位价格低一些;其二,以展位区域为基础的差别定价,如优地优价;其三,以时间为基础的差别定价,如展位订得越早价格就越优惠就是一种典型的办法。

(3) 需求心理定价。根据目标客户的消费心理特点来确定展览价格的一种办法。在长期的消费实践中,由于价格与质量、价格与支付能力之间存在着密切的关系,目标客户形成了多种与价格有关的消费心理,这些消费心理可以成为定价的基础。例如,根据目标客户的"按质论价"心理,展览组织者可以根据自己的良好声誉提高展览的价格。

3. 竞争导向定价法

根据竞争的需要,以与展览有竞争关系的同类展览的价格作为展览定价基础的一种定价办法。采取这种方法给展览定价时,展览组织者必须考虑自己在竞争中所处的地位,以确保该价格是在加强而不是在削弱自己在市场竞争中的地位。三种竞争导向定价分别如下。

(1) 市场定价。展览组织者依照本题材展览或者是本地区展览的一般价格水准来制定本展览价格的一种方法。采用随行就市定价法,展览组织者需要控制好办展成本,只有努力控制成本,才能在流行的价格水平上获取更多的利润。流行价格水平只是展览定价的参照系数,展览的价格水平需根据展览品牌与办展的质量来衡量。

(2) 渗透定价。以打进新市场或者是扩大市场占有率、加强市场地位为目标的一种定价方法,这种定价方法,完全根据市场竞争形势的需要,不考虑办展的成本、利润等问题。

(3) 投标定价。展览组织者以竞争者可能的报价为基础,兼顾自身应有的利润所采用的一种定价办法。投标定价法在有些展览的主办权需要通过投标的方式来取得的时候被广泛采用。

(三) 招展价格的折扣

在展览的现实操作过程中,给予参展商一定的价格折扣,是非常常见的一种促销策略,常见的价格折扣有以下几种。

1. 统一折扣

所有的参展商都适用于统一的折扣标准。这种折扣标准通常是按参展商参展面积的大小来制定的。参展面积越大,所得到的折扣也越大;当参展面积达到一定的规模时,折扣不再增加,也就是有一个折扣上限。

例如,某电子产品展览的统一折扣标准如下。

(1) 参展面积为 2 个标准展位/(18 平方米)及以下时,不给予任何折扣。

(2) 参展面积为 3~5 个标准展位/(27~45 平方米)时,给予 5% 的折扣。

(3) 参展面积为 6~8 个标准展位/(54~72 平方米)时,给予 10% 的折扣。

(4) 参展面积为 9~11 个标准展位/(81~99 平方米)时,给予 15% 的折扣。

(5) 参展面积达到 12 个标准展位/(108 平方米)及以上时,给予 20% 的折扣。

2. 差别折扣

针对不同的标准执行不同的价格折扣。例如,按参展商的地区来源不同,分别给予不同的折扣,或者对标准展位和空地展位执行不同的折扣标准等。这种折扣办法一般不会引起招展价格的混乱。

3. 特别折扣

通常给予那些参展规模巨大、在行业内有较大影响力和知名度的企业特别价格优惠。行业知名企业参展对于提高展览的档次和影响力、促进其他企业参展选择有重要影响,它们参展的面积一般也比较大。为了吸引这些企业参展,展览组织者一般会给予它们特别的价格优惠,也就是针对它们专门制定一个特别折扣标准。特别折扣只适用于少数行业知名企业,对于一般企业不适用。

4. 位置折扣

针对展馆内场地位置的优劣而制定的折扣标准。同一个展区内不同的展位其位置有好有坏,为了避免相对较差的位置无人问津,对这些较差的位置可以给予较多的价格优惠。

在展位营销过程中,价格折扣如果执行得好,会对展览招展有较大的促进作用,对展览的发展也会带来良性循环。但是,如果执行得不好,价格折扣往往会引起展览价格体系的混乱,对展览招展产生十分不利的影响。

(四)执行招展价格时应注意的问题

展览组织机构应尽量避免在招展过程中出现价格混乱现象的产生。不管何种原因所引发的展览招展价格混乱现象,无论对当届展览还是对展览品牌的长远发展,都会产生不利于展览战略目标实现的消极影响。引起招展价格混乱的原因很多,有价格折扣制定不科学的原因,也有展位促销策略方面的因素,甚至因展览招展代理而引起的案例也屡见不鲜。因此,展览组织机构需在招展中采取有效措施保证招展价格的严格执行,有以下几种方法。

(1)严格执行价格及价格折扣标准。

(2)加强对招展代理的价格管理。

(3)避免在招展末期低价倾销展位。

(4)严格控制折扣价格的适用范围。

三、展览销售渠道

(一)展览营销渠道的含义

展览销售渠道是指将展览产品从办展机构转移到参展商手中的渠道。在这个转移过程中,并非仅仅与办展机构有关系,还涉及政府、参展商、代理商、行业协会、专业观众,甚至包括许多媒体。与其他商品的销售类似,展览组织者仅仅依靠自己的力量通常无法接触到所有目标市场,只有依靠与中间商的合作,才会取得更好的销售效果。

(二)展览营销渠道的类型与特点

1. 展览营销渠道的类型

1)按展览销售环节多少划分

按展览产品从办展机构转移到客户手中是否经过中间商环节,展览销售渠道可分为直接渠道和间接渠道两种,两种类型各有利弊,具体关系形式如图5-7所示。

(1)直接渠道。

直接渠道又称直复营销,它是一种不通过中间商环节,办展机构与目标客户之间能互动交流的一种营销方式。其主要特点为办展机构与客户的交流是互动的、没有中间环节的,营

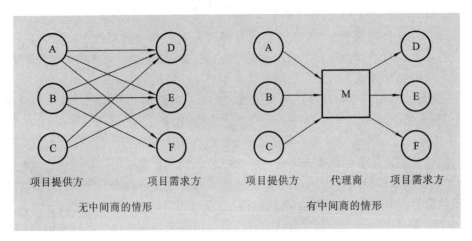

图 5-7　展览销售的直接渠道与间接渠道

销对象是明确的,营销效果是具体可测的等。主要方式有直邮营销、电话营销、展览项目现场推广、直接上门拜访、网络营销等。

直接渠道的优点有:不经过中间环节,不需要中间流通费用,从而有利于降低展览产品的成本;组展商与参展商直接沟通,信息交流充分,有利于减少价格、展位划分等方面的业务冲突。

直接渠道的缺点有:受制于本企业资源状况,市场渗透的速度慢,有可能导致潜在的目标市场无力挖掘;不利于调动庞大的社会资源为本企业的市场开发服务。

(2) 间接渠道。

展览销售的间接渠道,是指通过中间商向目标客户销售展览产品的通道。采用间接渠道是办展机构借用外部力量做大、做活、做强展览项目的一种重要手段,是展览销售渠道不可或缺的重要组成部分。

间接渠道的优点有:有利于突破组展企业的自身资源限制,从更广阔的层面上调动企业外部力量为本企业的市场开发服务,从而提高本企业的市场渗透速度。

间接渠道的缺点有:经过中间环节进行销售,需要向中间商支付费用,从而提高了展览产品的成本;组展商与参展商之间通过第三方进行沟通,可能导致信息失真,从而带来业务协调方面的冲突。

2) 按展览销售流通环节的级别划分

根据展览产品从组展商到参展商需要经过的流通环节多少的差异,可以有以下几种类型(长短渠道)。

(1) 零级渠道:直接渠道。

(2) 一级渠道:一个中间机构。

(3) 二级渠道:批发商、零售商两个销售中间机构。

(4) 三级渠道:批发商、中转商、零售商三个销售中间机构。

3) 按展览销售中间商数量划分

按照组展商在同一区域内选择的中间商数量划分,可分为窄渠道和宽渠道。

(1) 窄渠道。

窄渠道指通过组展商在某一特定区域内利用唯一的中间商进行招展。

窄渠道的优点有：容易建立相互信任的合作关系，有利于维护网络；可以避免同一区域内多家中间商相互竞争而带来的市场混乱，避免对中间商的承诺不一致而带来不必要的麻烦。

窄渠道的缺点有：对中间商的依赖度高，因中间商的工作能力和工作态度而影响招展工作。对唯一的中间商要进行资质、市场开拓能力、以往业绩等的严格考核。

(2) 宽渠道。

宽渠道指通过组展商在某一特定区域内利用两家或两家以上的中间商进行招展。

宽渠道的优点有：可以通过多家中间商占有的市场资源，扩大组展商在目标区域的市场占有能力；不会因某一家中间商的工作态度和能力而直接影响招展工作，取长补短。

宽渠道的缺点有：往往难以协调好中间商之间的利益关系，加大组展商营销网络维护的难度；有可能导致同一区域的中间商进行恶性竞争，做出不一致的价格和服务承诺，影响组展商的信誉。

4) 按展览销售的分销主体类型划分

按照参与展览产品分销主体的类别划分，可分为中间商、合作者。

(1) 中间商。

中间商是独立的法人企业，专门从事展览代理业务，以获取佣金为最终目的，职业水平较高。

(2) 合作者。

合作者是举办展览过程中以合作单位、支持单位等名义出现的政府部门、行业协会、媒体机构等。

2. 展览营销渠道的特点

(1) 从渠道长度来看，展览产品销售以组展商面对参展商的直接销售为主。

(2) 从渠道宽度来看，在同一区域内以独家代理的窄渠道为主。

(3) 在中间商的销售合作中，以代理业务为主。

(4) 隐性代理与显性代理相结合。

(三) 展览代理商的选择与管理

展览会组织者与中间商的合作方式有两种：代理和包销。间接渠道最主要的形式是展览代理制，是指办展机构制定销售代理商协助推介展览产品的方式，展览代理制是展览间接销售渠道的有效手段，可增加办展机构的业务网络，扩大业务辐射范围，提高办展规模，强化展览项目的影响力。根据展览项目的需要，展览代理制形式主要有独家代理、一般代理和承包代理。决定展览会招展与招商工作是否顺利完成的关键是组展商是否能够建立一支稳定、高效的代理商队伍。

(四) 展览产品促销策略

促销是促进销售的简称，是为了提升展览项目形象，扩大展览项目销售额或销售量所采取的多种形式和策略。促销的本质实际上是办展机构与参展商或观众之间的一种沟通方式和互动机制。促销组合是指将展览产品的各种促销方式有机结合起来,综合运用,达到展览项目营销目的的技巧。

展览产品促销组合的方式很多,归纳起来主要有广告促销、公共关系促销、销售促进、展览关系营销、展览网络营销等。展览项目促销一般都是几种方式组合使用,若单纯只使用一种促销方式,其效果就会大打折扣,而把几种促销方式结合起来使用,即所谓促销组合。

1. 广告促销

广告促销就是办展机构借助于各类媒体传播展览项目的相关信息,达到推销目的的一种策略。广告促销流程是指为了使展览项目广而告之,办展机构确定的展览项目广告推广步骤。

2. 公共关系促销

从展览项目促销角度理解,公共关系是指办展机构运用各种传播手段,通过双向的沟通,在社会公众中树立展览项目良好的形象,以取得公众的理解、支持和信任,从而实现展览项目目标。展览项目公共关系主要是由办展机构、社会公众和传播路径三大要素构成。

3. 销售促进

销售促进又称营业推广或促销,是指办展机构为了在一定时间内刺激需求、提升展位销量而采取的各种措施。展览促销的意义是解决展览产品供给与需求之间信息不对称问题;目的是让潜在客户全面系统地了解展览产品信息,将欲望转化为购买行为。展览项目销售促进的对象主要有三类,即参展商、中间商和展览项目营销人员。

知识活页

表 5-2 所示为几种展览促销方式及特点。

表 5-2 展览促销方式及特点

展览促销方式	特 点
招展函	信息应明确,尽量突出展览项目的特色,以信件的方式直接寄送给厂家、商家或者相关人员
会刊	展览项目的参展商、投资商名录及对其产品的介绍,还会空出专门版面来给商家做广告,一般是在展览项目前后免费向参展或观展人员发放,以便于日后的联络
展览网站	外界了解展览的最主要的宣传工具,其主要特点是信息容量大、传播范围广、更新快,所有关于展览项目的信息基本上都可以在展览网站上找到
媒体广告	充分利用广播、电视、报纸、杂志、网络广告、邮件广告、直接邮寄广告和户外等媒体开展广告宣传
展览项目活动策划	活动应与特定的展览项目主体联系起来,同时可以结合展览举办地的文化习俗、风尚礼仪以及展览参加者的生活与消费形态。例如,展览期间举办各种论坛、峰会,邀请业内知名人士和政府官员,吸引新闻媒体及行业内外人士的关注

4. 展览关系营销

展览关系营销是把营销活动看成展览企业与消费者、供应商、竞争对手、政府机构和社会组织发生互动作用的过程,其核心是建立与这些公众的良好关系,其基本内涵主要包括保持客户、锁住客户、数据库营销、承诺与信任等。

在传统的营销理论中,营销组合理论占据一个非常重要的位置,它告诉营销者可以采用哪些手段进行营销活动。根据中国传统文化中人际关系的处理方法,我们提出了展览关系营销组合的概念,即予法、借法、化法、合法和信法在展览活动中的综合运用。这五种方法不仅可以用于强化已有的客户关系,而且还可用于开发新的客户关系。

(1) 予法。予法即给予之法。根据社会交往原理,展览企业在与客户交往中按照相互性原则处理与其客户的关系。

(2) 借法。借法即借用、利用之法。予法是展览企业自己出钱、出力,建立各种互惠关系;借法则是展览企业借用他人之资、他人之力,建立一个互惠关系网。借法可再分为借力、借名和借势。

(3) 化法。应用予法与借法的前提是,予者与被予者之间、借者与被借者之间存在相生与相容关系。若双方是相克关系,就不能简单地应用上述方法。化法则是一种有效的方法。化法,就是展览企业将相克关系转化为兼容关系,具体方法主要有两种:一个是"威逼利诱",另一个是"风雨同舟"。

(4) 合法。予法、借法和化法,都是以物质利益为出发点处理一个企业或组织面对的各种关系。合法则是利用非物质的东西,如共同的经历、信仰、价值观、种族或民族、历史等,建立、维护或巩固欲求的关系。社会心理学也认为,当人们相信他们与另外一个人之间有某种关系或某种缘分时,不管这种关系或缘分多么不起眼,也会影响他们对这个人的态度和行为。

①亲缘。亲缘指宗族亲戚关系,包括血亲、姻亲和假亲(如金兰结义、桃园结义)。

②地缘。地缘指邻里、乡党关系,即通常所说的"大同乡"和"小同乡"。

③业缘。业缘指同学、同行关系。

④物缘。物缘指以物为媒介的关系,如共同喜好某一种东西,即所谓的"物以类聚,人以群分"。

⑤神缘。神缘指宗教信仰关系,如共同信奉某种宗教。

这五缘基本上概括了合法可以利用的各种关系。合法的真谛在于利用关系,建立、维护和发展关系。

(5) 信法。所谓信法,即取信于人,以求建立长久的合作伙伴关系。取信的方法有很多,如通过共同的利益、共同的价值观,通过加强沟通与联系,通过减少使用强权和"搭便车"行为等。

5. 展览网络营销

展览网络营销是以国际互联网为媒介,以现代信息技术为手段进行展览营销的一种营销理念或方式。与传统的营销方式相比,展览网络营销的优势明显,特点突出,包括全球性、交互性、无形性、便利化、个性化、互联性、标准化、效益化、整合性、技术性等。

第三节 展览项目招展和招商管理

一、展览项目招展管理

展览项目招展,是在招展策划的基础上为展位营销而制定的具体执行方案,招展方案是展览项目招展工作的整体规划与总体部署,它是展览项目策划诸多方案中的核心方案之一,对展览项目的招展工作有着重要的影响。

编制展览项目的招展方案,要在全面掌握市场信息的基础上,结合展览项目的定位,参与展览题材所在行业的特点,对各项招展工作进行统筹规划和科学安排。

(一)展览项目招展考虑因素

1. 考虑产业分布特点

从宏观上介绍和指出展览题材所在的行业在全国的分布特点,指出各地区的产业发展状况,介绍该产业的企业结构状况及分布情况,这些内容是制定招展方案的重要依据。

2. 考虑展区和展位划分

介绍对展区和展位的划分和安排情况,并附上展区和展位划分平面图,展区和展位的合理划分,要结合展览项目的展览题材和展览项目定位。

3. 考虑招展价格

列明展览项目的招展价格及制定该价格的依据,招展价格是招展方案的核心内容之一,也是对招展工作有重大影响的因素之一。

4. 考虑招展函的编制与发送

介绍招展函的内容、编制方法和发送范围与方法。在做招展函的编制计划时,要考虑招展函的印刷数量、发送范围和如何发送等问题。

5. 考虑招展分工

对企业的招展工作分工做出安排,包括招展单位分工安排,本单位内招展人员及分工安排,招展地区及分工安排。展览项目的招展单位一般不止一个,各单位招展工作混乱和招展地区出现交叉是展览项目招展工作中的大忌,展览项目招展分工涉及两方面的内容,即各招展单位之间的分工安排和本单位内招展人员及其分工的安排。

1) 各招展单位之间的分工安排

当展览项目是由几个单位共同负责招展时,我们必须明确各招展单位之间的分工,如各招展单位必须共同遵守的招展原则、各招展单位的计划招展面积、各单位负责的招展地区和重点目标参展商、展位费的收取办法、如何具体安排各参展商的具体展位等,对各招展单位的招展工作进行分工,是保证展览项目顺利招展的重要手段之一。

对各招展单位之间的招展分工必须合理、协调和具有可操作性,并兼顾各方面的利益,如果分工不合理,有些单位就会缺乏招展的积极性,或者有些招展任务根本就是某些招展单位力不能及的,这些将严重影响展览项目的整体招展效果,如果分工缺乏协调性,就可能使各招展单位之间缺乏沟通,信息不通畅,会出现几个招展单位同时争抢同一家目标参展商的混乱局面,如果分工缺乏可操作性,招展分工就会失去约束力,成为纸上谈兵,如果分工没有兼顾各方面的利益,就可能出现各招展单位竞相压价招揽企业参展的不利局面,总之,对各招展单位分工一定要结合各单位的招展实力,充分发挥各单位的优势,做到优势互补,各方共赢,共同圆满完成展览项目的招展任务。

2) 本单位内招展人员及其分工安排

不管展览项目的招展工作是由几个单位共同负责,还是只由本单位一家负责,招展单位都要对本单位的招展人员及其分工做出安排,首先,要确定招展人员名单,其次,要明确各招展人员负责招展地区范围和重要目标客户名单,再次,要制定各招展人员的信息沟通和工作协调方法,最后,制定统一安排展位的措施。

和不同单位之间的招展分工一样,单位内招展人员之间的分工也要注意发挥各自的特长,统筹协调,要避免在招展过程中出现招展任务不明确,跟进措施不力,彼此信息不通等现象。

6. 考虑招展代理

展览项目代理是办展机构借用外部力量来做大做活招展业务的一种有效手段,它可以增加招展单位的业务网络,扩大业务规模,提高经济效益,要尽可能地保证代理商的资质可靠,因为只有可靠的代理商才能切实地履行其职责。主要工作包括对展览项目招展代理的选择、制定和管理等做出安排,对代理佣金水平及代理招展的地区范围与权限等做出规定。

1) 招展代理形式

根据展览项目的需要,展览项目的招展代理有以下四种形式。

(1) 独家代理。在某一时间内将某一地区的招展给某一家代理商独家负责,在该地域内不再有其他的代理商为本项目代理招展,本招展单位也不得在该地域内招展,独家代理的业务范围较大,但一般要承诺完成一定数量的招展任务。

(2) 排他代理。赋予代理商在某一地区一定时间内的招展权,在该地区内不再有其他代理商为本项目招展,但本招展单位可在该地区招展,国外代理一般可采取这种形式。

(3) 一般代理。在同一地区同时委托几个代理商作为本招展单位的招展代理,本单位也可在该地区招展,但须明确各代理单位的招展权限,采用此种方式时,代理条件必须统一、明确。

(4) 承包代理。代理商承包一定数量的展位,不论能否完成约定的展位数量,代理商都得按商定的展位费付给本单位。

2) 招展代理主体类型

公司、相关协会和商会、有关媒体、个人、国外驻华商务处、贸易代表处和公司等都可能成为招展代理,为保证代理的资质可靠,在确定某一机构为代理商前必须对其资质进行考察,只有符合条件的才能被正式确定为代理。

(1) 公司。对于从事代理招展的公司,要考察其过去的代理业绩、其所熟悉的行业和业

务范围、业务覆盖地域、营业执照(包括发证单位和有效期等)、人员数量、业务规模、办公地点及负责人等。

(2) 协会和商会。主要考察其成立时间和实力、影响力覆盖的地域、在行业内的权威性、对行业内企业的感召力和影响力等。

(3) 媒体。主要考察其发行量的大小、发行覆盖的地域、在行业内的权威性、对行业内企业的感召力和影响力等。

(4) 个人。请个人代理尤其要加强考察其可靠性和信誉度,而且要着重考察并核实其身份、经历、业务能力和道德品质。

(5) 国外代理。考察其业绩、公司注册证件、个人有效证件及实力等,必要时可通过我国驻国外商贸处、贸易代表处和公司协助了解。

3) 招展代理的聘用及其代理期限

在确定了代理后,聘用代理的程序一般如下:第一,取得必要的证明资料,对代理商进行资质验证,确定代理商的资质可靠;第二,展览项目的项目经理或业务员初步与代理商议定代理条件,项目总监或经理审查代理条件;第三,公司负责人批准代理条件,签订代理合同。

(1) 代理商的权利与责任。按照合同规定收取佣金;从办展机构获取招展必需的完整资料;享受办展机构及代理商的宣传推广支持;在规定的时间内预订的展位能得到保证。

(2) 代理佣金。支付给代理商的佣金要根据代理形式、代理期限的长短、代理商的业绩水平等来综合确定。办展机构给予代理商的佣金和准许代理商给予参展商的折扣要分开,给予参展商的折扣由办展机构来决定,以免引起招展价格的混乱。

独家代理、排他代理和一般代理的代理佣金,一般按办展机构实收到的、由该代理商招来的参展商所交的参展费的总额的15%~20%的比例提取;承包代理的佣金一般要高一些,如25%或更高,承包代理一般在完成承包展位数量后才可以提取佣金,为鼓励代理商的招商积极性,给代理商的佣金可以采取累进折扣制,即按照展位的不同数量给予对应的佣金比例,佣金比例的拉开可按该项代理佣金的比例浮动5%~10%计算。代理佣金支付的时间和方法,可根据具体情况分别采用以下办法。

第一,定期结算,定期支付,按季度或月度结付,提取佣金的基数以实际进入办展账户的展位费为准。

第二,逐笔结算,汇总支付,代理商每促成一笔交易,办展机构收到由该代理商招来的参展商的参展费用后即与之结算,但到规定的时间才支付。

第三,逐笔结算,逐笔支付,代理商每促成一笔交易,办展机构收到由该代理商招来的参展商的参展费用后即与之结算并支付本笔交易的佣金。

无论采用何种结算支付形式,都必须规定由此引起的营业税和个人所得税扣缴办法。

7. 考虑招展宣传推广

招展宣传推广是为促进展览项目更好地招展而有目的、有针对性地举行的一些宣传推广活动,这些宣传推广活动是围绕着展览项目招展基本策略和目标制定的,有很强的协调配合性,在招展方案里,我们要提出招展宣传推广的策略、渠道、时间和地域安排等。

(1) 招展宣传推广的策略,包括宣传推广的出发点、主题、亮点、突出展览项目的个性化特色,从客户出发,处处体现客户利益。

(2) 招展宣传推广的渠道,可以根据招展实际工作的需要,选择召开新闻发布会、在专业和大众报刊上做广告、向有关人员直接邮寄展览项目资料、在国内外同类展览项目上直接推广、通过有关协会和商会宣传推广、利用外国驻华机构和我国驻外机构宣传等多种渠道进行。

(3) 宣传推广的时间和地域安排,招展宣传推广在时间和地域的分布和安排上要注意与招展实际工作紧密结合,并且要走在招展实际工作的前面,为招展工作造声势,增加知名度,宣传推广在时间上要连贯,要有统一的理念和策略指导,在地域上要因地制宜但又不彼此冲突。

展览项目宣传推广是展览项目策划和营销活动中的一项重要内容,除招展宣传计划外,它还包括展览项目整体形象宣传推广和招商宣传推广。

8. 考虑展位营销办法

提出适合本展览项目营销的各种渠道、具体办法及实施措施,对招展人员的具体招展工作做出指引。

9. 考虑招展预算

对各项招展工作的费用支出做初步预算,以便展览项目及时、合理地安排各种所需要的费用支出。

10. 考虑招展总体进度安排

对展览项目的各项招展工作进度做出总体规划和安排,以便控制展览项目招展工作的进度,确保展览项目招展成功。

所谓招展进度计划,就是在招展工作开始实施之前,就对招展工作及其要达到的效果进行统筹规划,事先安排好什么时候该开、开展什么样的招展活动、采取什么样的招展措施、在什么阶段招展工作要达到什么样的效果、完成什么样的任务等,有了招展进度安排,就可以对展览项目招展工作进行总体控制和监督,及时对照检查,发现问题,调整策略,使招展工作能更顺利地完成,从而保证展览项目成功举办。

招展进度安排一般应用表格的形式来表现,有了一张招展进度计划表,就可以有条不紊地按计划开展招展活动,并对招展效果及时做出检查,如果发现没有达到招展阶段性目标,则及时采取补救措施,促进招展任务的顺利完成。

(二) 招展书的撰写

招展书的撰写有一定的模式,但所用的语言可以是丰富多彩的,撰写者有广阔的想象空间。一份招展书的基本内容由展览项目简介、展览项目组织者、专业设置、历史业绩、参展收费标准、展览项目宣传和专业观众组织、服务项目、其他有关事项等几个部分组成,下面对这些部分作简要介绍。

1. 展览项目简介

简介是用简洁的语言,对展览项目作一个轮廓性的描绘,它要向参展商简要地说明展览项目的宗旨、层次水平、功能和发展前景等。

2. 展览项目组织者

展览项目组织者即举办单位,因为我国对国际展实行主办单位资格认定制,即只有国家

有关部门认定的机构,才有权主办国际展,因此,在我国有主、承办单位之分。没有主办资质的机构只能做承办单位。

除了主、承办单位外,还有一些其他相关机构协助展览项目的举办。

3. 专业设置

所谓专业设置就是展览会的展览分类和范围。在招展书中说明专业设置时要告知展览的内容,潜在的展商可以据此决定是否前来参展。

4. 历史业绩

说服潜在参展商的最好方法就是向他们介绍历届展览成功举办的情况。完整的历史业绩介绍应该包括以下几个基本数据。

(1) 上届(或历届)展览会参展企业情况。

(2) 上届(或历届)展览会参展企业分布情况。

(3) 上届(或历届)展览会专业观众到会情况。

(4) 上届(或历届)展览会专业观众在展览会中可观看动态。

(5) 上届(或历届)展览会成交情况或业绩等。

(6) 上届(或历届)展览会参展商或专业观众对展览会的评价等。

在介绍历史业绩时若能用图表说明,则效果会更好。

5. 参展收费标准

参展收费即展览空间出租费,这是展览举办方的基本收入,当然也是参展商的基本支出,必然是潜在展商关心的部分。关于如何定价,本章第二节已经介绍,不再重复。

6. 展览项目宣传和专业观众组织

前面已经说明潜在的参展商是十分在意展览项目的专业观众的,因为专业观众是企业产品潜在的买方,所以,招展书中应该说明展览项目组织机构招商工作的打算和实施方案,包括通过什么渠道、什么方式组织专业观众。

7. 服务项目

展览项目期间展览组织者将向参展商提供各种服务。这些服务非常重要,离开这些服务,参展商工作将无法展开。同时,服务是一种竞争手段,组织者提供的服务越多,对参展商吸引力越大。在招展书中,应向参展商明确说明哪些项目是免费服务,哪些项目是收费服务。一方面使参展商有所计划和准备,另一个方面也能避免出现不必要的纠纷。

8. 其他有关事项

招展书的最后还必须将一些参展的具体事项告诉潜在参展商,如展览的日程安排、与展览组织机构的联系方式,以及参展费用的汇款方式和途径等。日程安排一般分为布展日期、撤展日期、展出日期及每日对外开放的时间。汇款事宜包括汇款对象公司名称、开户银行、银行账号。

二、展览项目招商管理

展览项目招商方案是在展览项目宣传推广策划的基础上,主要为展览项目邀请观众、获得展览项目的资源支持或赞助而制定的具体执行方案。它是在充分了解展览项目展品的需求市场的基础上,合理地安排招商人员在合适的时间通过合适的渠道而进行的展览项目招商活动,是对展览项目招商活动的总体安排和把握,目的是保证展览项目开幕时能够有足够的观众到会参观。

(一) 展览项目招商工作的内容

一般来说,常见的展览项目招商工作包括以下主要内容。

(1) 制定招商方案的依据。
(2) 展览项目招商分工。
(3) 观众邀请函的编印。
(4) 招商渠道和措施。
(5) 招商宣传推广计划。
(6) 招商预算。
(7) 招商进度安排。

(二) 展览项目招商工作管理

1. 制定招商方案的依据

这部分一般包括展览项目展品的主要消费市场的地域分布情况和需求情况、展览题材所在行业及其相关产业在全国的分布情况、相关产业在各地区的发展现状、各有关产业的企业结构及分布情况等。这部分内容一定要符合各有关产业的实际情况,准确无误。否则,以此为依据制定的展览项目招商方案就会与实际情况严重脱节,没有可操作性,例如,如果对各产业消费市场的分析有误,招商重点地区的安排就会名不副实,招商宣传的重点地区就会出现偏差,实际招商工作的效果就难以保证。

2. 展览项目招商分工

根据展览项目的实际需要和办展机构的工作计划,对展览项目的招商工作做出分工安排,包括对各办展单位之间的招商分工进行安排,对本单位内招商人员及招商工作分工进行安排,对各招商地区的分工进行安排等。在实际操作中,很多展览项目的办展单位不止一家,为了保证展览项目开幕后有一定数量和质量的观众到会参观,在进行展览项目招商策划时,首先要对展览项目招商进行分工。

1) 办展机构之间的招商分工

展览项目招商工作的效益是服务于整个展览项目的。和展览项目招展不同,展览项目招商工作是一项看不见直接经济效益的工作,办展机构招到观众往往不能直接给它带来看得见的经济效益。展览项目招商工作经济效益的这种隐形和间接性使一些办展机构在策划展览项目整体方案时,往往出现"重招展、轻招商"的错误倾向。为了避免出现这种不利局面,当展览项目是由几个单位联合举办时,我们必须明确展览项目的招商工作是由谁来负责的。如果展览项目的招商工作是由各办展机构共同来负责的,我们就必须明确各办展机构的招商分工。

各办展机构之间的招商分工,包括明确各单位必须共同遵守的招商原则、对各单位负责的招商地区(或行业)和重点目标观众的划分、对招商费用的预算和支付办法的规定、对重点目标观众的邀请和接待安排等。对各单位的招商工作进行分工,是保证展览项目观众数量

和质量的重要手段之一。

2) 本单位内招商人员及其分工安排

对本单位的招商人员及其分工做出如下安排。

（1）明确主要负责招商的人员的名单，明确其主要任务是进行展览项目招商。

（2）明确各招商人员负责的招商地区范围和重点目标观众。

（3）制定各招商人员的信息沟通和工作协调办法。

（4）对重点目标观众要制订统一的接待安排计划。

3) 观众邀请函的编印

此部分主要包括观众邀请函的内容、编印办法和发送范围与方法等。观众邀请函的内容见本章下一节的有关内容。在做观众邀请函的编印和发送计划时，还要考虑观众邀请函的印制数量、发送范围和如何发送等问题。

4) 招商渠道和措施

提出展览项目招商计划使用的各种渠道，以及针对招商渠道计划采取的招商措施。展览项目招商的渠道通常包括专业媒体、大众媒体、有关行业协会和商会、国内外同类展览项目、参展企业、网络代理、各种招商代理、政府有关部门和在展览期间举办活动等。

5) 招商宣传推广计划

招商宣传推广计划包括对配合展览项目招商所做的各种招商宣传推广活动做出规划和安排。

6) 招商预算

对各项招商活动的费用支出做出初步预算，以便展览项目及时、合理地安排各种所需费用的支出。

7) 招商进度安排

对展览项目的各项招商活动进度做出总体规划和安排，以便控制展览项目招商工作的进程，确保届时展览项目有足够数量和一定质量的观众到会参观。

（三）展览项目招商函的写作要求

1. 展览项目的基本内容

（1）展览项目名称。展览项目的名称一般被放在展览项目招商函封面最醒目的位置，展览项目的名称一般用较大的字体。如果展览项目是国际性的，名称还应包括其英文名称。另外，由于展览项目一般较长，为了使用方便，展览项目的名称常常有一个简称，如在广州举办的中国出口商品交易会简称为广交会，英文简称是CECF。

（2）展览项目的举办时间和地点。这部分一般被放在展览项目招商函的封面。举办时间也要放在招商函的内页，只不过封面的举办时间是展览项目的正式展览时间，内页的举办时间往往还要包括展览项目的布展、撤展和对专业及普通观众的开放时间等。举办地点要介绍展览项目场馆所在城市区位、场馆容量和配套设施、出入是否方便及周围环境等条件。

（3）办展机构。主要包括展览项目的主办单位、承办单位、协办单位和支持单位等，有时候还包括展览项目的批准机构，它们一般被放在展览项目招商函的封面。

（4）办展起因和办展目标。简要说明为什么要举办该展览项目以及计划将该展览项目办成什么样,如展览项目计划有多大规模,预计有多少观众等。如果是已经连续举办多次的展览项目,那么对往届展览项目的回顾也是一项必不可少的内容。

(5) 展览项目特色。通常列明展览项目的展品范围,有时候还包括展览项目的展区划分,供参展商做参展决策时参考。

(6) 价格。列明展览项目的各种价格,包括空地价格、标准展位价格、室外场地价格等。对于标准展位,一般还要求对于其基本位置做出详细说明。

2. 市场状况介绍

(1) 行业状况。结合展览项目的定位,对展览项目题材所在行业的状况作简要介绍,如行业生产、销售、进口及发展趋势等。

(2) 地区的市场状况。简要介绍办展所在地区的市场状况,如果展览项目是国际展,那么介绍的"地区"范围就不仅仅是展览项目所在的城市和省份,它可能还包括整个国家及周边国家,如德国的展览项目介绍常常包括整个欧洲大陆。上诉介绍的"地区"范围究竟该包括哪些地区,主要取决于展览项目的定位和市场辐射范围的大小。

3. 展览项目招商和宣传推广计划

(1) 招商计划。简要介绍展览项目计划邀请专业观众和支持、赞助的办法、范围和渠道。如果该展览项目已经连续举办多次,那么,对往届展览项目到会观众的回顾分析将是十分有用的资料。

(2) 宣传推广计划。简要介绍展览项目宣传推广的手段、办法、范围和渠道以及展览项目计划如何扩大其影响的措施等。展览项目宣传推广计划是参展商较关注的项目,要详细列明。

(3) 相关活动。简要介绍展览项目期间将要举办哪些相关活动、各种活动的举办时间和地点以及参展商参加活动的联系方法等。展览项目相关活动的作用是双重的,它既有对展览项目的宣传和辅助作用,也有对参展商的宣传和展示作用,有些参展商因此也乐意参加。

(4) 服务项目。搞好服务是展览项目提高竞争力和吸引力的重要手段之一,招商函要告诉目标观众和支持、赞助单位,如果他们参加将能从展览项目获得怎样的服务,这些服务包括展览项目为他们提供的各种有偿服务和免费服务。

4. 参与方法

(1) 如何办理参与手续。告诉目标观众和支持、赞助单位,如果他们计划参与展览项目,将怎样办理参会手续。

(2) 付款方式。列明展览项目的开户银行、开户名称和账号、收款单位名称,观众购票方式或支持、赞助单位参与展览项目的付款方式。

(3) 参会申请表。预留观众或支持、赞助单位参会申请表,一旦目标观众或支持、赞助单位计划参会,他们就可以填写该表并传真到办展机构。

5. 联系办法

列明办展机构的联系地址、传真、电话、网址和 e-mail 等信息,供目标观众和支持、赞助单位参会联络之用。

6. 相应图表设计

除以上内容外，招商函还会有一些图片和其他图案，如展馆图、展馆周边地区交通图、以往展览项目的现场图片等。如果有需要，有些招商函还对场馆做一些简要介绍。这些图片既可以对展览项目相关情况作进一步说明，也可以起到一定美化招商函的作用。

同步案例 2017第18届立嘉国际机械展招商函（节选）

图5-8所示为2017第18届立嘉国际机械展招商函（节选）。

图5-8　2017第18届立嘉国际机械展招商函（节选）

问题：从此节选的招商函案例中，分析招商工作的要点及文案写作的亮点有哪些？

分析提示：展览项目招商方案是为展览项目邀请观众而制定的具体执行方案，展览项目招商方案邀请的重点观众是那些符合展览项目需要的专业观众，不过，如果展览项目因为需要一定数量的普通观众到会参观也对普通观众开放，这样展览项目招商的对象还要包括普通观众。目前，国内绝大多数展览项目都是既对专业观众开放也对普通观众开放的，其招商的对象自然也要包括这两类观众，为此，展览项目招商方案的内容要兼顾这两类观众。

（四）展览项目招商函设计原则

展览项目招商工作的内容较多，也较繁杂，在编制招展函时一定要对其内容及图片和版面进行仔细的规划和安排，使招商工作在展览项目招展的过程中发挥其应有的作用。一般地，在编制和设计招商函时要遵循以下原则。

1. 内容全面准确

展览项目招商函很多时候是专业观众和支持单位了解展览项目的第一手资料,也是他们最后做出是否参加或支持决策的重要参考资料。

2. 简单实用

招商函的内容要全面准确,但不要拖沓和繁琐,要简洁,让人一目了然。内容要实用,与展览项目招商无关的内容尽量不要写入其中。

3. 美观大方

招展函的版式安排、文字图片等的布局要美观大方,让人赏心悦目。但招展函文字的字体要适合人们的阅读习惯,不要只是为了美观而去追求美观。

4. 便于邮寄和携带

由于招展函一般要通过邮寄或招展人员的携带而传到目标参展商手中,因此,招展函的制作样式要便于邮寄和携带,否则,不但会给招展工作带来不便,还会增加展览项目的办展成本。

(五)展览项目招商函的内容结构

一般规模不大的展览会招展函与招商函基本合一,但层次较高和规模较大的展览会则可以设计专门的招商书(邀请函),招商书的内容包括以下几点。

(1)介绍展览会的概况,主要阐明办展的宗旨和目的。

(2)介绍本展览会历届到会或本届预计到会的重要展商情况。

(3)介绍本展览会期间的活动(论坛)等情况。

(4)有些招商书(邀请函)中还附带做些调查,如参观的目的是采购、收集信息还是寻找合作,观众对展出的哪些专业(或产品)感兴趣等。

一般来说,招商函主要包括以下五个方面的内容。

1. 展览项目的基本内容

(1)展览项目名称。

(2)展览项目的举办时间、地点。

(3)办展机构名单。

(4)办展起因和办展目标。

(5)展览项目特色。

(6)展品范围和价格等。

2. 市场状况

(1)行业状况。

(2)地区的市场状况。

3. 展览项目招商和宣传推广计划

(1)展览项目招商计划。

(2)宣传推广计划。

(3)相关活动服务。

(4)服务项目。

4. 参展办法

(1) 如何办理参展手续。

(2) 付款方式。

(3) 参展申请。

(4) 和办展机构的联系方法。

5. 各种照片和文库

略。

内容提要

本章讲述了展览项目营销管理与实施、展览项目产品营销实施程序与策略、展览项目招展和招商管理等三个部分内容。

首先,介绍了展览营销基础理论,包括市场营销的基础理论、市场营销的理论、展览营销基础。

其次,介绍了展览项目产品营销实施程序与策略,包括展区和展位产品划分(展区和展位划分、划分展区和展位的原则、展位样式)、展览销售渠道。

最后,介绍了展览项目招展和招商管理,包括展览项目招展管理(展览项目招展考虑因素、招展书的撰写)、展览项目招商管理(展览项目招商工作的内容、展览项目招商工作管理、展览项目招商函的写作要求、展览项目招商函设计原则)。

核心概念

市场营销;需要;欲望;需求;交换;交易;展览营销;招展;招商;展览营销产品;展览销售渠道;展览项目招展函;展览项目招商方案

重点实务

展览项目营销管理知识在展览产品营销工作中的运用;熟悉招展与招展工作的步骤与要点。

第六章 展览项目客户关系管理

项目目标

通过本章学习,应当达到以下目标:

职业知识目标:学习和把握展览客户关系管理基础理论、展览客户关系质量管理与维护、展览客户关系管理策略等知识及其在展览项目客户营销与维护工作中的应用;能利用相关知识开展展览客户拓展与维护工作。

职业能力目标:运用本章专业知识,培养对展览项目客户关系管理过程的操作技能,有效地进行展览项目客户营销实施程序与策略、展览项目客户关系质量管理及客户维护程序方案的实践训练,培养展览项目客户关系管理的专业技能。

职业道德目标:结合展览项目客户关系管理内容和方法的教学内容,依照营销业的道德规范或标准,熟悉展览项目客户关系管理工作的各个环节,增强专业化与职业化的态度,强化职业道德素质。

第一节 展览客户关系管理基础理论

一、展览客户关系管理的内涵与目标

(一)客户关系管理的内涵

1. 客户的定义

狭义的客户,指市场中广泛存在的对企业产品和服务有需求的个体或群体消费者;而广义的客户,除狭义客户外,还包括企业的上游供应商、下游分销商以及企业内部下属的不同职能部门、分公司等有直接或间接业务联系的机构。

2. 关系的定义

关系是指两个人或两组人之间,其中一方对另一方在行为和感觉上的倾向。

关系发生在人与人之间或人与组织之间。一个关系同时具有行为和感觉两种特性,光有某种行为而没有感觉或光有某种感觉而没有适当行为的关系则是一种有欠缺的关系。关系本身往往是中性的,但会逐步被当事一方加以一定的判断而赋予一定的态度。

3. 客户关系管理的内涵

客户关系管理(customer relationship management,简称 CRM),指企业通过一套高效有序的管理模式来识别、创造、维持和发展对企业有价值的客户,并与其保持一种终身的互动关系。

客户关系管理是一种借助现代计算机技术和电子商务技术,选择和管理最有价值客户关系的经营战略,其主要内涵包括以下几点。

1) 客户关系管理是一个管理思想和 IT 技术相结合的管理模式系统

客户关系管理是一种经营理念,同时也是一套管理软件系统和技术。目前很多人对客户关系管理有误解,以为像财务软件一样购买回来就可以使用,而忽略了客户关系管理的本质实际上是营销管理,是一种对以客户为导向的企业营销管理的系统工程。所以,企业中要实现客户关系管理,首先要引入客户关系管理的管理思想,然后辅助于计算机等手段,才能达到目的。

2) 客户关系管理的核心思想是以客户为中心

客户关系管理思想视客户为企业最重要的资产,转化"以产品为中心"的商业模式为"以客户为中心"的商业模式,这在客户关系管理中处处得以体现,不管是在市场营销、销售实现,还是在客户服务与支持等业务流程上,客户关系管理都把客户作为价值链中与自身同样重要的环节。

3) 客户关系管理通过最有效的客户关系管理来实现企业的核心竞争力

企业通过经营每个环节来提高客户满意度,以增强客户对企业的忠诚度,从而实现企业的最佳客户管理,最终提高企业的核心竞争力。

客户关系管理的思想核心是,客户是企业的一项重要资产,客户关怀是 CRM 的中心,客户关怀的目的是与所选客户建立长期和有效的业务关系,在与客户接触中更加接近客户、了解客户,最大限度地增加利润和市场占有率。

(二) 展览客户关系管理的内涵与目标

1. 展览项目客户关系管理的定义

展览客户关系管理,是指展览组办方以展览项目客户为中心,通过一套高效有序的管理模式来识别、创造、维持和发展有价值的客户,有针对性地对客户提供专业服务,以培养客户满意度和忠诚度,实现客户价值最大化的一种经营理念和策略。

(1) 展览客户关系管理是以客户为资产的管理理念。
(2) 展览客户关系管理是以更广泛内容为对象的营销整合。
(3) 展览客户关系管理的目的是增强客户满意度与忠诚度以实现客户价值最大化。

2. 展览客户关系管理的目标

展览企业在经营管理过程中引入客户关系管理理念及系统软件,不仅将客户关系管理

"以客户为中心"的管理理念融入展览企业文化中,而且在管理客户信息、预测市场动态、协调客户关系、培植客户忠诚、降低销售成本、提高工作效率、创造客户价值、发展企业战略等多个方面都能够起到积极的作用。

1) R1——保持(retain)

所谓保持关系文化是指展览企业重视现有客户群体,通过满足或超过客户需求,提高客户满意度,培植客户忠诚,建立起一种长久信赖的客户关系。对于一个成功的展会而言,满意度高的成熟客户为展会带来的价值远远高于新客户的价值。保持关系的文化的建立一方面要求展览企业及时掌握客户信息,了解市场需求状况,可通过现代信息系统技术处理庞杂的客户信息及市场信息,另一方面要求展览企业资源对客户关系管理系统的全面支撑,做到上下保持一致,各个部门共同参与,以发挥客户关系管理的实际效用。

2) R2——关联(relation)

关联关系文化体现出展览企业同各种客户群体之间的协调关系,展览客户关系管理理念的引入将使展览企业成为各种展览客户关系的中心纽带,一个成功展会活动的举办依赖于展览企业所起到的中心纽带作用,客户关系管理系统帮助展览企业梳理各种客户信息,整合客户资源,对参展商、专业观众、供应商、合作伙伴及展览企业人力资源进行统筹管理,以实现展览企业销售自动化、营销自动化以及客户服务自动化的理想模式。

3) R3——推荐(recommend)

推荐关系文化的形成是建立在客户群体对展览企业良好口碑的基础之上的,展会活动广泛的公众性和参与性使得这种口碑在树立展览企业形象、形成企业诚信、扩大客户群体等方面都能够起到积极的作用,通过老客户的推荐吸引新客户,再发展成忠诚客户,形成良性循环,同时,推荐关系文化还有助于形成展览企业品牌,提升企业核心竞争力。

4) R4——恢复(recover)

恢复关系文化的建设是针对展览企业在经营管理过程中可能发生的突发事件,能够采取有效的挽救措施,以维护客户利益为目的,及时地将客户失望转化成新的机会,以期望客户对企业重新认识。通过恢复,企业可以重申对客户的承诺,甚至可以改变客户对企业的不良印象。

二、展览项目客户对象

管理学意义上的利益相关者是组织外部环境中受组织决策和行动影响的任何相关者。利益相关者能够影响组织,他们的意见一定要作为决策时考虑的因素。但是,所有利益相关者不可能对所有问题保持一致意见,其中一些群体要比另一些群体的影响力更大,这是如何平衡各方利益成为战略制定考虑的关键问题。除了对战略制定产生影响以外,利益相关者分析也是评价战略的有力工具。

(一)展览的利益相关者与客户对象

1. 展览的利益相关者构成

展览是有别于其他流通媒介的特殊流通形式,外贸、商业、期货等本身都是交换过程中的一个环节,不论是形式上(商业和贸易),还是意义(期货)上的常规交换,都要先买进商品,再卖出去。而展览不是交换的中间环节,它只为卖主和买主提供环境,由买卖双方直接达成交换。展览业也有其利益相关者,展览会项目交换原理的利益方构成如图6-1所示。

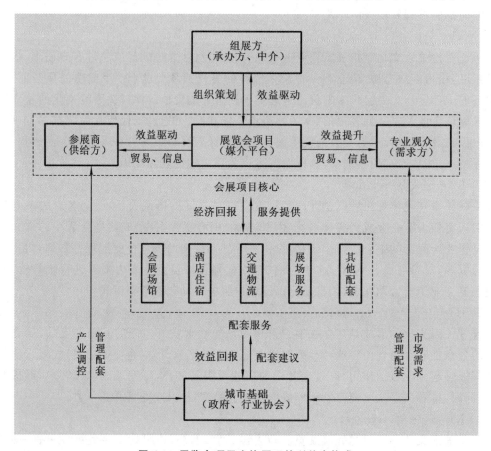

图 6-1　展览会项目交换原理的利益方构成

展览项目客户对象,从广义上说,与展览项目或展览企业相关的所有利益相关者都是展览项目的客户;从狭义上说,展览的主办方、参展商群体、专业观众群体和直接服务提供商等是展览项目或展览企业的客户。在实业界和学术界,许多人把展览视为传播媒介,政治、文化类的展览可以被划归为传播媒介,而本教材的展览是特指贸易性质的展览。虽然经济贸易类展览也具有传播功能和作用,可以被视为传播媒介,但就其根本作用和性质而言,经济贸易类展览是一种特殊的市场,是一种交换媒介,而不是传播媒介。

(二)展览客户的需求与互动分析

展览经济不同于其他类型的服务经济,它牵涉主办方、参展商、观众等多方利益主体。场馆所有者通过其所拥有的展览场地的出租来获取收益,因此,展览主办方租用的场地越大、次数越多,则场馆所有者的收益也就越多;作为展览的主办方,其收益的高低主要由参展商来决定;参展商参展收益的高低则由观众决定。本项目作为场馆所有者,主要分析展览主办方、参展商及观众的需求。

1. 展览主办方需求分析

展览主办方是展览策划的需求方,是拥有合法的资格和资质,可以发起、举办展览会或会议及其配套活动的组织机构。在国际展览业内,商业性的展览会主办方被称为组展商。在国内,展览的主办方主要分为政府、社会团体或公司三大类,是中国展览业市场竞争的主体,也是展览策划的需求方。

1) 政府及其部门主办的展览项目

在国内主办展览的政府及其部门,包括中央和地方两个层次。中央政府主办展览,担任主办单位的基本是国务院的组成部门;地方政府主办展览,担任主办单位的主要是省(自治区)、直辖市和省会城市政府及其组成部门,也有部分地级或县级政府担任主办单位。政府主办展览的目标更偏向于宏观目标,以实现党政领导目标、区域经济繁荣、促进行业企业发展和完善城市基础功能配套等。

2) 社会团体主办的展览项目

国内由民政部门登记管理的社团组织共分为学术性、行业性、专业性和联合性四类,主办展览的社会团体主要表现为行业协会、专业学会和商会等。主办展览的目标主要是为本专业或行业单位提供市场、技术咨询、行业政策规范等方面的信息,促进专业或行业的繁荣发展。

3) 国内主办展览会或会议的公司

国内主办展览会或会议的公司大体可分为四种,即国有企业、外资企业、民营企业、媒体机构。企业和媒体机构主办展览主要以实现利润为目标,但国有单位也担负着实现政府发展规划、实现党政领导意图的一些非营利性目标。

2. 参展商需求分析

根据参展商的需求,各参展企业的展出目标可以大致分为展出目标和管理目标,展出目标针对展出效果,目的是追求展出的高效益。德国展览协会(AUMA)根据市场营销理论将展出目标归纳为基本目标、宣传目标、价格目标、销售目标、产品目标五类(见表6-1)。

表6-1 德国 AUMA 展出目标分类

基本目标	了解新市场;寻找出口机会;交流经验;了解发展趋势;了解竞争情况;检验自身的竞争力;了解公司所处行业的状况;寻求合作机会;向新市场介绍本公司和产品
宣传目标	建立个人关系;增强公司形象;了解客户的需要;收集市场信息;加强与新闻媒介的关系;接触新客户;了解客户情况;挖掘现有客户的潜力;训练职员调研技术
价格目标	试探定价余地;将产品和服务推向市场
销售目标	扩大销售网络;寻找新代理;测试减少贸易层次的效果
产品目标	推出新产品;介绍新发明;了解新产品推销的成果;了解市场对产品系列的接受程度;扩大产品系列

在国内,企业做出参展决定后,企业会根据营销战略、市场条件和展览会情况制定明确的、具体的展出需求及目标。一般的展出目标主要有建立、维护展出者形象,市场调研,向市场推出新产品或服务,探测市场反应,建立新客户关系,巩固老客户关系,宣传产品,销售和

成交等。

3. 观众需求分析

观众既是展览行为的起点,又是展览活动的终点,因为任何展览活动的举办,最终目的是满足观众的欣赏、购买和选择的需要,展览效果的好坏最终也要由观众来决定。观众对展览产品的需求,很大程度上都是由展览产品所提供的核心内容引起的。当观众产生了要了解市场信息、购买商品、寻找合作伙伴等需求时,展览产品应运而生,即构建一个平台,提供相应的服务与设施,使参展商、观众都能收集到所需要的信息和完成交易。因此,观众对展览产品的需求动机的产生取决于展览产品能否满足观众的需求。

(三) 展览客户(利益相关者)间的关系

我国展览业在现阶段还处于政府主导的发展模式,还没有完全以市场化模式发展。政府虽然并非直接的利益需求者和权利拥有者,但是其间接作用和影响是非常巨大的,所以政府也应当作为一个核心的利益相关者进行分析。通过对展览业利益相关者的权利和利益矩阵的实证分析,我们将我国利益相关者的类别进行分类总结(见表6-2)。

表 6-2 我国利益相关者的类别

利益相关者(客户群)类别	具体利益(客户群)相关者
核心层利益相关者	政府、组展企业、参展商、参展观众
次核心利益相关者	场馆企业
支持性利益相关者	展览业相关企业(展台设计、运输和搭建企业)、行业协会
边缘性利益相关者	社会公众、酒店、餐饮、交通、旅游业等

三、展览客户关系管理系统的构建

(一) 展览客户关系管理模块的管理对象

展览客户关系管理模块的管理对象全面涵盖现代展览系统的基本要素,它们是展览项目的主要管理对象,也是系统管理和服务的中心。

1. 参展商——系统的动力层次

参展商也称为参展客户,是基于三个方面的原因:一是参展商为系统最基础的要素,没有参展厂商的参与根本就不存在展览会,参展商之所以成为系统的动力层次,主要是由于市场的需求和参展商的存在,才产生了展览系统的其他要素;二是参展商是系统得以存在和发展的原始动力,如果没有参展商的展览行为,就不会产生展览组织者和观众的行为,也就无所谓展览系统了;三是参展商是系统活力的前提。

2. 展览组织者——系统的主体

凡以经营展览业务为营利手段的单位都属于展览经营部门。在成熟的展览系统中,展览组织者这个要素是指专营展览业务的机构和部门,即展览公司和一些行业协会。展览组织者在展览系统中的作用使它成为系统的主体。

3. 展览的媒介(展示场馆、传媒)——系统的神经

展览媒介是指展示场馆和传媒机构。展览项目策划出来后,如果不通过一定的方式集

中向消费者展现其中的成果,展览的意义也就不存在了。在展览系统中,展览的生命在于展现和传播媒介与展览组织者(主办单位)、市场和观众(消费者)的密切联系。

4. 展览市场——系统结构的纽带

展览系统中的市场是指广义的市场,因为展览系统是一个开放的系统,它所涉及的内容和经济关系远远超出了纯粹商品交换的范围。在这个系统中,既有以展览为媒介反映参展厂商和消费者关系的商品交换行为,也有反映参展厂商与展览组织者和展馆之间的分工协作行为。

5. 消费者——系统结构的起点和终止

消费者就是商品的购买者或使用者,包括生产消费者和生活消费者。消费者这个要素在商品经济活跃发展的条件下,其数量是很难确定的。

(二)展览客户关系管理系统理论模块

所谓展览客户关系管理系统的理论模块是软件开发前对系统开发目标在理论上的明确和设计,一般应用型软件的开发都要经过系统需求分析、系统设计、系统实施工程和系统维护更新几个阶段,理论模块的构建是整个系统开发的基础和指导。结合国内展览企业的运作模式和特征,总结得出展览企业客户关系管理系统在理论上的完善信息流程见图6-2,将有助于我们研究国内展览客户关系管理系统在理论和技术上的构建,并逐步引导其升级。展览客户关系管理系统理论模块的构建主要基于这几个方面。

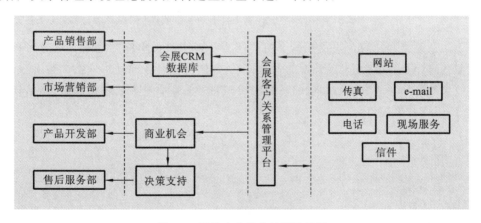

图6-2 展览企业信息流程结构图

我国展览企业目前所需的客户关系管理还处于操作层次和分析层次,具体主要包括数据集成与数据挖掘功能模块、客户价值评估功能模块、客户分类管理功能模块、客户与市场信息互动处理功能模块等几个重要的功能模块。展览客户关系管理技术系统模型如图6-3所示。

客户关系管理是一个通过积极使用和不断地从信息中学习,从而将客户信息转化为客户关系的循环过程。这一流程的实施从建立客户知识开始,直到形成较大影响力的客户互动。期间需要展览企业采用各种策略,建立并保持与客户的联系,进而形成客户忠诚。

图 6-3　展览客户关系管理技术系统模型

第二节　展览客户关系质量管理与维护

关系质量是指客户对企业及其员工的信任感及客户对买卖双方之间关系的满意程度，企业应与客户建立、保持和发展长期的合作关系，以便提高企业的经济效益。买卖双方在心理感知效果的好坏与双方关系质量的高低密切相关。关系质量主要包括满意感、信任感、归属感、忠诚感四个组成部分。

一、客户关系质量管理

(一) 客户满意的管理

1. 客户满意的概念

菲利普·科特勒(Philip Kotler)认为，客户满意是指一个人通过对一个产品的可感知效果与他的期望值相比较后，所形成的愉悦或失望的感觉状态。

从上面的定义可以看出，满意水平是可感知效果和期望值之间的差异函数。客户满意的内涵包括产品满意、服务满意和社会满意三个层次。

(1) 产品满意是指企业产品带给客户的满足状态，包括产品的内在质量、价格、设计、包装、时效等方面的满意。产品的质量满意是构成客户满意的基础因素。

(2) 服务满意是指产品售前、售中、售后以及产品生命周期的不同阶段企业所采取的服务措施令客户满意。

(3) 社会满意是指客户在对企业产品和服务的消费过程中所体验到的对社会利益的维护，主要指客户整体社会满意，它要求企业的经营活动要有利于社会文明进步。

事实上，客户满意只是客户信任的前提，客户信任才是结果；客户满意是对某一产品、某项服务的肯定评价，即使客户对某企业满意也只是基于他所接受的产品和服务令他满意。

2. 客户满意感管理

1) 客户满意感的重要性

(1) 客户满意感是关系质量的一个重要组成部分，也是影响客户关系寿命的一个重要因素。

(2) 客户满意感的形成实际上是客户把自己对产品和服务的某种期望与产品和服务的实绩进行比较后所产生的认知和情感反应，与消费价值不同，是对自己获得的消费价值的反应，是对特定企业的一种评价，通常只能在消费后才能进行评估。

(3) 对客户满意感的测评可以借助客户满意度指数的方法，但不能盲目照搬模型，要根据社会实际情况和展览业的特点进行测量。

2) 客户满意感的形成

满意感是客户在自己的需要得到满足之后产生的心理反应，是产品和服务特征、产品和服务本身、消费经历引起的客户情感反应，包括产品和服务没有满足客户的需要或满足客户的需要而引起的客户情感反应。如图6-4所示为期望—实绩模型。

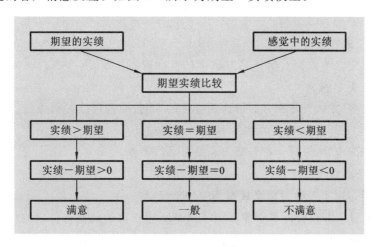

图 6-4 期望—实绩模型

引入情绪体验，将会让我们的客户满意计划与客户的价值体验环环相扣，有的放矢地进行。

3. 情绪体验的维度衡量

情绪体验是指人在主观上感受、知觉或意识到的情绪状态。因为情绪的复杂性、多样性及它在认识和生理变化反馈（包括面部表情反馈）之间的复杂的相互作用，使情绪体验具有多种多样的不同色彩，也叫情感色调。在客户满意中的情绪体验特指客户在整个购买、使用、消费的过程中的情绪色调与强度体验。图6-5所示为在建立以情绪体验为核心的客户满意度系统上，两种不同维度组合创造出来的客户满意结果。

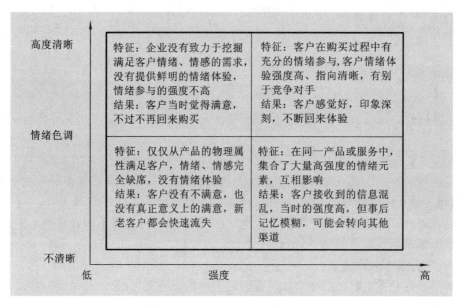

图 6-5　客户情绪与情感强度维度

（二）客户信任感管理

1. 客户信任感的概念

信任感可以定义为人们对信任感对象可信性和善意的看法，一方对另一方的信任感是由以下三个因素决定的。

（1）善意，指一方认为另一方的行为是善意的，不会损害自己的利益。

（2）诚信，指一方认为另一方会履行诺言，值得信任。

（3）能力，指一方认为另一方有能力满足自己的需要。

2. 客户信任感的形成过程

客户可能通过以下五种过程形成对企业的信任感。

（1）计算过程。客户会计算企业欺骗客户时所能获得的利益与付出的代价。如果客户认为，企业通过欺骗客户所能获得的利益小于其欺骗行为暴露后造成的损失，那么他就会认为企业欺骗客户会损害企业自身的利益，因此，企业是可信的。

（2）预计过程。预计过程与客户预见企业行为的能力有关，在形成信任感之前，客户往往要对企业的可信性和善意进行评估。

（3）能力判断过程。在这个过程中，客户往往要判断企业的服务能力。因此，客户判断企业的能力实际是对企业可信性的判断。

（4）意图分析过程。在这个过程中，双方会分析对方的言行，并据此判断对方的意图。

（5）转移过程。人们会根据可信的证据来源，对自己从未接触过或几乎没有接触过的人、组织产生信任感。

3. 信任感的影响因素

客户对员工的信任感和对企业的信任感是两类不同性质的信任感，因此，企业和员工赢得客户信任的方法、途径不同。

（1）影响客户对企业的信任感的因素，包括企业的特点（企业的声誉、企业的规模）、企业与客户关系的特点（企业满足客户特殊要求的愿望、与客户分享机密信息、企业与客户合作的时间长短）。

（2）影响客户对服务人员信任感的因素，包括服务人员的特点（专业技能、权利）、服务人员与客户关系的特点（友善程度、类似程度、交往频率）。

（三）客户归属感管理

归属感，或称隶属感，指个人感觉自己被别人或被团体认可与接纳时的一种感受，是保持某种关系的心理承诺。归属感在客户关系管理中表现为客户对企业产品或服务的认可与接纳，并保持长期关系的意愿。

1. 客户归属感的分类

（1）情感性归属感。客户因为喜欢本企业而愿意留在本企业。

（2）道义性归属感。客户从道义的角度出发，觉得自己应该留在本企业。

（3）持续性归属感。客户因改购成本高，或客户因缺乏其他可能的选择而不得不留在本企业。

（4）客户的行为意向。客户可能产生购买相关行为意向和沟通相关行为意向，而非实际的行为。

2. 客户归属感发展阶段

（1）发现合作伙伴关系。客户与企业之间还没有相互交往，双方一旦发现合适的合作对象后，会努力吸引对方与自己建立关系。

（2）考察阶段。合作双方会慎重考虑本方与对方合作可能获得哪些利益，可能会遇到哪些障碍，必须遵守哪些规则，可能会付出哪些代价以及更换合作者的可能性等问题。

（3）关系扩展阶段。合作双方都获得了利益，增强了依赖性和信任感。各方对双方关系的满意感与承担风险的意愿也不断增强。

（4）形成归属感阶段。合作双方愿意继续与对方保持长期关系，即合作双方对合作关系产生了认同感。归属感的建立有两个前提：一是合作双方为发展合作关系都各自投入了一定的资源；二是合作双方都期望这一关系能够长期持续发展，期盼对方形成对本方的归属感。关系发展的归属感形成阶段，是双方关系长期发展过程中最关键的一个阶段。如果合作双方没有形成对关系的归属感，那么他们之间的关系就会很快终止。

（5）关系解体阶段。合作双方对对方不满，认为本方继续保持与对方的关系或修复与对方的关系的成本大于自己能够从中获得的利益，为此他们会以适当的方式解除与对方的合作关系。

（四）客户忠诚感管理

1. 客户忠诚感的概念

客户忠诚感指客户长期购买自己偏爱的产品和服务的强烈愿望，以及客户实际的重复购买行为。它主要通过客户的情感忠诚、行为忠诚和意识忠诚表现出来。其中，情感忠诚表现为客户对企业的理念、行为和视觉形象的高度认同和满意；行为忠诚表现为客户再次消费时对企业的产品和服务的重复购买行为;意识忠诚则表现为客户做出的对企业的产品和服务的未来消费意向。这样,由情感、行为和意识三个方面组成的客户忠诚营销理论,着重于对客户行为趋向的评价,通过这种评价活动的开展,反映企业在未来经营活动中的竞争优势。具体来说,表现为下列内容。

(1) 客户忠诚是指消费者在进行购买决策时,多次表现出来的对某个企业产品和品牌有偏向性购买行为。

(2) 忠诚的客户是企业最有价值的客户。

(3) 客户忠诚的小幅度增加会导致利润的大幅度增加。

(4) 客户忠诚营销理论的关心点是利润。建立客户忠诚是实现持续利润增长的最有效的方法。企业必须把做交易的观念转化为与消费者建立关系的观念,从仅仅集中于对消费者的争取和征服转为集中于消费者的忠诚与持久。

2. 客户忠诚感的分类

根据客户对企业的态度和客户的购买行为,美国学者狄巴克和巴苏提出客户忠诚分析框架,如图6-6所示。

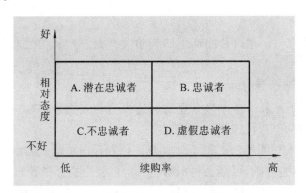

图 6-6 忠诚客户分类

按照客户对企业的相对态度可将客户忠诚感分为以下四类。

(1) 忠诚客户。续购率高且与其他企业相比,更喜欢本企业的客户(图6-6中的B类)。

(2) 潜在忠诚客户。在行为上常常表现出低重复购买的特点,但在情感上往往对企业有较高程度的依恋,非常愿意重复购买企业的产品和服务(图6-6中的A类)。只是企业的一些内部规定或其他环境因素限制了他们的购买。

(3) 虚假忠诚者。续购率较高,但他们对企业并不满意(图6-6中的D类)。他们往往是出于惰性,或没有其他选择而购买企业的产品和服务。一旦市场上出现新的竞争者或其他企业能够为他们提供更大的消费价值,这类客户很有可能改购其他企业的产品和服务。

(4) 不忠诚者。有些客户生来就不会忠诚于任何一家企业(图6-6中C类)。这类客户追求多样化,喜欢从不同的企业购买自己需要的产品和服务。

3. 客户忠诚感形成的影响因素

客户忠诚感是反映消费者的忠诚行为与未来利润相联系的产品财富组合的指示器,因为对企业产品的忠诚能直接转变成未来的销售。客户忠诚感形成和建立的主要要素有以下几点。

1) 服务质量

(1) 产品质量。销售前、中、后的静态体现。

(2) 服务水平。销售前、中、后的流程设计。

(3) 技术能力。销售前、中、后的动态体现。

2) 服务效果

服务效果即客户内心感受的满足度,可以参考消费需求心理的诸多指标。

3) 客户关系维系

(1) 互动的同理心态。

(2) 相对的盟友关系。

4) 理念灌输

(1) 产品(品牌)本身确认。

(2) 服务(供应)商的确认。

5) 持续的良性心理刺激及增值感受

持续对客户心理进行良性刺激及大于期望的服务,将客户需求转化为产品质量特性,有利于创造客户持续的忠诚。

二、展览客户关系质量管理

(一) 展览客户满意感管理

客户满意度是衡量客户满意感的量化指标,由该指标可以直接了解展览企业、展览项目产品和展览项目服务在客户心目中的满意度级别。提高展览客户满意度的策略主要包括以下几个方面。

1. 构建展览项目满意度指标体系

一套完整、健全的指标体系是满意度研究的基础,所以必须具有坚定的原则和严谨的步骤。构建展览项目客户满意度指标体系的原则有以下几点。

(1) 必须是展览项目客户认为重要的,由客户来确定测评指标体系是设定测评指标体系最基本的要求。要准确把握客户的需求,选择客户认为关键的测评指标。

(2) 必须能够控制,展览项目客户满意度测评会使客户产生新的期望,促使展览项目运营企业采取改进措施。但如果展览项目运营企业在某一领域还无条件或无能力采取行动加以改进,则应暂不采用这方面的测评指标。

(3) 必须是可测量的,客户满意度测评的结果是一个量化的值,因此设定的测评指标必须是可以进行统计、计算和分析的。

(4) 必须考虑与同类展览项目或其他展览企业等竞争者的比较,设定测评指标时要考虑到竞争者的特性。

构建展览项目客户满意度指标体系的步骤如图6-7所示。

2. 提高展览项目员工素质

展览企业要培养员工认真负责的服务精神,设定具有强大驱动力的共同目标,激发员工

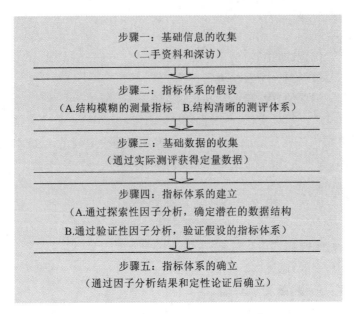

图 6-7 构建展览项目客户满意度指标体系的步骤

的工作热情和创造力。让客户从内心感受到展览项目的员工是他们的朋友,真正体会到展览企业与客户之间的互利、共赢的合作关系。

3. 提供个性化的服务

客户的不满意往往是实绩与期望差异较大所造成的。如果仅仅依靠某项或几项服务项目取悦客户,不如依照客户的需求有针对性地设计展览产品,进而提供个性化的服务,这样产生的效果更好。

4. 加强与客户的有效沟通

在加强与客户的沟通中,要做好展览项目产品的卖点沟通、强化一线工作人员的沟通、对客户提供一定的售后服务,与客户保持良好的沟通,不断提升客户的满意度。

5. 超越客户满意度

让客户的投入与效用实现最大化,就要有效提升客户满意度,服务质量是没有满分的,要不断地优化,不断地良性循环。

6. 注意服务细节

客户的要求其实很简单,有竞争力的价格、高质量的产品、快速的反馈等,让客户感受到服务的周密和专业。

(二) 展览客户信任感的管理

要真正建立展览客户信任感,必须打造展览品牌效应,一般包括展览项目规模,专业化的服务水准和服务质量,展览项目或运营企业的知名度和美誉度,知名企业、政府部门和协会的支持度,展览项目或运营企业的行业权威性和代表性,国际化程度等。

1. 展览项目规模

展览项目规模主要用展览场馆的规模、参展商和参展观众或参会代表的数量等指标来衡量。展览规模越大，其宣传效果和影响力也就越大，展览品牌越容易形成。

2. 专业化的服务水准和服务质量

展览项目团队专业化服务水准是衡量展览品质高低的重要标志。专业化的展览服务是指以展览客户的需求为核心，提供一系列优质、高效、人性化的服务，它包括展览项目或展览企业的整个运作过程，从市场调研、主题立项、贸易洽谈、营销手段、观众组织、会议安排、售后服务、物流管理，到展览企业所有对外文件、信函、宣传资料的规范化程度，都应具备相当的专业水准和优质的专业化服务，并与国际接轨。

3. 展览项目或运营企业的知名度和美誉度

从展览项目目标客户心理感知度来考察展览品牌的要素。知名度是指潜在的客户对一个展览品牌的知晓与了解的程度，以及这个品牌对社会影响的广度和深度；而美誉度是指客户对一个展览品牌所持的满意和赞美的程度。

4. 知名企业、政府部门和协会的支持度

获得行业内代表性企业的参与和政府部门、权威机构、行业协会的支持，也是衡量展览品牌影响力大小的重要标志。展览项目若有行业内代表性企业及相关权威组织的参与、支持和合作，无形中就为参展企业与专业观众（采购企业）之间架起了中介担保的桥梁，增强了展览项目的可信度，提升了展览项目的声誉，扩大了展览项目的影响力。

5. 展览项目或运营企业的行业权威性和代表性

展览项目的行业权威性和代表性主要指展览项目要能够覆盖本行业主要企业和产品，代表本行业的形象和水平，引领行业发展方向，在展览业具有较高的声誉，在行业规范或管理方面有引领作用，体现展览项目或运营企业的权威性、专业性和前瞻性。

6. 国际化程度

展览项目的国际化程度主要以海外客户所占的比例为评价指标。通常一个品牌展览项目吸引世界各国客户参展或参观的比例越高，展览项目的国际化程度就越高，所形成的品牌效应也就越大。

（三）展览项目的归属感管理

从心理学及管理学上讲，人的归属感来源于人的需求，当然马斯洛的需求层次理论已经能够体现人的满足感与需求的关系，有了满足感，人对外界环境的归属感才会比较强，建立展览客户的归属感，主要方式和策略有以下几种。

1. 树立良好的品牌形象和企业文化

品牌形象是展览项目或企业价值观的外在表现。良好的品牌形象是展览企业巨大的无形财富，它不仅可以赢得公众和客户的信任，引导客户购买并忠实于展览运营企业的展览产品与服务，而且能够对优秀人才产生巨大的吸引力，有利于建设优秀的企业文化，形成良好的员工道德风尚。

2. 注重企业员工的归属感建设

展览运营企业应该注重把员工的理想、信念、利益、价值、需求与企业的整体目标进行整合，产生共同的行为取向和价值观念，树立良好的企业形象，形成一个和谐、共享、信任的文化氛围，实现员工的价值，增强员工对企业的认同感，进一步深化员工的归属感。好的企业

文化能够提升员工归属感,各层管理人员需要具备良好的管理意识,这个管理意识源于企业管理文化,有了这样的背景,并将其延用于自己的工作细节中。

3. 注重大众的口碑良性效应

要得到客户群体的认可,进一步来说是要得到所有与展览项目接触的大众群体成员的认可。大众群体成员对展览项目或展览运营企业的评价,尤其是核心利益客户的评价对展览项目十分重要。口碑效应往往决定展览项目或企业在这个圈中的地位,舆论是口碑效应的最直接表现形式。舆论是非正式沟通的一种形式,是以社会关系为基础的,与组织内的规章制度无关。

(四)展览客户忠诚感的管理

展览业不同于其他行业,展览会常常是周期性举办的。参展商是否忠诚,是否定期参展,是展览会能够持续举办的关键。没有参展商的参与,展览会不可能成功,甚至根本无法举办。展览会这种周期性特点,决定了对展览企业来说,培育忠诚的客户是非常重要的。

1. 寻找准确的客户

展览企业要培育忠诚的客户,首先要寻找准确的客户。所谓准确的客户是指那些愿意而且能够对企业忠诚、企业为他们服务能够获利的客户。

2. 为客户提供满意的参展经历

满意感是忠诚感必要的前提条件。参展商只有对自己的参展经历感到满意,才可能继续参加下一届展会,才可能对展览企业忠诚。而参展商对自己参展经历的满意程度不仅取决于展览企业在展览会期间为其提供的各项服务,而且与双方在展前、展后的交往也有很大的关联。

3. 为客户提供增值服务,使客户惊喜

在核心产品和服务经常雷同的情况下,增值服务有助于衬托展览会的形象并与其他展览会相区分。增值服务是一个配套产品或服务的额外补充成分,其作用是获得客户和客户的忠诚。

4. 加强与客户的关系纽带

关系纽带是指连接企业与其合作伙伴的桥梁。建立、增强与客户的人际关系纽带,有助于企业留住客户。维系客户不仅仅需要维持客户的满意程度,还必须分析客户产生满意感的最终原因,从而有针对性地采取措施来维系客户。

5. 正确区分客户满意与忠诚

客户满意不等于客户的忠诚,客户满意是一种心理的满足,是客户在消费后所表露出的态度;但客户的忠诚是一种持续交易的行为,为了促进客户重复购买的发生。客户的满意和他们的实际购买行为之间不一定有直接的联系,满意的客户不一定能保证他们始终会对企业忠诚,产生重复购买的行为。

(五)展览客户投诉的处理

对服务中出现不满和抱怨的客户要进行妥善处理,因为处理不好抱怨,对应的客户会毫不留情地为展览企业做负面广告;但若是处理好了客户抱怨,对应的客户得到的是满足,收获的是美誉评价,更容易会对展览项目和展览企业忠实,甚至充当展览项目和展览企业的义务广告员。处理客户投诉时,要把客户的小事作为展览企业的大事对待,客户不满主要是因为态度问题而非质量问题,所以,处理好客户的情绪问题是解决投诉、让客户满意、提升展览项目与客户之间整体关系质量的关键。

1. 展览客户投诉的范围

客户产生不满,肯定是企业所提供的产品或服务没有达到客户的要求。客户一般容易对以下几个方面投诉。

(1) 没有提供足够有效的专业观众(对参展商而言),没有提供有效的参展商(对专业观众而言),没有做足够的宣传。

(2) 对展会提供的产品如展览馆设施、展台搭建水平、展品运输速度与质量、展馆卫生、保安、各种会议安排、通信服务等不满。

(3) 突发事件,有人为的和自然的突发事件。例如,断水断电、打架斗殴、集体罢展等。

(4) 对展会工作人员的服务态度不满。

2. 客户投诉的基本程序

客户有投诉,说明展览服务存在问题,不要对客户有歧视、偏见,应该感谢客户,帮助组展方发现自身工作的不足,以便以后提高服务质量。为了处理好客户的投诉,要指定专门的部门和专人来处理,制定处理投诉的程序,一般说来主要包括以下几个环节。

(1) 倾听。倾听是指站在客户的角度倾听,理解客户的心情,了解客户投诉的原因及客户的期望值,必要时记下要点。

(2) 道歉。道歉是指向客户诚恳地道歉,并不是盲目承认错误,而是表示对客户的关心和关注,让客户从心底能够接受,以有利于投诉问题的解决。

(3) 解决问题。这是处理投诉的关键,客户投诉的最大期望就是希望投诉能得到妥善的解决。因此,组展方应协调相关部门,尽快解决客户的投诉,并告知客户解决的步骤和所需的时间。要解决问题必须有以下保证:有效的投诉程序;快速高效地处理问题;公平合理的补偿。

(4) 跟进。跟进是指投诉解决后,展会还要保持与客户的联系。并非所有的客户都会对组展方的做法十分满意,跟进可以确保没有不满意的客户,跟进可使管理人员得知展会中需要解决的问题,从而在深入分析的基础上,发现管理漏洞,对服务流程做出修改,进而达到留住客户、感动客户、培养忠诚客户的目的。

3. 处理客户投诉的技巧

掌握与客户沟通的基本技巧——客户抱怨的真正原因有70%来自沟通不良。对于不同客户应采取不同方式。

(1) 面对激动的客户。别急于解决问题,先安抚客户情绪,再来解决问题;别把客户情绪激动下说的话太当真,保持冷静。

(2) 面对不太吭声的客户。以开放性问话技巧,鼓励他多回答一些;让对方相信我们一定能帮助他。

(3) 面对善于抱怨的客户。倾听是解决问题的关键。

(4) 面对生闷气的客户。让他把所看到的情形说出来,一吐心中的闷气。

(5) 面对蛮不讲理的客户。要保持不动气,脸上露出微笑(我尽力解决问题,希望你也能理解)。

(6) 面对有敌意的客户。让他将火气发泄掉,注意听他讲些什么;表示关切,找出必须解决的重点。

(六) 进行商业友谊管理

1. 商业友谊的基本概念

商业友谊是基于关系营销原理,指企业工作人员与客户服务过程中建立起来的朋友关系。关系营销讲究的是企业对公众及客户个体的关系建设与维护,而商业友谊主要讲究企业工作人员与客户的个人与个人之间建立起来的关系,其主要有功利性、交际性、互惠性等特点。

2. 商业友谊的重要性

(1) 商业友谊对客户满意度的影响。与服务人员保持商业友谊的客户比较看重自己与企业之间的关系。在许多服务型企业里,客户与服务人员之间的交往都会影响客户感觉中的服务质量。作为朋友,客户向服务人员提供准确的个人信息,有助于服务人员准确地理解客户的需求和要求,更好地满足客户的需要,提高客户满意度。此外,客户在服务消费过程中不仅能够获得功能性利益,而且能够获得社交性利益,就会比较满意。

(2) 商业友谊对客户信任感的影响。客户往往假定服务人员的行为方式反映服务型企业的价值观。与企业接触较少的客户会根据自己对服务人员可信性的看法,推断服务型企业的可信性,也就是说,客户对服务人员的信任感可以转移到服务型企业。客户越信任服务人员,对服务型企业的信任感也会越强。

(3) 商业友谊对客户归属感的影响。商业友谊是客户与服务人员之间的一种社交性联系。与服务人员保持商业友谊的客户往往比较看重自己与企业之间的长期关系。客户把服务人员当作朋友,就会对服务人员产生一定程度的依恋感,也会愿意与服务人员工作的企业保持长期关系。因此,客户与服务人员之间的商业友谊会增强客户的归属感。

第三节 展览客户关系管理策略

一、展览客户终身价值管理策略

(一) 客户终身价值的内涵与管理步骤

1. 客户终身价值的定义

客户终身价值指的是每个购买者在未来可能为企业带来的收益总和。从狭义来理解,客户终身价值是指一个客户在与公司保持关系的整个期间内所产生的现金流经过折现后的累积和。从广义来理解,客户终身价值是指所有客户终身价值折现值的总和。它等于为该客户服务所获得的经济收益与成本之差。

2. 客户终身价值的三维结构

事实上,客户终身价值不是一个单维的矢量。它是一个立体的概念,具有三维结构。

(1) 客户维持时间维度。企业通过维持与客户的长期关系,建立高的客户维持率,从而获得较高的客户终身价值。

(2) 客户份额维度。主要是指一个企业所提供的产品或服务占某个客户总消费支出的百分比。要获得最大的客户终身价值,不仅需要有高的客户维持率,更要有高的客户份额。客户份额应该是衡量客户终身价值的一个重要指标。

(3) 客户范围维度。显然企业总的客户终身价值的大小与它的客户范围直接相关。从客户范围维度出发,要求企业必须清楚它的现有客户是谁,同时注意开拓潜在客户。

3. 客户终身价值分析的主要步骤

1) 收集客户资料和数据

公司需要收集的基本数据包括个人信息(年龄、婚姻、性别、收入、职业等)、住址信息(区号、房屋类型、拥有者等)、生活方式(爱好、产品使用情况等)、态度(对风险、产品和服务的态度,将来购买或推荐的可能)、地区(经济、气候、风俗、历史等)、客户行为方式(购买渠道、更新、交易等)、需求(未来产品和服务需求等)、关系(家庭、朋友等)。这些数据以及数据随着时间推移的变化都将直接影响客户的终身价值测算。

2) 定义和计算终身价值

影响终身价值的主要因素有:所有来自客户初始购买的收益流;所有与客户购买有关的直接可变成本;客户购买的频率;客户购买的时间长度;客户购买其他产品的喜好及其收益流;客户推荐给朋友、同事及其他人的可能、适当的贴现率。

3) 客户投资与利润分析

可以直接基于交易成本或资金投入进行计算,或者根据过去类似客户的行为模式,利用成熟的统计技术预测客户将来的利润。国外的汽车业这样计算客户的终身价值:他们把每位上门客户一生可能购买的汽车数,乘上汽车的平均售价,再加上客户可能需要的零件和维修服务而得出这个数字。他们甚至更精确地计算出加上购车贷款所带给公司的利息收入。

4) 客户分组

从第三个步骤中,企业可以看出如何在客户终身价值中赢得最大的利润,随后企业可以根据这些数据将客户分成具有不同特征、不同行为模式和不同需求的组。比如说企业可以用聚类分析法将客户分成苛刻的客户、犹豫不决的客户、节俭的客户和久经世故的客户,根据每个组制定相应的措施。

5) 开发相应的营销战略

衡量客户终身价值的目的不仅仅是确定目标市场和认知消费者,而是要设计出能吸引他们的交叉销售方法、向上销售方法、附带销售方法、多渠道营销和其他手段。这些手段都能够帮助企业运用 RFM(recency,frequency,monetary)模型来提高客户的价值,尽可能地将客户的潜力开发出来。

(二) 单个客户的终身价值

1. 单个客户终身价值分析步骤

要计算某个客户的终身价值,企业首先应界定本企业从该客户身上所能获得的利益。

一个有合适关系导向的公司中,跟踪和使用客户的信息就成为关键的成功因素,然后将其转换为用来改变组织集体如何对客户行动的知识。具体步骤如下。

1) 获得客户信息

客户数据包括客户人口统计属性数据和历史交易行为数据。据企业的需要定义客户终身价值的影响属性,从客户最近一次购买的时间有多远、客户在最近一段时间内购买的次数、客户在最近一段时间内购买的金额三个行为影响变量来区分客户。

2) 信息利用

企业根据需要定义了客户终身价值的影响变量,可以根据重要性、长期潜力和预期需求,来区分客户终身价值大小。

3) 信息共享

业内部关于客户终身价值的有关知识以及信息必须在企业内部共享,企业也必须建立起企业组织内部的学习和共享知识的机制。

2. 单个客户终身价值分析方式

根据客户最近购买的品牌以及下一阶段客户购买每一品牌的概率,我们可以建立一个客户跳槽模型(见图6-8)。在该模型中,上边一行表示目前购买品牌A的客户下一阶段可能的购买情况,由图中可以看出,目前购买品牌A的客户,70%的人会继续购买品牌A,20%的人会购买品牌B,10%的人会购买品牌C。表明品牌A目前客户的忠诚率较高,许多行业都是如此。对品牌B来说,10%的客户将跳槽购买品牌A,80%的客户将继续购买品牌B,10%的客户将跳槽购买品牌C。

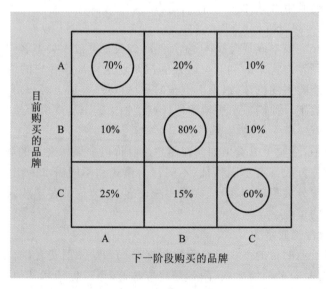

图6-8 客户跳槽模型

(注:圆中数字表示客户留住率)

该模型表明客户可能在某一阶段跳槽购买其他品牌,而下一阶段他有可能再次购买原来品牌。客户关系管理的观点强调企业不应该把客户看作某个单次交易的对象,而应是企业与之保持长期关系的对象。

1) 单个客户终身价值分析计算公式

以上介绍的是客户终身价值的分析思路,实际计算过程要复杂一些。首先,为了计算单个客户的终身价值,企业管理人员必须了解客户数年之间会生成的年利润模式是什么;其次,还应了解客户的忠诚年限,即客户会持续多少年购买企业的产品和服务。公式为:

$$CLV = CLV_1 + CLV_2 + CLV_3 + CLV_4 + CLV_5 + CLV_6$$

其中,CLV 指客户在其一生中有可能为企业带来的价值之和;

CLV_1 指客户初期购买给企业带来的收益;

CLV_2 指以后若干时间内客户重复购买及由于客户提高支出分配(或称为钱包份额)为企业所带来的收益;

CLV_3 指交叉销售带来的收益,客户在长时期内倾向于使用一个厂家的更多种产品和服务;

CLV_4 指由于厂商和客户都知道如何在长期内更有效地相互配合,使得服务成本降低,并能原谅某些失误及提高营销效率所带来的收益;

CLV_5 指客户是公司的一个免费的广告资源,客户向朋友或家人推荐企业的产品或服务所给企业带来的收益,即推荐收益;

CLV_6 指随着时间推移,重复购买者或忠诚客户对价格的敏感性降低,不是等到降价或不停地讨价还价才购买所获得的收益。

计算客户终身价值的时间长度缩短会减少客户终身价值。例如,如果只考虑一个周期,则 $CLV = CLV_1$ 即客户的终身价值只等于客户初期销售所带来的收益。因为客户终身价值的其他组成部分 CLV_2、CLV_3、CLV_4、CLV_5、CLV_6 是随着时间的推移逐渐加入客户终身价值中,并且随着时间的推移,各项在客户终身价值中所占的比例会逐渐变化增加。

2) 影响单个客户终身价值各因素分析

(1) 贴现率。贴现率是指将未来支付改变为现值所使用的利率,或指持票人以没有到期的票据向银行要求兑现,银行将利息先行扣除所使用的利率。例如:贴现率为 10%,明年的 100 元在今年就相当于 $100 \times (1 - 10\%) = 90$ 元,到了后年就是 $100 \times (1 - 10\%) \times (1 - 10\%) = 81$ 元,也就是说,今年用 90 元可以买到的东西相当于明年 100 元可以买到的东西。

$$CLV = \frac{R \cdot \{1 - [1/(1+r)^n]\}}{r}$$

对 CLV 求一阶导数得:

$$\frac{dCLV}{dr} = R \cdot \left(-\frac{1}{r^2} + \frac{1 + nr(1+r)^{-1}}{r^2(1+r)^n} \right)$$

其中,R 表示从客户那里获得的年收入;r 表示贴现率;n 表示客户对企业忠诚的年数。所以,客户的终身价值与贴现率成反比。贴现率越高,客户的终身价值越小。

(2) 客户的维系率。客户的维系率指客户经过一个购买周期后仍被维系住的概率。

$$CLV = \sum_{i=0}^{n} [(1+r)^{-i} R_i]$$

其中,CLV 包括 CLV_2,CLV_3;R_i 表示第 i 年从客户那里获得的收入;r 表示贴现率;n 表示客户对企业忠诚的年数。

客户的终身价值与客户的维系率成正比；客户的维系率越高，则公式中的 R_i 就越大；同时客户维系率越高，客户的忠诚年数 n 就大。因此客户终身价值中的 CLV_2、CLV_3 就大，则 CLV 就大。所以，客户的终身价值与客户的维系率成正比。

（3）产品被提及率。推荐效益指由客户口碑宣传所带来的效益。所以产品被客户提及率与客户终身价值中的推荐收益 CLV_5 有密切的关系。如果产品被客户正面提及，则产生正的推荐收益，会使客户终身价值增大；如果产品是被负面提及，推荐收益是负值，会使客户终身价值减少。

（4）客户收入的变化。当客户的收入增加时，一般用于消费的开支会增加，这会对客户终身价值的几个方面产生影响。随着收入的增加，有可能增加重复购买及交叉销售，使得 CLV_2 及 CLV_3 增加。所以，一般客户的终身价值与客户的收入成正比。

（5）客户关系的维系成本。客户关系的维系成本指为了维系客户关系所发生的成本。这个成本不是每次特定交易相关的直接成本。这个成本能促使客户数量保持在一定的范围内，并且促使客户的购买持续期在一定的时期内。

（6）营销费用及其他因素。营销费用包括广告费用、客户数据库建立以及客户资料分析费用等。一般营销费用属于客户终身价值的减少项目。影响客户终身价值的还有其他的一些因素，如市场的新进入者以及竞争者退出都有可能影响客户的终身价值。因为当市场有新的竞争者进入或竞争者退出，都会影响客户所处的市场环境。

（三）客户群的终身价值

1. 客户群终身价值的一般计算方法

以上我们揭示了单一客户终身价值的计算方法，但在实际中，企业更多的是计算某一客户群的终身价值，甚至是本企业所有客户的终身价值。企业一般可以按照以下步骤计算本企业客户群的终身价值。

步骤一：计算出企业客户群的流失量。

步骤二：计算出客户群平均生命周期。

步骤三：计算客户群年平均利润。

步骤四：利用年金现值法求出客户群体终身价值现值。

严格来讲，企业在计算客户群的价值时，应该先计算每一个客户的终身价值，然后求和。但由于这种方法的计算量太大，企业操作起来很不方便，为此，企业一般都按照以上四步计算本企业客户群的终身价值。

2. 客户群终身价值的 DWYER 计算法

客户群终身价值计算方法有很多种，在此我们主要介绍其中一种较为简单，适合展览项目客户群终身价值的 DWYER 计算法。DWYER 计算法是由美国人 DWYER（杜瓦尔）先生在 1989 年率先提出的一种 CLV 的计算模型。它首先依据客户的属性（如收入、年龄、性别、职业、地理区域等），采用一定的分组策略进行分组，然后针对一组客户分别统计这组客户在各年的销售额、成本费用，得到企业从这组客户获得的利润。由于利润是各年的累计，基于资金的时间价值，再考虑贴现率，计算出这组客户每年净现值及累计净现值，即可得到这组客户的生命周期价值。为营销决策提供更好的数据支持，年销售额中考虑了客户数、客户保持率、客户平均每月交易次数、客户平均每次交易金额;成本及费用则分为可变成本、营销费用和客户获得费用。

1) DWYER 计算法的原理

主要计算公式为:

$$客户平均生命周期 N = 总销售额 - 总成本及费用 \times 贴现率 \div 客户数$$

$$客户终身价值 = 客户平均生命周期1 + 客户平均生命周期2 + 客户平均生命周期 N$$

$$(N=1,2,3,\cdots\cdots 表示时间单位)$$

DWYER 计算法将客户分为两类,即永久流失型和暂时流失型。

(1) 永久流失型客户。要么把其业务全部给予现在的供应商,要么完全流失给另一供应商。原因是其业务无法分割,只能给予一个供应商,或者其业务转移成本很高,一旦将业务给予某供应商则很难转向其他供应商。这种客户一旦流失,便很难再回来。

(2) 暂时流失型客户。他们将其业务同时给予多个供应商,每个供应商得到的只是其总业务量的一部分。这类客户的业务转移成本低,他们可以容易地在多个供应商之间转移业务份额,有时可能将某供应商的份额削减到零,但对该供应商来说不一定意味着已经失去了这个客户,客户也许只是暂时中断购买,沉寂若干时间后,有可能突然恢复购买,甚至给予更多的业务份额。

同步案例　DWYER 计算法案例

以某家装建材展览项目企业的客户管理为例。某展览企业通过市场营销,第1年获得了一批客户,产生了交易,其中第一年客户数为500家,利用 DWYER 计算法计算未来几年的客户群价值和客户终身价值。

(1) 第一步:项目销售额基础数据计算。假设根据这家展览企业的客户管理策略,以第一年的500家客户为基础数据,第一年客户流失率为35%,往后每年应通过有效的客户管理办法,让客户流失率逐年减少5%;而每一年的客户交易次数(此处的展览交易次数是指当年内购买和参加了该企业几次展会,如该企业的家装建材展览会一年举办4次,这500家参展商在本年度参加该企业的展览600次,即计算做1.2次)按第一年的1.2次,逐年提升10%左右,以第一年为基础计算得出近4年的销售额基础数据表,如表6-3所示。

表6-3　销售额基础数据

指　标	相关费用	第1年	第2年	第3年	第4年
客户数(家)		500	325	228	182
客户保持率		65%	70%	75%	80%
年平均交易次数(次)		1.2	1.3	1.5	1.8
平均交易金额(万元)		0.5	0.6	0.7	1
年销售额(万元)		300	253.5	239.4	327.6

第1年,平均每个客户每年参展交易1次,平均每次的交易金额是0.5万元,因

此，此处假设客户为永久流失型客户，那么

第1年的销售额＝0.5×(1.2×1)×500＝300(万元)

到了第2年，这一组客户保留下来没有流失的比例是65%，第2年继续采购的客户数为500×65%＝325(家)。随着时间的推移，由于客户流失，这一组客户的数量逐渐减少，但是保持率从65%到80%在逐年提高。持续交易时间越长的客户越忠诚。随着时间的推移，保留下来的老客户保持每年1次，每次交易金额也逐步从0.5万元提高到1万元，但是由于这一组客户的数量在不断减少，年销售额在300万元间起伏。

(2)第二步:项目年成本及费用计算。以第一年项目年成本及费用占年销售额比率的65%依次计算，计作可变成本;同时，计划使用在每家参展商的营销费用。

①可变成本。该展览企业以每年销售额比率来计算用在这500家参展商的成本及费用，假设把产品的采购成本、一对一的销售、服务费用归入可变成本，按照老客户成本和费用逐年递减5%的营销管理设定，那么第1年的可变成本是销售额的65%，第1年项目成本费用为300×65%＝195(万元)，然后逐年递减到50%。递减的原因，主要是交易双方建立了默契，一对一的销售和服务费用会有所下降。

②营销费用。在这里是指广告、公共关系、促销活动等方面的开销。假设每年平均用于每个客户的营销费用都是0.1万元，那么第1年的营销费用是0.1×500＝50(万元)。对这一组客户而言，只有第1年存在客户获得费用，平均每获得一个新客户需要花费0.15万元。

③客户获得费用。这个平均金额比较高的原因是，公司可能是向20000个客户发出了邀请或促销之后才获得了500个客户，这500个成交客户要分摊20000个潜在客户的邀请成本。

④成本及费用总额。我们把各个年度的可变成本、营销费用、客户获得费用分别相加后，就得到了各个年度的成本及费用总额，成本及费用总额会随着客户数量变化而变化。

根据此计算步骤，得出这4年的项目年成本及费用计算表，如表6-4所示。

表6-4 项目年成本及费用

指　　标	相关费用	第1年	第2年	第3年	第4年
(1)销售额基础数据					
年销售额(万元)		300	253.5	239.4	327.6
(2)项目年成本及费用					
占年销售额比率		65%	60%	55%	50%
可变成本(万元)		195	152.1	131.7	163.8
营销费用(万元)	0.1	50	32.5	22.8	18.2
客户获得费用(万元)	0.15	75	48.75	34.2	27.3
成本及费用总额(万元)		320	233.4	188.7	209.3

(3) 第三步：项目年利润计算。将各年的销售额分别减去成本及费用，就得到各年度的利润额，即年利润＝年收入－年支出。我们发现这一组客户贡献的利润，从第1年的－20万元到第4年的118.3万元，呈趋势上升，如表6-5所示。

表6-5 项目年利润

指　　标	相关费用	第1年	第2年	第3年	第4年
(1) 销售额基础数据					
年销售额（万元）		300	253.5	239.4	327.6
(2) 项目年成本及费用					
成本及费用总额（万元）		320	233.4	188.7	209.3
(3) 项目年利润					
年利润（万元）		－20	20.1	50.7	118.3

(4) 第四步：加入项目年贴现率计算。在考虑未来的价值的时候，有必要考虑一个金融领域常用的概念——贴现率。它的计算公式为：

$$逐年贴现率＝(1＋贴现率)^{n-1}（n等于对应的某一年）$$

① 当期净值＝利润×逐年贴现率；贴现率可参考当前的银行利率进行适当调整，本例题中按市场信贷的14%作为贴现率计算标准，得出：第一年贴现率＝－20×1＝－20（万元），第二年贴现率＝20.1×1.14＝22.91（万元），以此计算。

② 当期净价价值＝逐年当期净值相加值，即第2年＝－20＋22.91＝2.91（万元），第3年＝－20＋22.91＋65.91＝68.82（万元），以此计算。

由此得出项目年贴现率、当期净价值和累计当期净值，如表6-6所示。

表6-6 项目年贴现率

指　　标	相关费用	第1年	第2年	第3年	第4年
(1) 项目年利润					
年利润（万元）		－20	20.1	50.7	118.3
(2) 项目年贴现率	贴现率				
年贴现率计算	14%	1	1.14	1.30	1.48
当期净价值（万元）		－20	22.91	65.91	175.08
累计当期净价值（万元）		－20	2.91	68.82	243.9

(5) 客户群生命周期值与终身价值计算。以第一年500家客户为基数，以客户群的方式计算单个客户生命周期值，计算公式如下：

$$客户平均生命周期值＝n年当期净价值÷第1年客户总数$$

以第4年当期净值为计算，

$$客户平均生命周期值＝243.9万元÷500家＝0.4878万元/家$$

也就是说在第4年时，这500家客户平均每个客户对企业意味着0.4878万元的客户生命周期价值。如果客户的生命周期继续延长，这个价值还将继续增长。

如果第 4 年作为这 500 家客户单个客户的终身价值，那么

客户平均终身价值＝－0.04＋0.0058＋0.1376＋0.4878＝0.5912（万元）

由此，我们用 DWYER 计算法得出该案例的核算总表，如表 6-7 所示。

表 6-7　项目参展商客户群生命周期及终身价值计算总表

指　　标	相关费用	第 1 年	第 2 年	第 3 年	第 4 年
（1）销售额基础数据					
客户数（家）		500	325	228	182
客户保持率		65%	70%	75%	80%
年平均交易次数（次）		1.2	1.3	1.5	1.8
平均交易金额（万元）		0.5	0.6	0.7	1
年销售额（万元）		300	253.5	239.4	327.6
年销售额（万元）		300	253.5	239.4	327.6
（2）项目年成本及费用					
占年销售额比率		65%	60%	55%	50%
可变成本（万元）		195	152.1	131.7	163.8
营销费用（万元）	0.1	50	32.5	22.8	18.2
客户获得费用（万元）	0.15	75	48.75	34.2	27.3
成本及费用总额（万元）		320	233.4	188.7	209.3
（3）项目年利润					
年利润（万元）		－20	20.1	50.7	118.3
（4）项目年贴现率	贴现率				
年贴现率计算	14%	1	1.14	1.30	1.48
当期净价值（万元）		－20	22.91	65.91	175.08
累计当期净价值（万元）		－20	2.91	68.82	243.9
（5）客户群生命周值与终身价值					
客户平均生命周期价值（万元）		－0.04	0.0058	0.1376	0.4878
客户平均终身价值（万元）		－0.04	－0.0342	0.1034	0.5912

这 500 家客户中，只计算到第 4 年，平均每个客户对展览企业意味着 0.4878 万元的客户生命周期价值。如果客户的生命周期继续延长，这个价值还将继续增长。所以我们不要只为第 1 年每名客户还亏损了 400 元的客户生命周期价值耿耿于怀。在展览业，很多新展览项目投入运营时，前几年的生命周期价值都是负值，展览项目是非常讲究老客户维护和营销的行业。从上述案例计算中，我们可以看出，获得一个新客户，尤其是从竞争对手那里抢夺一个新客户的价格很昂贵。如果我们能从组织保障、客户沟通和营销系统上更好地做到以客户为中心，那么我们的客户保持率将会更高，客户生命周期价值的提升也将十分明显。

2) DWYER 计算法的缺陷与改良应用

DWYER 计算法绝非唯一的客户生命周期价值计算模型,它通常要结合市场细分方法才能更好地发挥作用。DWYER 计算法的缺陷主要表现在,它主要是针对一组客户群,只能预测一组客户的终身价值或每个客户的平均终身价值,无法具体评估某个客户对于公司的终身价值,同时未考虑企业在未来还会获取新客户的情况。而在实际的企业运营中,也不可能将单个客户的维护成本和费用均摊得精准,只能通过财务科目的总体费用按一定的时段进行量化计算,所以 DWYER 计算法在企业运营中有其实用的一面。在利用 DWYER 计算法预测展览客户的平均生命周期价值和平均终身价值,可以以年为单位,分组管理和计算来弥补其未加入新客户计算的缺陷。

3. 根据客户终身价值管理客户

计算客户终身价值,有助于企业管理人员区分客户,对不同的客户采取不同的管理措施。根据客户的战略价值、实际价值和企业为客户服务的成本,我们把客户划分为最有价值客户、第二层级客户和负值客户三类。

1) 最有价值客户

最有价值客户是指那些终身价值最高的客户。他们是企业当前业务的核心。对这一类客户,企业应保持与他们的关系。在提高客户忠诚率时,企业应重点考虑最有价值的客户。

2) 第二层级客户

第二层级客户是那些具有最高未实现的潜在价值的客户。企业为这类客户服务,将来可能获得更多的利润。对于这一类客户,企业应培育他们,增加他们在本企业的消费额和消费量。第二层级客户除了与企业交易量较低外,其他各方面与最有价值的客户类似。因此,第二层级客户能够提高企业的营利能力,增加客户的潜在机会。与企业从最有价值的客户身上获得的实际价值相比,企业从第二层级客户那里获得实际价值的难度要大一些。

3) 负值客户

负值客户指企业为这类客户服务,无法获得与服务成本等量的利润。对这类客户,企业应舍弃他们。负值客户是企业最低一级的客户。企业为这部分客户服务,往往得不偿失。但是,每家企业都会有许多负值客户。企业应识别这部分客户,为这部分客户提供不同于最有价值客户和第二层级客户的服务、价值,甚至舍弃这部分的客户。企业越早识别这部分客户,越早停止为他们服务,企业遭受的损失越小。

二、展览客户流失管理策略

所谓客户流失管理,即在明确客户流失的根本原因的基础上,有针对性地制定各种层面的应对措施,通过企业的销售、营销、服务等部门及其渠道分销商,运用商务的、技术的手段从全方位进行客户挽留的管理。一个企业将其客户流失率降低 5%,其利润就能增加 25% 至 85%。开发一个新客户的成本是留住老客户的 5 倍,而流失一个老客户的损失,只有争取 10 个新客户才能弥补。

客户流失一般分为客户流失及客户业务流失两类。客户流失,顾名思义就是客户不再使用展览公司的任何业务。客户业务流失就是客户放弃展览公司的 1~2 项业务,但继续使用其他业务。

（一）客户流失的原因

1. 公司人员流动导致客户流失

这是现今客户流失的重要原因之一，特别是展览公司的高级营销管理人员的离职变动，很容易带来相应客户群的流失。因为职业特点，营销人员是每个公司最大、最不稳定的流动因素，如果控制不当，在营销人员流失的背后，往往伴随着客户的大量流失。

2. 竞争对手夺走客户

任何一个行业，客户毕竟是有限的，特别是优秀的客户，更是弥足珍贵的，所以往往优秀的客户自然会成为同类展览项目或展览运营企业争夺的对象。任何一个品牌或者产品肯定都有软肋，而商战中的竞争对手往往最容易抓到企业的软肋，一有机会，就会乘虚而入，夺走优秀客户资源。

3. 市场波动导致失去客户

市场的波动期往往是造成客户流失的常见原因，任何企业在发展中都会遭受震荡，如高层出现矛盾、企业资金出现暂时的紧张、出现意外的灾害等，都会让市场出现波动，这时候，嗅觉灵敏的客户也许就会出现倒戈。

4. 细节的疏忽使客户离去

展览企业与展览项目客户的利益关系纽带是连在一起的，但情感也是一条很重要的纽带，一些细节部门的疏忽，往往也会导致客户的流失。

5. 诚信问题导致失去客户

有些业务经理喜欢向客户随意承诺条件，结果又不能兑现，或者价格优惠、增值服务、奖励等不能及时兑现给客户，客户最担心和没有诚信的企业合作，一旦有诚信问题出现，客户往往会选择离开。

6. 店大欺客，客户不堪承受压力

店大欺客是营销中的普遍现象，一些著名展览企业或展览项目，由于其苛刻的管理规定或代理政策，常常会使一些中小代理商客户不堪重负而离去，或者抱着一定抵触情绪来推广展览产品，一遇到合适时机，就会甩手而去。

7. 企业管理不平衡，令中小客户离去

营销人士都知道"80％的销量来自20％客户的八二法则"，很多展览企业都设立了大客户管理部，对小客户则采取不闻不问的态度。公关宣传、广告促销、营销优惠政策等都向大客户倾斜，使得很多小客户产生心理不平衡而离去。虽然小客户可能只有20％的销售额，但展览业很讲究规模和人气效应，小客户虽然给企业带的利润有限，但却能促进展览项目规模和人气的提升，有助于展览项目和运营企业实施关系营销和口碑营销策略。

8. 客户自身原因流失

有些客户的流失属于客户自身原因流失，如客户公司转行转业、破产倒闭、中止所合作的业务等。虽然客户流失的原因不尽相同，各个原因所占的比例也不一致，但很突出的一点是，客户对展览项目或运营企业的不满是造成其流失的最大原因。如果将对产品不满意、价格高、未能处理好投诉等因素也考虑进来，那么由于企业自身的原因造成的客户流失占了绝大部分，而因为竞争对手的原因造成的客户流失量是很少的。

(二)客户流失管理

基于客户流失的原因,可将客户流失分为四种类型:自然流失、恶意流失、竞争流失和过失流失。

1. 自然流失

客户自然流失不是人为因素造成的,如参展企业生产转型等。展览企业还是可以采取一些措施来尽量减少由此带来的损失,一个典型的做法是广泛建立展览企业的代理商服务网点或分公司,让客户在更多的地方见到展览项目或运营企业的身影。

2. 恶意流失

客户恶意流失是从客户的角度来说的,一些客户为了满足自己的某些私利而选择了离开原有的合作企业。如一些参展商客户以多种理由在拖欠了展位费或服务费尾款后,选择了离开展览项目,再去投靠别的展览项目,从而达到不交尾款或赖账的目的等。展览运营企业可以建立完善的用户信用管理机制,一方面在用户初次与企业合作时让其登记下必要的个人资料,另一方面建立详细的用户信用档案,在开展业务时进行用户信誉评定。客户关系管理的目标之一是要求企业与客户建立双赢的朋友式关系,让客户对企业保持忠诚,所以从这个角度来说,避免恶意流失的重要策略还是掌握在展览企业自己手里。

3. 竞争流失

这种类型的客户流失是由于竞争对手的影响而造成的。作为服务型企业,展览企业在竞争流失方面表现得更为突出,面对激烈的展览市场竞争,企业一般可以采取以下三种策略。

(1)进攻策略。集中力量,发挥自身优势,主动发起攻势,改进展览产品/服务质量,提高项目产品和企业声誉,加强品牌优势。

(2)防守策略。如果展览企业自身能力有限,就应当努力提高服务水平和服务质量,实行优惠价格,尽量保持和巩固现有市场。

(3)撤退策略。展览企业通过市场分析或前景预测,如果感到前景对自己不利,就干脆放弃该展览项目产品或服务,以腾出资源开发新的展览项目产品,开辟新市场。

市场调查表明,因为对手的竞争引起的客户流失量还占不到客户流失总量的30%,更多的情况还是因为客户对当前企业不满才选择离去。所以,在当前日益激烈的市场竞争中,展览企业首先要考虑的是保住自己现有的客户,然后再去吸引和争取新的客户。

4. 过失流失

造成这类客户的流失都是展览企业自身工作中的过失所致。这种类型的流失是占客户流失总量比例最高的,带给企业影响最大的,也是最需要重点考虑的。其中,最主要的原因都是企业自身造成的,如展览产品价格混乱、展览现场混乱不堪、对客户不闻不问、对员工置之不理、忽视反馈信息、不关心企业形象、员工思想消极、管理层故步自封等。如果过失流失成为展览企业的主要原因,就需要从展览企业管理体系及团队文化建设等整体进行彻底改革和重塑,制定详细而切实可执行的管理体系和企业文化,否则只靠拖延和将就,企业和项目也难逃走向败亡的命运。

三、展览客户关系管理的实施

(一)展览客户维护流程设计

客户关系管理的实施是一个循环往复的过程,是一个螺旋式上升的过程。展览企业客户关系管理的实施流程,包括收集客户信息,制定客户方案,实现互动反馈和评估活动绩效四个环节,继而上升到新一轮循环。

通过开展系统化的客户研究,通过优化展览企业、项目组织体系和业务流程,提高客户满意度和忠诚度,提高企业效率和利润水平的工作实践,展览企业在客户关系维护中,可参照图6-9程序进行客户关系维护管理流程设计。

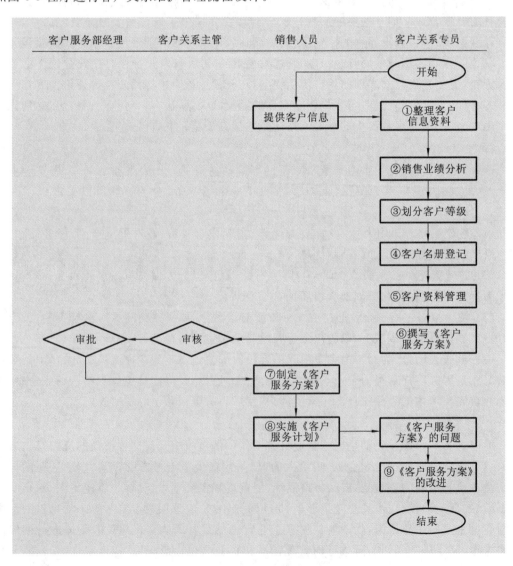

图6-9 展览客户关系维护管理流程

(二)根据客户价值分层服务策略

根据客户对展览项目或企业的价值量和实际作用大小,将客户分为战略同盟客户、潜在大客户、战略维持客户和无关紧要客户四个层次,从产品和服务政策、交流政策、价格策略、销售政策四个核心方面分别制定相应的服务策略。

(三)展览客户心理授权策略

客户授权是指企业通过增加客户可选择的服务项目、提高客户的消费能力、赋予客户足够的权利进行消费决策。客户授权是客户在市场交易过程中所固有的心理特征,是客户对权利的一种体验和享受,并不涉及权利的实际转移。

1. 客户授权的价值

(1)客户授权有助于促进客户认可互动关系,因为客户授权使客户从被动接受企业产品转变为主动参与设计自己需要和喜欢的展览产品和服务,从而增加了客户对于企业的心理归属感。

(2)客户授权式互动有助于提高企业的客户认知度、认可度与满意度,因而可能正向影响企业的合法性水平。通过与客户授权式互动能够增加新企业与客户间彼此的了解,从而能够提高客户认知合法性,将有助于更有针对性地创造客户价值,从而获得客户认可。

(3)客户授权有助于企业提升客户的归属感与客户所有权,提升新企业的合法性水平。授权让客户按照自己的喜好参与和体验企业的发展设计,可能提高被授权客户对企业的归属感和心理所有权。

(4)企业客户认知合法性的提升将同时促进新企业投资者、供应商、竞争者、员工以及政府等利益相关者的合法性水平。

2. 展览客户授权的策略

展览运营企业可以从企业授权行为及措施、客户心理授权和客户对消费经历评估三个方面实施具体措施,具体如图6-10所示。

(四)建立展览项目大客户管理策略

实行大客户管理是为了集中企业的资源优势,从战略上重视大客户,深入掌握、熟悉客户的需求和发展的需要,有计划、有步骤地开发、培育和维护对企业的生存和发展有重要战略意义的大客户,为大客户提供优秀的产品解决方案,建立和维护持续的客户关系,帮助企业建立和确保竞争优势。同时,通过大客户管理,将有限的资源(人、时间、费用)充分投放到大客户上,从而进一步提高企业在每一领域的市场份额和项目签约成功率,改善整体利润结构。

1. 展览大客户的管理内容

在内容上,展览大客户管理是在严谨的展览项目市场分析、项目竞争分析、客户群分析基础之上,分析与界定目标客户,确定总体战略方向,实现系统的战略规划管理、目标与计划管理、销售流程管理、团队管理、市场营销管理和客户关系管理,为大客户导向的战略管理提供规范的管理方法、管理工具、管理流程和实战的管理图表。

展览大客户管理的内容主要包括展览企业战略与目标管理、市场与团队管理、销售管理、控制和关系管理等五部分内容,因展览企业所处环境和所拥有的能力、资源情况不同,对

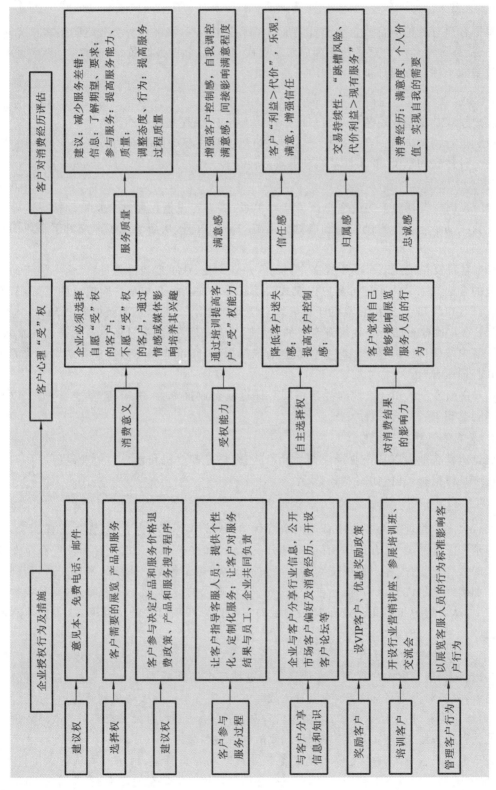

图 6-10 展览客户心理授权策略

大客户管理的内容在不同的企业也不尽相同,但一般包括以下几点。

(1) 定义展览项目的大客户,明确大客户的消费金额、地域范围和管理分工。

(2) 建立系统化的全流程销售管理、市场管理、团队管理和客户关系管理方法。

(3) 统一客户服务界面,提高服务质量。

(4) 规范大客户管理与其他相关业务流程的接口流程和信息流内容,保证跨部门紧密合作和快速有效的相应支持体系。

(5) 优化营销组织结构,明确各岗位人员的职责,完善客户团队的运行机制。

(6) 加强流程各环节的绩效考核,确保大客户服务流程的顺畅运行。

(7) 建立展览项目市场分析、竞争分析和客户分析的科学模型。

(8) 利用技术手段,建立强有力的客户关系管理支撑系统。

2. 展览大客户管理策略

大客户是企业、特别是中小企业维持生存和发展的命脉。在当今激烈竞争的前提下,展览企业首要的工作是做好大客户管理,防止大客户叛离,稳固大客户,降低大客户跳槽率。

1) 大客户管理方法

(1) 调查。企业可以通过定期调查,直接测定大客户满意状况。具体操作时,可以在现有的大客户中随机抽取样本,向其发送问卷或打电话咨询,以了解大客户对公司各方面的印象。

(2) 分析。展览企业管理层可从跳槽客户身上获得大量信息来改进营销工作,然而,由于文化和心理因素等多方面的原因,许多企业管理层人员不愿深入了解客户跳槽的真正原因,也无法真正找出营销工作的失误所在。通过失误分析,经理人可有效地改进企业的营销管理工作。

(3) 一致。展览企业管理层要想提高大客户的忠诚度、降低大客户的流失率,就必须从大客户利益的角度出发,充分运用战略和策略等各种手段来解决这个问题。防止大客户流失的措施可以总结为:一个沟通(与大客户始终保持深度沟通),两个保证(保证服务质量、保证利益最大化)。

(4) 文化。从竞争的角度来说,第一个层次的竞争也是最原始的、最普遍的竞争手段,就是价格竞争,第二个层次的竞争是质量的竞争,第三个层次的竞争是文化竞争,文化竞争应该是最高层次的质量竞争。对于企业来说,应加深文化内涵,进行文化竞争。

(5) 品牌。品牌化经营是一个趋势,它可以使消费者认同这个企业,认同这个企业的品牌,对这个企业的服务有一种亲近感,有一种信任感,这样在市场上就能形成竞争优势。

2) 大客户管理技巧

(1) 对大客户的类别划分要准确,不管它是综合大客户、专业大客户、协作大客户,还是潜在大客户都要界定清晰。

(2) 收集完善大客户基础资料,摸清大客户单位所处的行业、规模等情况,摸清大客户内部的报告线、决策线,甚至关键人物的个人资料。

(3) 关注竞争者的动向。

(4) 优先为大客户做事。

(5) 重视大客户的差异化及个性化。

（6）必须保证大客户得到的是最新、最优、最实惠的产品或服务。

（7）养成走访习惯，最好是分层次对口走访。拜访对象应包括大客户单位的决策者、经办人及财务负责人等。

（8）做大客户的生意，其角色特点与销售人员有所不同。大客户主管或经理应该是客户的顾问，参展商人员的职责不仅是发展和培育顾客、销售谈判，还要了解顾客决策流程，收集具有竞争力的情报，发现创造附加值的机会，协调顾客的保养、维修和升级服务，进行信息沟通，定制产品及服务等。

（9）时刻警惕竞争者参与竞争或实施报复，保持大客户的忠诚度。

教学互动

互动问题：展览项目大客户管理与维护中，应注重的问题。

1. 应收集大客户哪些方面的信息和资料？

2. 采取哪些关系维护措施或方案，保持与展览项目大客户的日常联系？

要求：

1. 教师不直接提供上述问题的答案，而引导学生结合本章教学内容就这些问题进行独立思考、自由发表见解，组织课堂讨论。

2. 教师把握好讨论节奏，对学生提出的典型见解进行点评。

本章小结

内容提要

本章讲述了展览客户关系管理基础理论、展览客户关系质量管理与维护、展览客户关系管理策略三个部分内容。

首先，介绍了展览客户关系管理基础理论，包括展览客户关系管理的内涵与目标、展览项目客户对象、展览客户关系管理系统的构建。

其次，介绍了展览客户关系质量管理与维护，包括客户关系质量管理、展览客户关系质量管理（包含展览客户满意感、归属感、忠诚感管理，展览客户投诉的处理，商业友谊管理等）。

最后，介绍了展览客户关系管理策略，包括展览客户终身价值管理策略、展览客户流失管理策略、展览客户关系管理的实施（包含展览客户维护流程设计、根据客户价值分层服务策略、展览客户心理授权策略和建立展览项目大客户管理策略）。

核心概念

客户关系管理；展览客户关系管理；展览项目客户对象；客户满意感；客户信任感；客户归属感；客户忠诚感；情绪体验；商业友谊；客户终身价值；客户流失管理；客户授权

> 重点实务

展览项目客户关系管理知识在展览客户营销与管理过程中的应用;掌握制定展览客户维护工作方案的工作步骤与技巧。

第七章 展览项目组织与人力资源管理

项目目标

通过本章学习,应当达到以下目标:

职业知识目标:学习和把握展览项目组织管理、展览项目团队管理、展览项目人力资源管理的内涵等知识,能利用相关知识开展展览项目组织与团队管理相关的人力资源工作。

职业能力目标:运用本章专业知识,培养对展览项目组织结构设计方法、团队工作环境与氛围建设、团队管理策略、展览项目工作分析、展览项目职务设计与分析、展览项目人力资源规划操作、展览项目员工绩效考评与管理、薪酬制度的设计、展览项目志愿者管理与培训、培养展览项目组织与人力资源管理等方面的管理与策划专业技能。

职业道德目标:结合展览项目组织和人力资源管理内容和方法的教学内容,依照行业道德规范或标准,熟悉组织与团队、人力资源等相关工作在展览项目工作各个环节中的应用,增强对组织与团队、人力资源应用的职业态度和职业道德素质。

第一节 展览项目组织管理

一、展览项目组织管理概述

(一) 组织的内涵

1. 组织的含义

从广义上说,组织是指由诸多要素按照一定方式相互联系起来的系统。组织又是管理的一项基本职能,即为了有效实现共同目标,合理地进行组织结构设计与职务设计,并配备人员,确定各自的职责与职权,以及组织内部成员之间的相互关系的过程。建立一个组织,其根本目的是有效实现组织的目标,提高工作效率。组织的本质含义就是按照一定目的和程序所组成的一种权责角色结构。

2. 组织的构成要素

(1) 组织环境。组织是一个开放系统,组织内部各层级、部门之间和组织与组织之间,每时每刻都在交流信息。任何组织都处于一定的环境中,并与环境发生着物质、能量或信息交换关系,脱离一定环境的组织是不存在的。所有管理者都必须高度重视环境因素,必须在不同程度上考虑到外部环境,使组织的内外要素互相协调。

(2) 组织目的。任何一个组织都有其存在的目的,建立一个组织,首先必须有目的,然后建立组织的目标,企业组织的目的,就是向社会提供用户满意的商品和服务,从而为企业获得尽量多的利润;政府行政部门的目的是提高办公效率,更好地为广大市民服务。

(3) 管理主体。在组织中,两个相互作用的要素是管理主体和管理客体。管理主体是指具有一定管理能力,拥有相应的权利和责任,从事现实管理活动的人或机构,也就是通常所说的管理者。

(4) 管理客体。管理客体是指组织管理主体直接作用和影响的对象,管理主体与管理客体之间的相互联系和相互作用构成了组织系统及其运动,这种联系和作用是通过组织这一形式而发生的。在管理的过程中,管理主体领导管理客体,管理客体实现组织的目的,而管理客体对管理主体又有反作用,管理主体根据管理客体对组织目的的完成情况,从而调整管理主体的行为。

(5) 结构载体。组织成员间需要有互相协调的手段,保证信息可以进行沟通交流而实施分工协作,由部门、岗位、职责、从属关系构成。

(6) 管理维持。为了实现目的,组织一套计划、控制、组织和协调的流程,以计划、执行、监督、控制等手段保证目标的实现。

(二) 组织的特点与管理内容

1. 组织结构的基本特点

组织有正式组织和非正式组织之分。正式组织一般是指组织中体现组织目标所规定的成员之间职责的组织体系。非正式组织是在共同的工作中自发产生的,具有共同情感的团体。展览项目管理中,正式组织和非正式组织两种形式均有出现。本节所提及的展览项目组织管理偏向于正式组织的管理结构与特点。组织结构就是一个组织的框架体系,它有以下三个基本特点。

(1) 层级化。层级化是指组织内部结构的分化程度。随着劳动分工的扩大,组织纵向的等级数增多,组织单位的地理分布更广泛。展览项目组织因展览项目的构成结构不同,往往等级也不相同,展览项目企业一般实行三级管理,而大型综合展示活动的等级则多达4~6级。

(2) 正规化。正规化指一个组织在很大程度上依靠规章制度来指导员工行为。有正式组织和非正式组织之分。正式组织是指为了实现一定的目标,有意形成的职务结构,具有稳定性;非正式组织是指人们在共同的工作过程中自然形成的以感情、喜好等情绪为基础的松散的、没有正式规定的群体,具有不稳定性。

(3) 集权化。集权化指组织的决策权在上层管理人员的集中程度。有的组织是高度集权的,决策权集中在最高层,在展览项目的组织过程中发现问题之后,由下至上请示,并由最高层管理者下达命令,由上而下服从。而有的组织将决策权下放,称之为分权。

2. 组织管理的内容

1) 组织工作内容

从组织工作的含义看,设计、建立并保持一种组织结构,是一个组织不可缺少的工作内容,也是主管人员的组织工作职能的内容。具体包括根据组织目标设计和建立一套组织机构和职位系统;确定职权关系,从而把组织上下左右联系起来;与管理的其他职能相结合,以保证所设计和建立的组织结构有效地运转;根据组织内外部要素的变化,适时地调整组织结构。

2) 组织管理活动

组织管理主要包括五项活动,分别是计划、组织、人事、领导和控制。

(1) 计划。计划是从现在所处的位置到达将来预期的目标之间架起的一座桥梁。编制计划包括选择任务、目标和完成计划的行动。

(2) 组织。组织工作是管理工作的一部分,这部分工作旨在建设一个经过策划的角色结构,分配给机构中的每一个成员。

(3) 人事。人事工作就是给组织结构设置、编制、配备和保持人员,使成员能够高效益和高效率地完成任务。

(4) 领导。领导工作指对工作人员施加影响,使他们对组织和集体的目标做出贡献。

(5) 控制。控制工作是衡量和纠正下属人员行为的各种活动,从而保证事态的发展符合计划要求。

二、展览项目组织的管理设计

(一) 组织与项目管理的关系

组织不是集团,而是相互协作的关系,是人们相互作用的系统。展览项目组织也是在一定的时间和空间内,将展览项目任务分解给各个不同成员,并协调展览项目成员之间关系的过程,一般包含以下四个重要因素。

1. 展览项目组织的目标和宗旨

目标是组织存在的前提,展览项目组织的目标就是实现经济和社会效益的最佳综合,展览项目组织存在于展览项目工作的各个方面。展览项目组织的核心目的是建立一个结构比较优化的展览项目组织结构,在尽可能减少组织成员数量的同时,高效完成组织担负的任务。展览项目管理,就是在特定的环境下,对展览项目组织所拥有的资源进行有效的计划、组织、领导和控制,以便达到既定的组织目标的过程。这个定义包含以下三层含义。

(1) 展览项目管理活动是在特定的内外环境的约束下进行的。

(2) 展览项目管理是为实现组织目标服务的。

(3) 展览项目管理工作要通过有效利用组织的各种资源来实现组织目标。

2. 展览项目人员与职务

人既是组织中的管理人员,又是组织中的被管理人员,建立良好的人际关系,是建立组织系统的基本条件和要求。

3. 职责与职权

职责是指某项职位应该完成某项任务的责任,它反映了上下级之间的一种关系。职权是指经由一定正式程序所赋予某项职位的一种权力,居其位者,可以承担指挥、监督、控制以及惩罚、裁决等工作。

4. 协调与发展

在组织成员付出努力的同时,必须对这些努力进行协调以便最高效地实现组织的目标。从动态的观念看,展览项目组织工作是一个过程,这主要是指展览项目组织工作是维持与变革展览项目组织结构并使其发挥作用、完成展览项目工作目标的过程。

(二)组织设计的基本原则

1. 因事设职与因人设职相结合

组织设计的根本目的是保证组织目标的实现,是使目标活动的每一项内容都能落实到具体的岗位和部门,即事事有人做,而非人人有事做。因此,展览项目组织设计中,自然而然地要求从工作特点和需要出发,因事设职,因职用人。如一个展览项目中心的中层管理人员具有良好的外语水平,同时也有较强的设计能力,可以将接待部和招展部合二为一。

2. 权责对等

在组织设计中,不仅要明确各部门的任务和责任,还要明确规定这些部门利用人、财、物以及信息等的权利。权责对等原则就是进行组织结构的设计时,既要明确规定每个管理层次和各个部门的职责范围,又要赋予完成其职责所必需的管理权限,职责与职权必须协调一致。科学的组织结构设计应该是将职务、职责和职权形成规范,订出章程,无论是什么人,只要担任该项工作就得必须遵从。

3. 目标统一

展览项目组织目标层层分解,直到每一个人都了解自己在总目标实现中应完成的任务,这样建立起来的组织机构才是一个有机整体,才能为保证组织目标的实现奠定基础。此外,展览项目组织设计的原则还有分工协调、层幅适当、稳定性与适应性相结合以及均衡性等。

同步案例 中国进出口商品交易会组织架构

主办单位:中华人民共和国商务部、广东省人民政府。

承办单位:中国对外贸易中心。

组织机构:中国进出口商品交易会领导委员会由中华人民共和国商务部、广州市人民政府领导、各交易团团长、各展馆馆长、有关部门领导共同组成。

进出口商会/协会:中国五矿化工进出口商会、中国机电产品进出口商会、中国轻工工艺品进出口商会、中国纺织品进出口商会、中国食品土畜进出口商会、中国

医药保健品进出口商会、中国外商投资企业协会。

交易团：安徽省商务厅、北京市商务委员会、长春市商务局、成都市商务委员会、大连市对外贸易经济合作局、福建省商务厅、甘肃省商务厅、广东省商务厅、广西壮族自治区商务厅、广州市商务委员会、贵州省商务厅、哈尔滨市商务局、海南省商务厅、杭州市商务委员会、河北省商务厅、河南省商务厅、黑龙江省商务厅、湖北省商务厅、湖南省商务厅、吉林省商务厅、济南市商务局、江苏省商务厅、江西省商务厅、辽宁省对外贸易经济合作厅、内蒙古自治区商务厅、南京市商务局、宁波市商务委员会、宁夏回族自治区商务厅、青岛市商务局、青海省商务厅、山东省商务厅、山西省商务厅、陕西省商务厅、汕头市商务局、上海市商务委员会、深圳市经济贸易和信息化委员会、沈阳市对外贸易经济合作局、四川省商务厅、天津商务委员会、武汉市商务局、西安市商务局、西藏自治区商务厅、厦门市商务局、新疆生产建设兵团商务局、新疆维吾尔自治区商务厅、云南省商务厅、浙江省商务厅、重庆市对外贸易经济委员会、珠海市商务局。

职能部门设置：大会秘书处、业务办公室、外事办公室、政治工作办公室、保卫办公室、新闻中心、卫生保障办公室、证件服务中心、广交会客户联络中心9个职能部门。

（资料来源：广交会官网。）

问题：广交会在组织架构设计方面有何特点？

分析提示：中国进出口商品交易会即广州交易会，简称广交会，英文名为Canton Fair。创办于1957年春季，每年春秋两季在广州举办，已有六十年历史，是中国目前历史最长、层次最高、规模最大、商品种类最全、到会客商最多、成交效果最好的综合性国际贸易盛会。自2007年4月第101届起，广交会由中国出口商品交易会更名为中国进出口商品交易会，由单一出口平台变为进出口双向交易平台。目前，广交会共同由48个交易团组成，有数千家资信良好、实力雄厚的外贸公司、生产企业、科研院所、外商投资/独资企业、私营企业参展，为广交会的成功举办奠定了良好的市场基础。

（三）组织结构设计方法

组织结构的整体设计包含以下三个部分：工作活动、报告关系以及部门组合。

1. 工作活动

为了完成组织认为有价值的任务，实现组织目标，设立专门的部门不失为一种方法。

2. 报告关系

报告关系通常也称为命令链。命令链应该是一条连续的权力线，连接组织中所有的成员，表明谁应该向谁负责。

3. 部门组合

部门组合包括职能组合、事业部组合、区域性组合和多重组合。部门组合将影响员工，因为他们有共同的上级和资源，共同对绩效负责，并趋于相互认同和相互合作。职能组合是指将一些人组合起来，这些人执行相似的职能或工作过程，或提供相似的知识和技能。

（1）事业部组合。事业部组合是指将人们围绕公司的产品组合起来。

（2）区域性组合。区域性组合是指将资源组合起来以便为某一特定地区的顾客提供服务。这种组合强调其雇员去满足来自某一特定国家或地区的顾客的需要。

（3）多元组合。多元组合意味着一个组织同时拥有两种结构组合方式。这种结构模式通常也称矩阵或混合模式。

4. 展览项目组织结构类型

展览项目组织管理过程中，常用的组织结构类型有以下几种。

（1）职能组织型。该结构呈金字塔形，采用职能组织型，将展览项目放在展览项目公司或政府机构某个职能部门中进行，这个部门是最有可能使项目成功的部门，必要时，其他职能部门会提供协助。这种组织形式适合于规模较小、单一专业领域的项目。

（2）矩阵组织型。这是现代大型项目中应用最广泛的新型组织形式，它是职能组织型和项目组织型的结合，将职能组织型的纵向优势和项目组织型的横向优势有效结合起来。采用矩阵组织型，各职能部门中与项目有关的人员被临时抽调出来在项目经理的领导下从事项目工作，这时的成员有两个领导。这种组织形式加强了各职能部门同各项目之间的协作关系。

（3）项目组织型。项目组织型是一种独立于其他职能部门之外的、自成体系的项目机构。这种组织形式适合于大型展览项目。在这种组织形式中，几乎所有的项目成员都是全职，各职能部门不直接参与项目工作。上述三类组织结构类型的特点，如表7-1所示。

表7-1　三类组织结构类型的特点

组织形式 特征	职能组织型	矩阵组织型			项目组织型
		弱	中	强	
项目经理权限	很少或没有	有限	小到中等	中到大等	很高甚至全权
全职人员工作比例	几乎没有	0%～25%	15%～60%	50%～95%	85%～100%
项目经理任务	兼职	兼职	全职	全职	全职
项目经理常用头衔	项目协调员	项目协调员	项目经理	项目经理	项目经理
项目经理行政人员	兼职	兼职	兼职/全职	全职	全职
项目组织的独立性	完全没有	没有	有限	独立	完全独立

（四）展览企业与项目组织结构设计

展览项目的组织管理工作通常呈现纵向领导与横向分工合作的交错关系，在组织架构设计方面体现了主办、承办、支持等展览要素的特点，如第一章所述，但在展览项目实际执行中，由承办单位或具体运营的企业负责执行和履行相应工作职责，展览项目承办单位或运营企业在组织结构方面也具有行业特色。

1. 展览企业常用的组织结构

一般而言，根据展览项目工作的特点，展览承办或运营企业的具体分工和职能部门分工主要有以下几个部门。

（1）策划部。策划部是展览项目组织的主要基础部门，它的主要工作是企业策划与展出策划两个部分。企业策划是对整个展览项目企业形象的策划、组织的包装等；展出策划是制定展览工作方案。

（2）业务部。业务部是展览项目组织的重要部门之一，企业盈利与否直接取决于业务部的招商业绩。业务部的主要工作是招徕和联系参展商，有些组织又称业务部为招商部。其主要工作职责是招展宣传、选择参展商、组织展览团，另外还负责展品运输、展台设计和施工等工作。

（3）市场部。市场部主要负责新闻宣传、广告策划实施、协调与各社会团体或政府的关系等。宣传工作是展览项目成功与否的基础保证，其手段主要是广告与联络。具体工作内容包括制订年度场馆销售计划；根据市场变化对价格政策的制定和修正提出建议并报请领导批准后执行；负责场馆营销，签订场馆出租合同；执行合同收款；负责有关展览会的报批手续等。

（4）信息部。信息部负责展览会的通信、网络数据的租赁业务，以及展览项目企业信息系统的规划、建设与维护，应用软件及办公电脑、耗材的采购与管理，同时还负责组织内部通信系统及网络的建设与保障工作等。

（5）管理部。管理部的主要工作包括对展台准备工作的管理、展台后续工作的管理及展会整体评估工作的管理等。

（6）工程部。工程部负责展览项目组织的各项基建工作、展会期间建筑物装饰装修建设和设备设施的维修与养护。

（7）财务部。财务部的主要工作是编制展览项目预算、控制项目费用、筹集和运用好资金，以使企业获得最佳收益。

（8）人力资源部。人力资源部负责展览项目所需人员的招聘、培训、考核、奖罚等工作，保证项目所需的人力资源。

（9）保安部。保安部的主要职责是维护展览现场的良好秩序，确保展会环境安全。

展览项目公司的组织结构因其规模、定位、发展状况等情况的不同而有所不同，图7-1、图7-2、图7-3给出了三种不同规模的展览项目公司的组织结构范本。

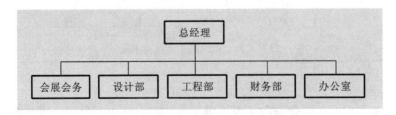

图 7-1 小型展览项目公司组织结构范本

2. 大型展会项目组织结构设计

大型的展览活动由于涉及的人员众多，往往采用直线职能型组织结构。为确保会议的顺利进行，组委会一般从专业和服务两个方面入手，建立职能部式的组织结构。一般设置大会秘书处（组委会办公室）、展务协调部、新闻宣传部、综合保障部、安全保卫部、卫生保障部、投资洽谈部、贸易促进部、境外投资部、开放论坛部、人才引进部、科技合作部等职能部门（见

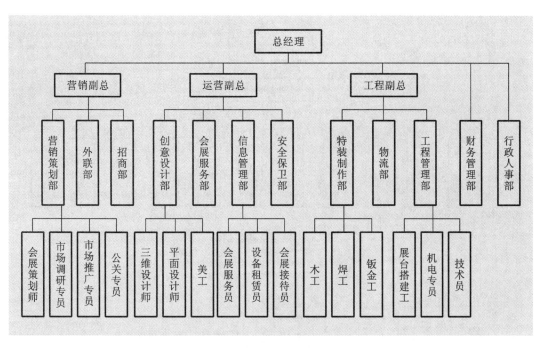

图 7-2 中型展览项目公司组织结构范本

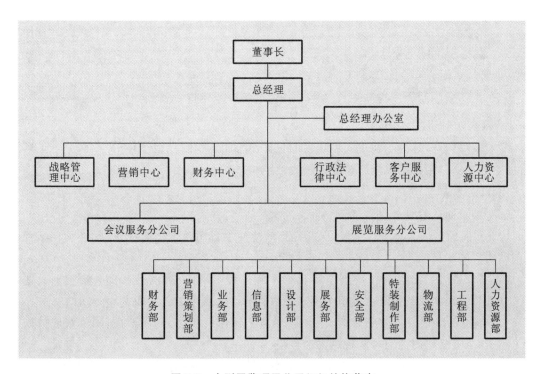

图 7-3 大型展览项目公司组织结构范本

图 7-4),并规定各部门的相关职责。

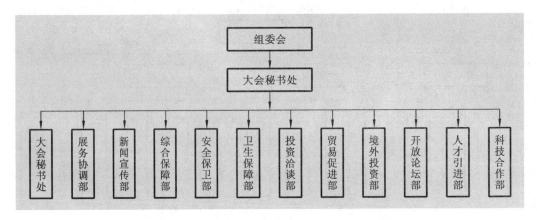

图 7-4　某展会组织结构

第二节　展览项目团队管理

一、展览项目团队管理概述

(一) 展览项目团队的内涵

1. 展览项目团队的含义

展览项目团队，是为了实现展览项目的目标而协同工作的一组个体的集合，一个迅速形成的、由具备协作精神的成员所构成的临时性组织。

2. 内涵要素

展览项目团队的概念包含以下要素。

(1) 共同的目标。对于一个展览项目而言，为使项目团队工作有成效，就必须在项目开始前明确目的和目标。

(2) 合理的分工与协作。在展览项目的实施过程中，每个人的行动都会影响到其他人的工作，因此，团队成员都需要了解为实现项目目标而必须做的工作及其相互间的关系。

(3) 高度的凝聚力。凝聚力指成员在项目内的团结与吸引力、向心力，团队对成员的吸引力越强，队员坚守规范的可能性越大。

(4) 团队成员相互信任。团队的另一个重要特征就是信任，即成员之间相互关心、相互信任，承认彼此之间存在的差异，能够自由表达，通过交流，达到最终的理解与支持。

(5) 有效的沟通。团队还应具有高效沟通的能力，项目团队应具备硬件装备，具有全方位的信息沟通渠道，保证沟通直接、高效。

（二）展览项目团队的目的、特征和意义

1. 项目团队组建的目的

展览项目团队建设的目的，在于创造团队活力，提高团队的工作效率，以完成展览项目目标为根本任务。

2. 项目团队的特征

展览项目团队成员来源广泛，通常情况下是由一些从未在一起工作过的人员组成，与传统的团队相比，具有以下特征。

（1）成员来源的广泛性。展览项目团队成员来源较为广泛，特别是大型展览项目需要多个组织和成员的参与。

（2）成员工作的双重性。展览项目团队成员多为兼职者，除兼职展览项目的工作外，还有自己本身的工作。如大型体育赛事活动有非常多的志愿者参与，包括医生、科技人员、大学生等。

（3）成员工作的变动性。展览项目团队成员在展览项目周期所处的各个不同阶段变动较大。

（4）经理权力的有限性。展览项目经理对团队成员没有足够的正式行政权力，有些项目团队成员的级别比项目经理高。

（5）团队的临时性。展览项目团队是临时性的，随着展览项目的完成而解散。

（6）时间的短暂性。一些展览项目如中小型会议持续时间短，需要团队成员迅速地进入状态。

3. 展览项目团队建设的重要性

（1）如果没有有效的团队建设，不可能使来源多样的团队成员短时间内融合成一个整体。

（2）对多样性的团队成员和行政级别高于自身的成员管理难度增加。

（3）临时性项目团队中成员变动大、兼职人员多和项目结束时面临团队成员解散的问题，都会对团队成员的士气有所影响。

（三）展览项目组织与团队的区别

虽然组织和团队在不同的管理学派里有不同的解释，但认真分析组织的内涵，即为了实现既定的目标，按照一定的规则和程序设置的多层次岗位及其相应人员隶属关系的权责角色结构，关键点是实现一个共同的目标、不同层级的分工合作、按照一定规则形成的有机的系统整体。而团队的内涵，即由两个或两个以上的人，为了一个相同的目标，利用成员的不同知识和技能相互协作，一起承担责任的共同体，关键点是相同的目标、利用团队成员的不同知识和技能相互协作、共同承担责任。

展览项目管理中，展览项目的组织和团队之间存在着许多区别，展览项目组织是按照一定的规则聚合在一起的，或许由多个团队构成，所以更加注重不同部分的协作，通常情况下组织比团队庞大。为了综合不同部分的工作成果实现组织目标，组织中一定会有明确的权责区分，所以在不同的层次有不同的领导者，制定相应的决策并为组织的结果负责。展览项目团队可以有明确的领导者，但决策更多是由团队成员共同制定的，并且鼓励大家共同来承担责任。因此,团队里面如果过于强调领导者的角色和作用,可能会使得团队缺乏参与性和创造力。展览项目组织成员中必然有权力的大与小,层级的高与低,而展览项目团队成员中权力和层级应该是相对平等的,因为团队的优势就是集思广益、通过团队成员之间不同的知识和技能的互补来创造价值的。展览项目组织建设是宏观的建设,而项目团队建设是较为微观的建设,但团队建设应该是组织建设的基础,只有团队效能提升了,组织的效能才会提升。

二、展览项目团队组建管理

(一) 展览项目团队的发展阶段与领导行为

项目团队的发展分为五个阶段(见图7-5),每个阶段都有自己的特点,团队成员应在展览项目经理的领导下,尽快适应工作。项目经理要根据不同阶段的特点对项目成员进行管理。

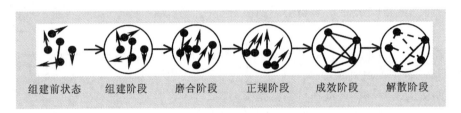

图7-5 项目团队发展阶段

1. 组建阶段

在组建阶段,项目负责人发挥着重要作用,要向成员介绍项目的背景、目标和任务,构建团队的内部框架,确定团队成员的角色和项目团队与各职能部门的信息联系及相关关系。领导行为主要是组织和指导班子成员的工作,使每个人都对具体活动负起责任。

2. 磨合阶段

团队成员明确了项目的工作目标以及各自的职责后,开始执行各自分配到的任务。但在实际工作中,各方面的问题会逐渐显露出来,团队士气也会有所下降。团队的冲突和不和谐是这阶段的一个显著特点。另外,团队成员与周围的环境之间也会产生不和谐,如展览项目在运行过程中需要与项目外其他部门协调各种各样的关系,在协调中会遇到各种各样的困难。在磨合阶段,项目负责人应在团队中树立威信,项目领导和队员都应积极促成冲突的解决,并且认识到协调成员的差异和安定大家的情绪需要一定的时间,应积极有效地引导大家,力求在冲突与合作中寻找理想的平衡。领导行为以支持为主,建立切实可行的行为和工作标准,向成员解释应当做哪些工作,通过反馈激发成员的行为动机。

3. 正规阶段

经受了磨合期的考验,团队目标更加明确,团队成员之间、团队与项目负责人之间的关系更加协调。项目团队成员适应工作环境,相互信任,大量地交流信息、观点和感情,合作意识增强。同时,项目规程得以改进和规范化,并不断促进新制度的建立。这时项目团队的凝聚力开始形成。

4. 成效阶段

经过前面几个阶段,团队确立了行为规范和工作方式。项目团队成员积极工作,努力实现项目目标。团队成员有集体感、荣誉感和归属感,信心十足。项目团队能开放、坦诚、及时地进行沟通,团队成员相互依赖度高。相互的理解、高效的沟通、密切的配合、充分的授权,这些宽松的环境加上队员们的工作激情使得这一阶段容易取得较大成绩,团队精神和集体的合力在这一阶段得到了充分体现,每个团队成员在这一阶段的工作和学习中都取得了长足的进步和巨大的发展。

5. 解散阶段

随着展览项目的结束,项目团队面临解散,这时团队成员出现不稳定情况,大家都在考虑自己的将来。这时必须改变工作方式才能完成最后各种具体任务,项目负责人要告诉各成员还有哪些工作需要完成。在实际工作中,由于展览项目的特点,通常并没有很长时间来支持团队的形成和磨合,需要一成立就高效、规范地开展工作,这就要靠两方面来保证:一是在项目负责人和成员的选拔上,要考虑各自的组织背景、工作经验、职业背景、教育背景、年龄、性格和性别等,对有项目管理教育背景和工作经验的人优先考虑;二是通过灵活、高效的项目团队启动会议,尽快使项目团队进入规范化阶段。

(二)展览项目团队工作环境与氛围建设

展览项目团队的工作环境和氛围对于是否能高效地完成项目非常重要。为形成良好的氛围,要增强团队的凝聚力、提高团队成员的士气和解决好工作中的冲突。

1. 形成团队凝聚力

团队凝聚力指团队对每个成员的吸引力和向心力,以及团队成员之间人际关系的程度和力量。团队凝聚力受项目内外因素的影响,外部因素如外部环境的威胁;内部因素如领导方式、团队目标、奖励方式、团队成员和团队依赖程度等。

2. 提升团队士气

团队士气就是团队精神,即团队成员愿意为实现团队目标而奋斗的精神状态和工作风气。士气高的团队必须是具有高凝聚力的团队、大家目标一致的团队、具有化解矛盾能力的团队和适应外部环境变化能力的团队。

3. 化解冲突与矛盾

展览项目团队在工作中,由于工作压力大、环境复杂多变和协调工作困难等原因,工作中的冲突在所难免。冲突可充分暴露问题,激起讨论,澄清思想或寻求新的方案,但若控制不好就会破坏团结、破坏沟通、降低信任。冲突有人力资源、设备、费用、责任、时间规划、管理程序和个性等各个方面的。项目经理依据经验确定解决冲突的方式,常用的方式是协商,其次是妥协,接下来是缓和、强制和退出。但退出是一种临时解决问题的方法,不能根本性地解决问题,应采用多沟通与交流的方法,大家换位思考,力争达成一致,保证项目的成功。

三、展览项目团队管理策略

(一)团队管理方法

1. 角色界定法

角色理论的中心概念是角色,角色一词来源于戏剧,社会心理学家看到这个概念有助于理解人的社会行为和个性,便引入社会心理学中,认为人在社会关系中的地位规定了人的社会角色是人在一定社会背景中所处的地位或所起的作用。贝尔宾1981年通过一系列模拟练习得出8人角色(见表7-2),他认为,成功的团队是通过不同性格的人结合在一起组成的,另外,成功的团队中必须包括担任不同角色的人。

表7-2 团队角色分工特征

角色	职责	行动	特征	缺失该角色的后果
决策者	凝聚者	组成团队,采取群体讨论的模式,促使群体达成一致,并做出决策	有较高的成就,极易激动,敏感,无耐心,好交际,喜欢辩论,具有煽动性,精力旺盛	内部关系紧张
策划者	创新者	提出建议和新观点,为行动过程提出新的视角	个人主义,慎重,知识渊博,非正统,聪明	思维受局限
协调者	完美者	阐明目标和目的,帮助分配角色、责任和义务,为群体做总结	稳重、智力水平中等,信任别人,公正,自律,积极思考,自信	工作效率低
支助者	保障者	为别人提供个人支持和帮助	喜欢社交,敏感,以团队为导向,不具有决定作用	工作无法拓展
外联者	信息者	介绍外部信息,与外部人谈判	有求知欲,多才多艺,喜爱交际,直言不讳,具有创新精神	信息封闭
实干者	中层管理者	强调完成既定程序和目标的必要性,并且完成任务	力求完美,坚持不懈,勤劳,注意细节,充满希望	管理混乱
执行者	操作者	把谈话和观念变成实际行动	吃苦耐劳,实际,宽容,勤劳	产品质量低下
监督者	监督评估者	分析问题和复杂事件,评估其他人的贡献	冷静,聪明,言行谨慎,公平客观,理智,不易激动	管理起落不定

2. 建立统一的价值观

团队建设的核心是在团队成员之间就共同价值观和某些原则达成共识,因此,团队建设的主要任务是建立上述共识。魏斯特提出了形成共识的五个方面,并以此作为指导团队建设的原则(见表7-3)。

表 7-3　达成团队共识的五个方面

构成要素	内　　容
明确	必须明确建立团队的目标、价值观及指导方针,而且经过多次讨论
鼓动性价值观	这些观念必须是团队成员相信并且愿意努力工作去实现的
力所能及	团队所期望的结果必须是通过大家的共同努力可以实现的
共识	所有团队成员都支持这一观点是至关重要的,否则他们可能发现各自的目标彼此相反或无法协调,存在根本冲突
未来潜力	团队共识必须具有在未来进一步发展的潜力。拥有固定的、无法改变的团队共识是没有意义的,因为人员在变、组织在变,工作的性质也在变,需要经常重新审视团队共识,以确保其仍然能够适应新的情况和新的环境

3. 任务导向法

以任务为导向的建设途径,强调团队要完成的任务。按照这一途径,团队必须清楚地认识到某项任务的挑战,然后在已有的团队知识基础上研究完成此项任务所需要的技能,并发展成具体的目标和工作程序,以保证任务的完成。

4. 人际关系法

该途径通过在成员间形成较高程度的理解与尊重,来推动团队的工作。

（二）团队的激励

激励是指驱使一个人做某件事的内在动力。展览项目团队成员做出的成绩的多少,既取决于他们的能力,也取决于他们对工作的投入程度,而对工作的投入需要通过有效的激励。激励理论有以下两个代表性的观点。

1. 马斯洛的需求层次论

在马斯洛的需求层次论中,马斯洛将人的需求分为五个层次,从低到高分别是生理需求、安全需求、社会需求、尊重需求和自我实现需求,只有较低层次的需求满足后,才会产生更高层次的需求。

2. 赫茨伯格的双因素理论

在赫茨伯格的双因素理论中,把工作因素分成两大类:保健因素和激励因素。

（1）保健因素。保健因素是指管理质量、薪金水平、公司政策、工作环境、与他人的关系和工作稳定性等,这些因素对激励来说是中性的,但若得不到满足,就会变成负激励。

（2）激励因素。激励因素是创造团队成员工作满足感的因素,如责任感、成就感、成长机会、职务晋升等。根据这一理论,在展览项目团队建设中,要充分利用激励因素,如项目经理可在自己的权力范围内,为团队成员创造有较大自我发展空间的机会,以此来激励团队成员。

（三）团队绩效考核

展览项目的成功,是靠团队整体的工作来保证的,是每个团队成员创造的,但若不对个体进行考核,会造成团队成员心理的不平衡,影响大家的积极性,严重的会导致团队的瘫痪。

1. 建立团队绩效评估体系

团队绩效评估体系包括团队成员个人工作表现考评、对团队工作的考评、团队在整个组织中的贡献考评。

2. 绩效考核的方法

绩效考核的方法包括业绩考评表，它根据所限定的因素来对成员进行考核；目标管理，它是一种潜在有效的考评员工业绩的方法；360度评价法，即在团队中实施全方位、全过程的评价，调动团队所有成员以及各个方面积极参与。

（四）团队的效益评估

展览项目团队是否形成真正意义的团队，可通过一些标准进行判断（见表7-4）。

表7-4 展览项目团队形成的判断标准

序号	团 队	非 团 队
1	所有成员具有强烈的团队成员意识，以团队成员的身份为荣，有强烈的归属感	成员不把自己或者不完全把自己看作其中的一员，成员之间相互不认同
2	所有成员都以会展项目的目标为自身工作的首要目标	成员之间按特定利益划分成多个小团体
3	团队成员之间团结合作，彼此尊重，充分交流，信息共享	成员之间信任度不高，或相互猜疑，不愿意沟通，信息不共享
4	每个团队成员都能发挥自己的作用，并在自己所负责的工作中形成工作的核心角色	只有少数人担任核心角色
5	成员愿意在自己的权利和职责范围内做出决定和承担责任	成员害怕承担责任而尽量避免做出决定，一旦遇到问题就上交
6	所有成员愿意在任何时候、任何地点进行与项目有关的工作，愿意加班，愿意出差	接受工作讲条件，上下班时间划分清楚
7	有团队成员共同的行为规则和规范	没有明显的行为规范与规则

第三节 展览项目人力资源管理

一、展览项目人力资源管理

（一）展览项目人力资源管理的内涵

展览项目人力资源管理，是指根据展览项目目标，采用科学的方法，对项目组织成员进行合理的选拔、培训、考核、激励,使其融入组织之中,并充分发挥其潜能,从而保证高效实现展览项目目标的过程。

展览项目人力资源管理是一个运用现代化的方法与技巧,对与一定的物力相适应的展览项目人力资源进行合理的配置与使用,并对人力资源的思想、心理与行为进行恰当的诱导、预测和控制,做到人尽其才、才尽其用,从而释放人力资源的潜能,充分实现组织目标的过程。

(二) 展览项目人力资源管理的任务和内容

1. 展览项目人力资源管理的任务

展览项目人力资源管理的基本任务就是根据展览项目企业发展战略的要求,通过有计划地对人力资源进行合理配置,确保企业战略目标的实现。具体来讲,展览项目人力资源管理的任务主要有以下几个方面。

(1) 满足展览项目管理要求。通过规划、组织、调配、招聘等方式,保证以一定数量和质量的各种展览项目专业人才加入,满足企业发展的需要。

(2) 提高展览项目行业整体水平。通过各种方式和途径,有计划地加强对现有员工的培训,不断提高他们的相关文化知识和展览项目业务水平,进而提高展览项目行业的总体水平。

(3) 实现展览项目的发展目标。结合员工的具体职业发展目标,做好对员工的选拔、使用、考核和奖惩工作,做到能发现人才、合理使用人才和充分发挥人才的作用,促进展览项目的发展,实现展览项目的发展目标。

(4) 创造优秀展览项目文化。采取各种措施,包括思想教育、合理安排劳动和工作、关心员工的生活和物质利益等,激发员工的工作积极性,创造优秀展览项目文化。

(5) 保障员工的基本权益。根据现代企业制度要求以及展览项目发展的需要,做好工资、福利、安全与健康等工作,协调劳资关系,确保员工的基本权益。

2. 展览项目人力资源管理的内容

(1) 展览项目人员配备计划。通过制订展览项目人力资源规划和员工配备计划,一方面保证人力资源管理活动与展览项目企业的战略方向和目标相一致;另一方面,根据项目范围计划、项目进度计划和组织规划,预测项目在整个实施过程中各阶段所需要的各类人员数量,保证人力资源管理活动的各个环节互相协调,避免冲突。

(2) 招聘和选择。当展览项目人才计划表明有新的员工需求时,企业就需要启动招聘和选择程序以找到合格的劳动者,弥补职位的空缺。

(3) 展览项目人力资源开发。通过培训和开发提高员工个人、群体和整个企业的知识、能力、工作态度和工作绩效,进一步挖掘员工的智力潜能。

(4) 展览项目绩效评价。通过考核员工工作绩效,及时做出信息反馈,奖优罚劣,进一步提高和改善员工的工作效率和质量。

(5) 报酬。根据员工的工作绩效,展览项目企业给予不同的报酬和奖励。

(6) 劳资与保障。展览项目企业管理者与企业内有组织的员工群体就工资、福利及工作条件等问题进行谈判,协调劳资关系,同时,为保障员工的安全和健康,必须在减少事故、职业性毒害、预防职业病及传染病等方面采取措施。

二、展览项目人力资源规划

展览项目人力资源规划就是展览项目企业科学地预测、分析自己在环境变化中的人力资源供给和需求状况,制定必要的政策和措施以确保在需要的时候和需要的岗位上获得各种需要的人才,从而使企业和个人获得长期的利益。其主要内容包括晋升规划、补充规划、培训开发规划、配备规划、职业规划。

(一)展览项目工作分析

1. 展览项目工作性质分析

展览项目工作性质分析的目的在于确定某项展览项目工作与其他项工作的质的区别。分析结果是通过确定展览项目工作名称而准确表达各项工作的具体内容。工作名称由工种、职务、职称和工作等级组成,它们都反映了工作性质的差别。

2. 展览项目工作任务量分析

展览项目工作任务量分析就是对同一性质的工作任务量的多少进行分析。其结果往往表现为确定同一展览项目工作名称的工作所需人员的数量。这一数量是指为完成某一性质工作应有的人员数量,而不是现实已有的人员数量。工作任务量分析,是企业编制定额和定员的依据。现代企业人员的数量,需随着企业任务量的变动而变动,这样,才能保证劳动效率的提高。

3. 展览项目工作规范分析

展览项目工作规范分析包括岗位操作分析、工作责任分析、工作关系分析、工作环境分析、劳动强度分析五项内容。

(1)岗位操作分析,就是分析为完成某一展览项目任务而必需的操作行为。岗位操作分析,是形成独立的工种和职务的前提。

(2)工作责任分析,就是确定某项展览项目工作的职责范围及其在企业中的重要程度。

(3)工作关系分析,就是分析某项展览项目工作与其他项工作的协作内容及联系。工作关系分析不仅便于不同工作之间的相互衔接,而且有利于协调与人之间的关系,从而提高工作效率。

(4)工作环境分析,就是对展览项目工作场所和条件进行分析。工作环境分析是改善工作条件,调整员工的适应能力的前提。

(5)劳动强度分析,就是对工作的精力集中程度和疲劳强度的分析。劳动强度分析为工作任务量分析和确定定员与定额打下了基础。

4. 展览项目工作人员的条件分析

展览项目工作人员的条件分析包括应知、应会、工作实例和人员体格及特性等方面。

(1)应知,就是展览项目工作人员对所从事工作应具备的专业知识。它包括所受教育的程度,对工作中所使用的机器设备、原材料性能、工艺规程、操作方法以及安全、管理等有关技术理论知识的了解程度,对管理人员来说,还包括对政策、法规、工作细则以及有关规定和文件的通晓程度等。

（2）应会，是指工作人员为完成某项工作任务必须具备的操作能力和实际工作经验。包括工作人员以往担负同样工作或相关工作的工龄及成绩，该工作要求必须具备的能力及经过的专门训练，工作人员对工艺规程、设备操作、安全技术、产品质量标准等实际执行能力。

（3）工作实例，它是根据应知、应会的要求，通过某项典型工作，来分析判断从事某项工作的工作人员所必须具备的决策能力、创造能力、适应能力、应变能力、智力以及操作的熟练程度等。

（4）工作人员的体格及特性，体格包括各工作岗位对人的行走、跑步、爬高、听力、视力等方面的要求，它一般都要通过"量"的概念加以说明。特性包括对岗位所需人员的要求，如感觉辨识能力、记忆和表达能力、反应灵敏程度、性别以及年龄等具体要求。

（二）展览项目人力资源规划过程

1. 展览项目人力资源规划

人力资源规划过程的起点是组织的战略规划。它是高层管理者用于确定企业总的目的和目标及其实现途径的过程。如图7-6所示为展览项目人力资源规划的过程。

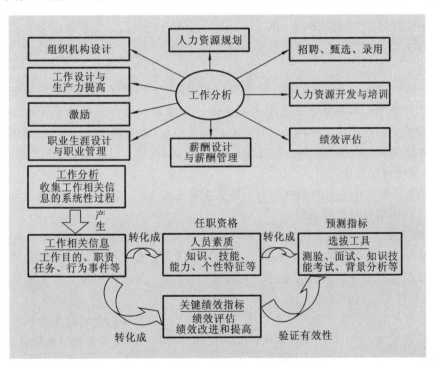

图 7-6　展览项目人力资源规划的过程

2. 展览项目人员配备计划

人员配备计划对项目组织来说是一项十分重要的工作，特别是大型展览项目，需要的人力资源数量十分巨大，合理的人力资源配备不仅能降低人工成本，而且还能提高项目组织工作的效率。如2015年意大利米兰世博会志愿者招募中，来自140多个国家和地区共2万余名志愿者，担任翻译、接待、司机、助理、记者、医疗人员等200多个志愿者工种，如何进行如此庞大规模人员的配备,直接关系到世博会的成功与否。

1) 人员配备计划的内容

根据人力资源总体规划的要求,制定项目在整个实施过程中人力资源配备的规划和安排。

(1) 在人员配备计划中说明需要多少岗位。

(2) 每个岗位的职责和具体任务。

(3) 每个岗位需要的能力、技巧和资格。

(4) 每个岗位所需人员的获得及配备的具体安排和打算。

2) 人员配备计划工作实施

计划工作的实施首先是工作分析,工作分析是通过分析和研究来确定展览项目组织中角色、任务、职责等内容的一项工作,包括工作承担者成功完成工作所需的技能、知识、能力。工作分析的最终结果是形成工作说明书与工作规范。工作说明书是工作分析的书面文件,是一种说明岗位性质的文件,包括岗位定义与说明,即每个岗位工作的内容、权限和工作关系等。工作规范主要是根据工作说明书中所规定的岗位职责,说明对担任该岗位工作的人员的特定知识、能力和个性特征等方面的规范化要求。

(1) 展览项目工作性质分析。展览项目工作性质分析的目的在于确定某项展览项目工作与其他项工作的质的区别。分析结果是通过确定展览项目工作名称而准确表达各项工作的具体内容。

(2) 展览项目工作任务量分析。展览项目工作任务量分析就是对同一性质的工作任务量的多少进行分析。其结果往往表现为确定同一展览项目工作名称的工作所需人员的数量。这一数量是指为完成某一性质工作应有的人员数量,而不是现实已有的人员数量。

(3) 展览项目工作规范分析。包括岗位操作分析、工作责任分析、工作关系分析、环境分析、劳动强度分析五项内容。

(4) 展览项目工作人员的条件分析。展览项目工作人员的条件分析包括应知、应会、工作实例和人员体格及特性等方面。

3) 选配人员

(1) 根据工作分析的结果——职位说明书选配能满足要求的人员。角色和责任分配法是指将项目角色和责任分派给恰当的个人或部门,分配工作应当同项目范围的确定配合起来,并明确各自在组织中的角色、关系的一种方法。

(2) 根据人力资源需求曲线选配。人力资源需求曲线是根据项目时间和网络图中对各项工作的计划安排,统计并形象表示出各时间段项目所需人力资源数量的曲线。

3. 展览项目人员配备计划实施

展览项目进度计划制订好以后,就需要制订人员配备计划,以便使得进度计划中的各项工作任务得以顺利执行。可以通过职责分配矩阵、人力资源数据表、人力资源甘特图和人力资源负荷图来实现。

1) 职责分配矩阵

职责分配矩阵是以表格形式表示完成工作分解结构中工作细目的个人责任方法。通过职责矩阵,可以直观地反映和明确项目团队中每个成员的职责,使项目的每个具体任务都能落实到参与项目的团队成员身上,确保事事有人做,人人有事干。职责分配矩阵通常是将工作分解结构图(WBS)与项目的有关组织结构图相结合,根据每项工作的任务描述和性质特点以及每个部门成员应该承担的责任分配任务,形成职责分配矩阵。

职责分配矩阵以项目的工作任务为行,组织单元(个人)为列,用字母或特定的符号表示相关部门(如表7-5所示)或个人(如表7-6所示)在不同工作任务中的角色或承担的责任,简洁明确地显示项目人员的分工情况。

表7-5 相关部门在不同工作任务中的角色或承担的责任

项目名称	××论坛会议筹备		项目编号	M-LT-2017-1100
制表日期	2017.4.26		项目负责人	张健
WBS编码	负责部门任务名称	筹备办公室	市场部	备注
1100	会议筹备	P	S	
1110	预订会场	P	S	
1120	发邀请函	S	P	
1121	向官员发邀请函	S	P	
1122	向专家发邀请函	S	P	
1123	向记者发邀请函	S	P	
1130	确定接送人员	P	S	
1140	准备会议议程	P	S	
1150	会议资源准备	P	S	
1151	准备资料袋	P	S	
1152	准备资料	P	S	
1153	安排工作人员	P	S	
1160	会场布置	P	S	
1170	确认与会者	S	P	
1180	安排接送	P	S	

表7-6 个人在不同工作任务中的角色或承担的责任

任务	王凯	张晓阳	李敏	王栋梁	陈青青	陈明明
制定展览目标	P	S				
制订展览计划	P	S				
宣传			P		S	
招商、招展				S	P	
……						

2) 人力资源数据表

人力资源数据表用以说明各类型人力资源在项目周期内各时间段上的数量的需求情况。表7-7是一个展览项目人力资源数据表,表示了在展览项目期间所需的各类人员的数量。

表 7-7 展览项目人力资源数据表

需求时间 人力资源	1月	2月	3月	4月	5月	6月	7月	8月	9月	10月	11月	12月
策划人员	2	2										
营销人员			5	5	5	5	5	5	2	2	2	2
设计人员	1	1	1	1								
……												

3）人力资源甘特图

人力资源甘特图用以反映各种类型人才在项目周期内各个阶段用于完成哪些工作的情况，如图 7-7 所示为某展览项目人力资源需求甘特图。

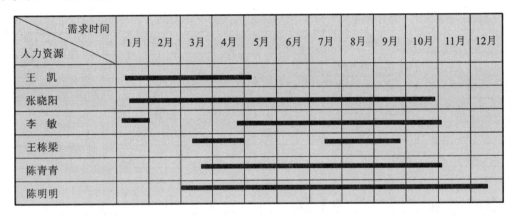

图 7-7 某展览项目人力资源需求甘特图

4）人力资源负荷图

人力资源负荷图是显示项目周期内的各个阶段所需要的人力资源的数量。可以按不同类型的人力资源画出不同的人力资源负荷图，如图 7-8 所示为某展览项目市场部人力资源负荷图。

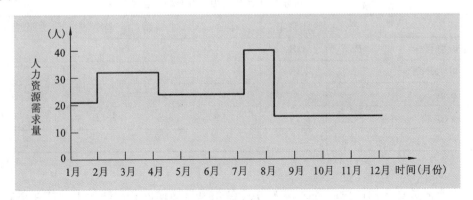

图 7-8 某展览项目市场部人力资源负荷图

（三）展览项目职务设计与分析

1. 展览项目工作团队任务的分解

展览项目职务设计的第一步是将实现展览项目工作团队目标必须进行的活动划分成最小的有机联系的部分，以形成相应的职务。展览项目公司和展览项目场馆管理公司的职务一般持续较长的时间，而大型的展览活动组委会往往在展览结束后就结束了职务功能。因此，设计与确定展览项目工作团队内从事具体管理工作所需的职务类别和数量，需要根据不同的展览种类和不同组织的特点，并分析每个任职人员应负的责任和应具备的素质而设定。

2. 展览项目职务设计

在确定职务工作内容时，应该既考虑工作效率的要求，又要兼顾职务承担者能从中体验到内在工作满足，以便在任务和人员两方面要求的相互平衡中，确定职务的合理深度与广度。展览项目职务设计就是将若干展览项目工作任务组合起来构成一个完整的职位。有些职务是常规性的、经常重复的，如物业管理部、财务部；有些则是非常规性的，如某个项目的招展部；有些职务要求广泛、多样的技能，如办公室、保卫部等；另一些只要求范围较小的技能，如财务部；有些职务规定了非常严格的程序，如保卫部、财务部；另一些则具有相当的自由度，如市场部。职务因任务组合的方式不同而各异，这些不同的组合形成了多种职务设计方案。职务设计的步骤如下。

（1）按照专业化分工原则设计职务。这种职务设计方法是与劳动分工、工作专业化意义相同的，管理者力求将展览项目组织中的工作设计得尽可能简单、狭窄、易做。专业化分工有利于提高员工的工作熟练程度，有利于减少因工作变化而损失的时间，有利于使用专用设备和减少人员培训的要求，以及扩大劳动者的来源和降低劳动成本等。专业化分工也可以防止业务全面和熟练的员工跳槽，但职务设计得过于狭窄容易造成工作枯燥、单调、乏味，容易使员工在生理、心理上产生厌烦情绪。

（2）职务扩大化。这是为了克服由于过度的分工而导致工作过于狭窄的弊端而提出的一种职务设计思想，主张通过把若干狭窄的活动合并为一件工作，扩大工作的广度和范围。这在一定程度上拓宽了职位的内容，降低了工作的单调程度。另一种相似的做法是，让员工定期地从一项工作更换到另一项工作中去，称为职务轮换。这样有利于促进员工技能的多样化，在一定程度上减少了工作的单调和枯燥的感觉，可以更好地培养和激励管理人员。

（3）职务丰富化。职务扩大化是指工作的横向扩展，职务丰富化则是从纵向充实和丰富工作内容，即从增加员工对工作的自主性和责任心的角度，使其体验工作的内在意义、挑战性和成就感。展览项目职务丰富化设计，就是要将部分管理权限下放给下级人员，使其在一定程度上自主决定工作的内容、方法、进度等。

（4）团队。工作团队已成为组织工作活动的流行方式之一。当管理人员利用团队作为协调组织活动的主要方式时，其组织结构即为团队结构，其主要特点是，由于打破了部门的界限，可以促进员工之间的合作，可以快速地组合、重组、解散，提高组织的灵活性、决策速度和工作绩效。很多展览项目过程中采用的项目经理管理项目团队的模式，就是自主管理团队在展览项目过程中的直接应用。

三、展览项目员工招聘与培训

（一）员工的招聘

员工招聘包括招和聘两个主要环节，所谓招即招募，是展览项目企业为吸引更多更好的人员前来应聘而进行的一系列活动，如招募广告的发布。而聘即从人与事两个方面出发，甄别选拔出最合适的人来担当某一职位，即甄选。做好员工的招聘工作是十分复杂的，涉及展览项目企业内部招聘政策的制定、招募渠道的选择、求职申请表的设计以及人员甄选方法的选择等环节。

展览项目企业为空缺岗位招募新员工，常有如下几种途径。

1. 内部选拔

当展览项目企业内部职位发生空缺时，应首先考虑在现有的企业从业人员中调剂解决，解决不了的再进行外部招募工作。内部选拔又分为内部提升和内部调用两种形式。

（1）内部提升。当展览项目企业中有些比较重要的岗位（如部门经理、主管、总监等）需要招聘人员时，让企业内部符合条件的员工从一个较低的岗位晋升到一个较高的岗位的过程就是内部提升。内部提升的主要优点是，有利于激励员工奋发向上，较易形成稳定的企业文化。主要缺点是，不易吸收优秀人才，封闭，可能使企业缺少活力。

（2）内部调用。将员工从原来的岗位调往同一单位的不同岗位的过程称为内部调用。内部调用的主要优点是，管理者对新岗位的员工较熟悉，较易形成稳定的企业文化，另外，岗位的调换可能会为员工带来新鲜感。主要缺点是，一方面可能使企业缺乏活力，另一方面可能会影响员工的工作积极性。内部选拔在展览项目企业人员选用中经常发生，当一个岗位需要招聘人员时，管理人员首先应想到的是内部选拔能否解决问题。由于内部选拔费用低廉，手续简便，人员熟悉，因此，招聘少量人员时常常采用此方法，而且效果也不错。但当企业内部员工不够，或者没有合适人选时，就应该采取其他的形式进行招募。

2. 外部招募

外部招募一般有以下几种形式。

（1）人员推荐。人员推荐一般是指由展览项目企业内部员工推荐或关系单位主管推荐人选。这种招募方式的优点是，由于是熟人推荐，所以招聘与应聘双方在事先已有进一步的了解，可节约不少招聘环节和费用。尤其对关键岗位的人员，如专业技术人员、主管人员等，常用此法。缺点是，由于是熟人推荐，有时会因碍于情面而影响招聘水平，如果此类录用人员过多，易在企业内部形成裙带关系，给管理带来困难。

（2）职业介绍机构与人才交流中心。职业介绍机构与人才交流中心为展览项目企业各类人员招募提供了方便。这种方法常在以下几种情况中使用：用人单位对于能否依靠自己的力量招到合适人选没有把握；用人单位只需招聘少量人员，觉得自行设计招募方案费时费力；用人单位急于填充某一关键岗位的空缺。

（3）求职者登记。求职者登记是被动招募形式，有时通过这一途径也可以选到合适的人选。求职者登记的主要优点是费用低廉，应聘双方可以直接进行双向交流。

（4）选拔应届毕业生。每年有大批大专院校及职业学校的应届毕业生，为展览项目企业招聘员工提供了大量人选。当一批年轻人进入企业,会给企业注入活力,带来生机。由于他们缺少实际工作经验,展览项目企业需要对他们进行培训。他们年轻、求知欲强、成才快,录用他们是保证员工队伍稳定和提高服务质量、提高员工素质的有效途径。

(5) 公开招募。公开招募是展览项目企业向企业内外的人员公开宣布招聘计划,提供一个公平竞争的机会,择优录用合格人员担任企业内部职务的过程。

(二) 展览项目企业员工的培训

展览项目企业员工培训是全员培训,其目的是达到全员素质的总体提高。因此,培训的内容应该根据不同对象、不同时期的具体情况加以安排。在培训内容上强调学用结合、按需施教,核心是学习的内容与工作需要相结合。

1. 展览项目企业员工培训的主要内容

1) 职业道德的培训

(1) 职业道德认识、情感、意志和信念。这是指人们对职业道德现象的感知、理解与接受的程度。展览项目企业职业道德培训教育的首要任务是加强员工对本职工作的道德认识,在服务工作中形成正确的道德观念,逐步确立自己对客观事物的主观态度和行为准则。

(2) 职业道德行为与习惯。职业道德行为是指人们在相互关系中采取的有意识的、经过选择的、能进行道德评价的行为。展览项目企业职业道德培训就是要通过加强道德认识、增强道德情感和信念、磨炼意志,从而使所有员工在本职工作中追求高尚的行为,并且能形成长期的职业习惯,将职业道德规范自觉运用到本职工作中去。

2) 知识的培训

员工的素质是知识、能力和政治素质的综合反映。知识的培训对素质的提高起着潜移默化的作用,特别是有关展览项目和展览项目企业的基本知识,更进一步地制约着服务质量的提高。对管理人员的知识培训要求有一定的理论深度,要进行职业专门知识、管理知识和政策法规知识等方面的培训。对服务人员的知识培训重点在于掌握本岗位所需的基本知识,如重要客源国的政治、经济、历史、地理和民俗,本地展览项目资源和交通、商业情况,饭店礼貌、礼仪以及政策法规知识等。

3) 能力的培训

对展览项目企业从业人员能力的培训可以通过角色扮演法、案例分析法、情景培训法、集中研讨法和反复的模拟练习、实际操作等形式进行,使其在不同的位置更加深刻地体验他人的心理感受,进而提高其处事能力与应变能力。

2. 展览项目企业员工培训的方法

根据展览项目企业的实际状况和培训项目、培训对象的具体情况,选择灵活的培训方式,是保证培训取得预期成效的重要条件。究竟选择何种较为理想的培训方式,要综合考虑培训方法的效果、费用与侧重点,以提高素质为目的来加以考虑。

四、展览项目员工绩效考评与管理

(一) 员工绩效考评

1. 绩效考评的内容

员工考评的对象、目的和范围复杂多样,因此考评内容也颇为复杂。但就其基本方面而言,主要包括德、能、勤、绩四个方面,在考评和评价工作人员的绩效时,应充分注意对不同职位,考评的侧重应有所不同,但效益应该处于中心地位。

2. 绩效考评结果的运用

在整个考评过程结束后,展览项目企业的人事部门要继续通过各方面的信息反馈,对员工考评的结果进行检验与考评,这是确保考评工作能取得预期效果的必要步骤。人事部可以从被考评员工本人及其所在部门的上司与同事等各方面收集反馈信息,并认真地分析这些信息,从中获得对考评工作在组织准备、实施过程、效果反馈等多方面的意见或要求,便于今后不断改进考评工作,达到更完美的结果。

(二)员工激励的方式

心理学家一般认为,人的一切行为都是有动机支配的,动机是由需要引起的,行为的方向是寻找目标、满足需要。动机是人们付出努力或精力去满足某一需要或达到某一目的的心理活动。动机的根源是人内心的紧张感,这种紧张感是因人的一种或多项需求没有得到满足而引起的。动机驱使人们向满足需求的目标前进,以消除或减轻内心的紧张感。激励实质上是以未满足的需要为基础,利用各种目标激发出动机,驱使和诱导行为,促使目标实现,提高需要满足程度的连续心理和行为过程。对员工的激励方式主要有以下几种。

1. 目标激励

目标激励就是把企业的需求转化为员工的需求,在员工取得阶段性成果的时候,管理者还应当把成果反馈给员工。反馈可以使员工知道自己的努力水平是否足够,是否需要更加努力,从而有助于员工在完成阶段性目标之后进一步提高他们的目标。

2. 物质激励

就是从满足人的物质需要出发,对物质利益关系进行调节,从而激发人的向上动机并控制其行为的趋向。物质激励多以加薪、减薪、奖金、罚款等形式出现,在目前社会经济条件下,物质激励是激励不可或缺的重要手段,它对强化按劳取酬的分配原则和调动员工的劳动热情有很大的作用。

3. 情感激励

情感激励既不是以物质利益为诱导,也不是以精神理想为刺激,而是指领导者与被领导者之间的以感情联系为手段的激励方式。情感激励主要是培养激励对象的积极情感。

4. 正、负激励

所谓正激励就是对个体的符合组织目标的期望行为进行奖励,以使这种行为更多地出现,提高个体的积极性;而负激励就是对个体的违背组织目标的非期望行为进行惩罚,以使这种行为不再发生,使个体积极性朝正确的目标方向转移。

5. 差别激励

当一种需求得到满足之后,员工就会转向其他需求。由于每个员工的需求各不相同,对某个人有效的奖励措施可能对其他人就没有效果。管理者应当针对员工的差异对他们进行个别化的奖励,员工的个性各不相同,他们从事的工作也应当有所区别。与员工个性相匹配的工作才能让员工感到满意、舒适。

6. 公平激励

下属的工作动机和积极性不仅受自己绝对报酬的影响,更重要的还受相对报酬的影响。下属总会把自己的贡献和报酬与一个和自己相等条件的人的贡献和报酬相比较。当这种比值相等时,就会有公平感,就会心情舒畅,积极性高涨;反之,就会导致不满,产生怨气和牢骚,甚至出现消极怠工的行为。运用公平激励,要做到努力满足激励对象的公平意识和公平要求。

7. 信任激励

信任激励就是领导者要充分相信下属,放手让其在职权范围内独立地处理问题,使其有职有权,创造性地做好工作。领导者一定要头脑清醒,是非分明,以免影响人才的智慧和创造性发挥,真正的信赖和授权才能让被任用者产生最佳心理,以激励他们充分发挥主观能动作用。

8. 心智激励

下属的潜能对领导者来说是没有用的,领导者需要的是下属的效能,而不需要下属的潜能。因此,领导者应将下属的潜能进行激发使之变成效能,这种对心智的激励可以带来智力、智慧和创造力的开发。

五、薪酬制度的设计

(一) 薪酬制度设计的基本理念

薪酬泛指员工因工作关系而从企业获得的各种财务报酬,包括薪金、福利及各种奖励。一种看法认为薪金是指以脑力劳动为主、要求工作质量的劳动者的基本报酬形式,工资是以体力劳动为主、要求工作数量的劳动者的基本劳动报酬形式。薪酬制度目标反映了企业管理的目标,可以从以下两个方面考虑。

1. 激励员工

金钱对员工的激励作用不容忽视,金钱满足人们的需要,体现员工的价值。在展览项目竞争十分激烈的今天,薪酬也是导致人才流失的重要原因,所以成功的薪酬制度(如效益工资、奖励制度等)可以吸引优秀的员工,降低员工的流失率,促使员工努力工作,使企业员工更具有互助性、合作性(如团体奖)。员工通过薪酬不仅仅从企业得到生活保障,而且得到自身价值的实现以及生活的乐趣,所以激励员工应该成为薪酬目标的重要方面。

2. 效益目标

劳动力成本在展览项目企业成本中所占的比例很大,对利润的影响也大。尤其在旺季,往往出现人手紧张的情况,所以展览项目企业在控制人员的同时,还要重视薪酬成本的控制及薪酬目标与企业长期效益目标的统一。

(二) 展览项目企业薪酬制度的建立

1. 基于工作的薪金制度

基于工作的薪金制度,是以员工从事的工作(岗位)为根据,决定员工的基本薪金。根据工作分析系统比较及评价各类工作的内容和重要性,强调有系统的理性化的评价过程。

2. 不同竞争环境中的薪酬策略

同其他企业一样,展览项目企业薪酬制度一旦制定,都具有相对的稳定性,这一稳定性是企业薪酬制度适应企业竞争策略的一个反映。企业在发展阶段的竞争策略是提高竞争力,所以薪酬制度采用吸引策略,即采用低薪金、高奖金、低福利政策。在稳定期,由于竞争激烈、对手众多,如果企业有相当的优势,可以采用高薪金、高福利以稳定员工队伍,以低奖金减少人员成本。

3. 薪酬制度与工作满意度

工作满意度是指个人对其从事的工作的一般态度。一个人的工作满意度高,对工作就可能持积极的态度,对工作不满意的人就可能对工作持消极态度。员工希望分配制度能让他们觉得公正、明确,并与他们的期望一致。当薪酬公正地建立在工作要求、个人技能水平、社会工资标准的基础之上时,员工就会对工作满意。一些留住关键人才、求得员工满意的计划主要包括增薪、奖金、股权和公司提供的特殊福利,但现在有些企业越来越意识到职业生涯规划对员工满意度的重要影响。

六、展览项目志愿者管理

展览项目由于其项目性和时段性的特点,在短时间内往往需要众多人力、物力和财力资源,这是展览项目主办方和项目运营企业面临的难题。目前,面对展览项目时段性的大批工作岗位的人力资源需求,展览业一般都借助志愿者来解决。

(一) 展览项目志愿者

1. 志愿者的定义

志愿者是指不为物质报酬,基于良知、信念和责任,志愿为社会和他人提供服务和帮助的人。展览项目志愿者管理就是指展览项目组织者为了筹备和举行展览项目而对志愿者所进行的计划与招募、培训、配置与协调、激励、监督与评估等一系列管理活动的总和。评定一个展览项目的好坏,主要取决于硬件水平、软件质量。软件质量包含展览项目提供的各种服务。志愿服务几乎是每个文明社会不可缺少的一部分,它是指任何人自愿贡献个人时间与精力,在不为物质报酬的前提下,为推动人类发展、社会进步和社会福利事业而提供服务的活动。

2. 志愿者的基本素质

作为志愿者应具备以下基本素质。

(1) 应具有崇高的精神境界。这是由志愿者活动本身的无偿性所决定的。很难想象一个道德素质不高的人能成为一个优秀的志愿者。

(2) 应有较强的责任心。能坚守服务岗位,认真负责地完成组织安排的服务任务。

(3) 能耐心倾听别人的谈话,积极地看待和尊重别人。

(4) 能自然大方地与对方交流。

(5) 有较好的语言表达能力,能客观清楚地说明和分析问题。

(6) 对自己的能力有充分的认识,并对自己有所约束。

(7) 对社会文化方面的差异有敏锐的洞察力。

(8) 有丰富的知识,能灵活处理所面临的复杂情况。

3. 志愿者在展览项目中的作用

(1) 维持现场秩序,使展览顺利进行。一般情况下,展览现场人都比较多,很容易出现混乱,而志愿者刚好可以起到引导、疏散人流等各方面的作用,使现场井然有序。

(2) 提供超值服务。展览中会有很多外地人、外国人,志愿者可以免费为他们提供导游、讲解、翻译等服务,让参展顾客感到满意。

(3) 形象宣传。志愿者一般都是经过层层选拔的,素质较高,且出于自愿,积极性很高,工作比较热情,可以提供令顾客满意的服务,在为顾客服务时就无形中宣传了公司的美好形象。

4. 展览项目使用志愿者的优势

(1) 降低成本,节约支出。虽然展览公司要招募志愿者,为志愿者提供一些便利,并为志愿者提供培训,但比起雇用临时工,成本还是低得多。

(2) 志愿者素质高,便于管理。展览公司一般情况下都是从各大高校招募志愿者,这些人文化素养高,纪律性强,上手快,且出于自愿,积极性高,便于管理。

(3) 三方均获益,实现了共赢模式。企业为了节约成本,很愿意招募志愿者,而作为高校学生也想把展览作为自己实践的平台,开阔视野,培养自己的实践能力。高校更是希望通过这种志愿者活动来提高学生的能力,为学校树立良好口碑。

5. 志愿者参与动机分析

要对志愿者进行有效的管理和使用,使其能够更好地为展览项目服务,是展览项目顺利进行的有力保障。而要对志愿者实现有效的管理必须首先了解志愿者参与志愿服务的动机,只有这样才能做到有针对性的管理,以最大限度地发挥志愿者的作用。动机在激发行为过程中的具体功能表现在始发、导向和选择、维持、强化功能等方面。

(二) 展览项目志愿者管理

由于很多展览项目是由政府举办的具有一定公益性质的活动,大批志愿者的获取是其得以正常运营的重要基础,没有志愿者,展览项目的运营和效益就会大打折扣。展览项目志愿者所参与的岗位主要包括翻译、导引、礼仪员、行政人员、媒体协调员、公共关系助理、后勤协调员、信息员、保安员等数百种岗位。对展览项目志愿者的管理主要包括招募志愿者、培训志愿者、协调志愿者、监督和评估以及奖励与表彰。

1. 招募志愿者

只有让社区组织或院校管理层知道他们从志愿者提供中可以获得的东西,活动组织者才能迅速地募集到合适的志愿者。图7-9显示了大型展览项目志愿者招聘的流程,首先对展览项目志愿者供求关系进行初步分析,然后通过一定媒体渠道发布,招募的程序主要包括申请人报名、材料审核、工作预分配及面试、初步确定岗位、发出录用通知、志愿者任职等。

展览项目志愿者原则上应该具备以下条件:遵守法律法规,热心公益事业,具备一定的外语交流能力,符合展览项目对于志愿者所申请岗位的资格要求和时间要求。其中,专业志愿者除满足以上条件外,还应具备特定岗位所要求的专业技术和专门技能。

志愿者的招募工作将主要采用定向招募和公开招募相结合、集体报名和个人报名相结

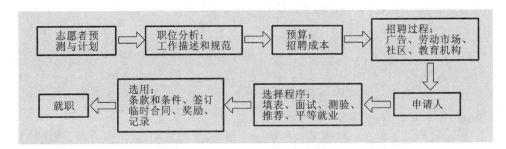

图 7-9　大型展览项目志愿者的招聘流程

合、网络申请和书面申请相结合的方式,建立高效便捷的招募机制,按照有关程序分阶段、分人群进行招募。

2. 培训志愿者

展览项目志愿者的培训非常重要,直接关系到志愿者能否胜任本职工作。志愿者的培训主要分为三类:通用培训、专业培训和岗位培训。培训工作应发挥当地教育资源优势,争取多方支持,从而为展览项目提供优秀的志愿者。

对于展览项目志愿者的培训要求不是消耗多少时间,而是看培训的内容是否合理全面。对于不同的志愿者群体需要不同的施教方法,而且要注意的是,必须对培训的效果进行测验,以考核他们是否掌握所传授的技能。培训结果测试包括试卷测验、实地考核测验,或者是二者结合的综合测验。

3. 协调志愿者

展览项目志愿者来自不同的单位、学校或其他机构,志愿者之间因为彼此不相识,沟通和协作可能有一定的难度。因此,展览项目举办者需要对志愿者进行协调,只有通过协调才能确保总体目标的实现。由于展览项目志愿者的专业技能水平参差不齐,展览项目举办者需要委派相关工作人员对志愿者进行指导,并对工作中存在的问题予以纠正。

在展览项目运营过程中,由于工作存在重叠或其他原因,志愿者之间容易产生一定的矛盾和冲突,这在一定的程度上影响了展览项目的开展。因此,展览项目举办者需要采取一定的措施来协调志愿者,提高展览项目的运作效率。

4. 监督和评估

一般来说,展览项目的规模越大,志愿者人数越多,其组织就越需要对志愿人员进行监督。基于目标设立、绩效评估和反馈,展览业有一个志愿者动态绩效的评估计划(见图7-10)。对于所有管理过程而言,进行周期性的回顾是十分必要的,它可以帮助我们判断整个过程是否正常。要想进行这样的回顾,就必须从相关的监督/管理人员那里获取反馈信息,在志愿活动中需要向组委会成员咨询。同时,还要指定一个时间段,具体考察展览项目的整体实施过程及其中各种因素是否达到预先设定的目标。

5. 奖励与表彰

有很多组织通过发布志愿者新闻报道向他们表达感谢,另一些组织则举行假日聚会来向志愿者在展览举办期间所作的贡献表示致敬。给予志愿者及早、经常和不断的表彰是建立一支强大有力、忠诚可靠的志愿者队伍重要的因素。活动组织经理人可以为志愿者设立

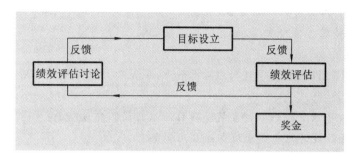

图 7-10　志愿者动态绩效评估计划

"青年志愿者年度奖"这样的奖项,以及在志愿者团队成员之间展开类似的正当竞赛。经常和志愿者一起共同探讨如何对他们为活动提供的服务进行表彰和奖励的有效办法。

教学互动

互动问题:假设本地区即将举办中等规模展览项目的志愿者招聘工作。
1. 通过哪些渠道可以招募志愿者?
2. 如何具体实施志愿者的选拔与聘用?

要求:
1. 教师引导学生结合本章教学内容就这些问题进行独立思考、自由发表见解,组织课堂讨论。
2. 教师把握好讨论节奏,对学生提出的典型见解进行点评。

内容提要

本章讲述了展览项目组织管理、展览项目团队管理、展览项目人力资源管理三个部分内容。

首先,介绍了展览项目组织管理,包括展览项目组织管理概述(组织的内涵、组织的特点与管理内容)、展览项目组织的管理设计(组织与项目管理的关系、组织设计的基本原则、组织结构设计方法、展览项目企业与项目组织结构设计)。

其次,介绍了展览项目团队管理,包括展览项目团队管理概述(展览项目团队的内涵,展览项目团队的目的、特征和意义)、展览项目团队组建管理(展览项目团队的发展阶段与领导行为、展览项目团队工作环境与氛围建设)、展览项目团队管理策略(团队管理方法、团队的激励、团队绩效考核、团队的效益评估)。

第三,介绍了展览项目人力资源管理,包括展览项目人力资源管理概述(展览项目人力资源的内涵、展览项目人力资源管理的任务和内容)、展览项目人力资源管理规划(展览项目

工作分析、展览项目人力资源规划过程、展览项目职务设计与分析)、展览项目员工招聘与培训、展览项目员工绩效考评与管理、展览项目志愿者管理。

核心概念

组织;展览项目团队;展览项目人力资源管理;展览项目人力资源规划;薪酬;志愿者

重点实务

展览项目人力资源管理的知识在展览项目组织与团队建设、人力资源等方面的应用;掌握展览项目人力资源设计与志愿者培训的应用实务。

第八章
展览项目现场管理与服务

项目目标

通过本章学习,应当达到以下目标:

职业知识目标:学习和把握展览项目现场工作筹备安排、展览项目现场阶段化管理实施、展览项目配套活动策划与管理等知识,能利用相关知识开展展览项目现场管理与质量控制工作。

职业能力目标:运用本章专业知识,培养对展览项目现场的5S现场管理、展览项目现场管理的职能分工、展览项目现场阶段化管理实施、展览项目配套活动策划与管理,培养展览项目现场管理方面的管理与策划专业技能。

职业道德目标:结合展览项目现场管理与服务内容和方法的教学内容,依照行业道德规范或标准,熟悉展览项目现场管理与服务相关工作,增强现场管理与服务的职业态度和职业道德素质。

第一节 展览项目现场工作筹备安排

一、展览项目现场工作

(一)展览项目现场工作筹备

1. 展览项目现场工作

展览项目现场工作是指展览项目从布展开始,包括展览期间到展览闭幕这一段时间对展览现场布展、展览和撤展等事务的组织管理工作。一个展览项目从筹备到开展,其周期一般在一年以上,而整个展览工作的重点往往只有3~5天的时间,由于展览具有服务不可存储的属性,这个展览时间也就是展览项目客户购买与消费同步进行的过程,它是整个展览项

目所有工作的集中表现和工作重心。

2. 展览项目现场管理筹备的特点

为了展览项目现场有组织、有次序、有计划和有目的地进行,尽量减少展览期间不必要的麻烦,促使展览项目圆满成功,努力在不确定因素里找出尽量确定的因素,就要有预案和预备力量,展览项目现场管理筹备有如下特点。

1) 现场管理计划的周密性

现场管理计划的制订必须详尽,每一项现场管理工作都必须指定专人负责、专人跟进;现场管理计划必须照顾到展览现场的方方面面,不能有所遗漏。

2) 现场管理计划的可控性

展览现场人多事杂,场面复杂,现场不能出现混乱局势和其他严重影响展览召开的现象;展览现场的一切局面都必须在办展单位可以控制的范围之内,不能出现办展单位经过努力还不能将其控制的事情和现象。

3) 相关活动的必要性

与展览同期举办的一些相关活动,不论是会议,还是表演和比赛,都必须是对展览的整体形象和对展览功能的实现有所帮助的,是必要的,各种相关活动必须与展览本身融为一体;不能将举办相关活动和举办展览两者割裂开来,为举办活动而举办活动。

4) 相关活动的可行性

与展览同期举办的一些相关活动,尤其是各种表演和比赛活动,必须是安全的、可行的。

5) 现场管理和相关活动的协调性

由于相关活动和现场管理计划在具体执行时会彼此影响,因此两者必须相互协调。与展览同期举办的任何活动,不能对展览本身产生不良的影响,不能因为相关活动而影响到展览本身;同样,也不能因为现场管理的混乱而影响到相关活动的举行。

(二) 展览项目现场工作内容与措施

1. 展览观众管理

观众是构成展览的基本要素。根据接待对象选择接待方法,首先是不同展览观众需要不同的招待方法。参加展览的观众,大致可分为有组织的集体观众和个别的零散观众、专业观众和一般观众、重点观众和普通观众、外宾(国外观众)和内宾(国内观众)等几种类型。对不同的观众类型,在接待上采取不同的方法。对于集体参观的观众,可由展览接待部门通过有关组织机构,事先联系,登记预约,按先后顺序安排参观时间和场次,有组织地分期分批集体参观。个别零散观众一般采用购买门票或领取参观券的办法来控制进馆的时间和人数。基本程序为:填写登记表、办理证件、检查门票、领取参观指南、免费赠送或出售会刊、参观引导。

对展览项目而言,VIP(贵宾)接待一般指展览项目行业内的机构代表、高级官员、赞助商等的接待。展览项目主办方要落实名单并与多方面沟通,派专人接待,事先制订接待计划,考虑座席排位,成立安全小组进行安全管理等。

对参展观众人数进行统计,主要方法有依据观众办理登记手续的内容进行统计,根据门票进行统计,参展商的客户统计;国外很多展览现场均已使用多媒体技术,配备电子门禁系统,能较为准确地统计观众人数。

2. 展览现场广告管理

在一次大型展览活动中,主办单位获取广告收入的渠道很多,如展览快讯、展览会刊、户外广告牌、气球、标语等,但无论采用什么样的广告载体,展览主办单位都必须制定明确、统一的广告政策,做到对所有参展商一视同仁。即使制定有相应的优惠措施,也应该让所有参展商都了解,而不应简单地根据参展企业的规模大小来决定是否给予其优惠。

3. 参展商行为管理

参展商行为管理的主要工作依据是参展合同。在布展(尤其是某参展商需要进行特装时)、开展和撤展等不同阶段,展览主办单位都应和参展商进行有效的沟通,确保他们的行为符合参展合同尤其是场馆的使用规定。必要时主办单位可以采用强制性措施,以维护绝大多数参展商的正当利益和保证整个展览的顺利进行。

4. 安全管理

近年来,展览安全问题是世界展览业发展的重要议程,时至今日,安全的办展环境已经成为现代城市发展展览业的重要竞争力。展览会现场的安全管理主要涉及三个方面,即盗窃、火灾和卫生。为此,展览主办单位需要和消防、卫生和公安等部门主动联系,积极争取这些部门的支持。

5. 交通、物流管理

对现场物流和交通的控制是展览全面控制的至关重要的部分,事实上,交通也属于物流的范畴,只不过这里的交通主要指现场的交通工具、停车场及线路的规划,如展品运输车辆、公交车、出租车、停车场等。

展览现场的物流管理工作十分繁琐,哪怕是看似简单的停车场事务,也要充分考虑到展品运货司机、贵宾、参展商和专业观众的不同需要。对于大型展览活动而言,现场交通与物流管理的负责人至少应该掌握:一份相关联系人名单;场馆地图;展品抵达场馆的时间;现场交通规划草图;紧急情况应对计划;现场联络员,包括保安人员和志愿者。

6. 餐饮管理

餐饮服务是展览会的一个重要环节。展览会主办单位可采取外包的方式,将展览期间餐饮区的经营权临时转让给知名酒店或连锁餐厅,并通过合同条款对其菜单、分量和价格等进行严格的约束,以确保现场餐饮服务的质量。在这一点上,有些展览公司所采取的餐饮服务公开招标的方法值得借鉴。还有一点需要强调,在展览餐饮区,餐饮服务人员还应该对简易饭盒等餐具进行及时清理,为参展商和观众营造一个良好的就餐环境。

7. 证件管理

通常来说,在一次展览会中,主办机构至少要印制6种证件,分别发放给参展商、专业观众、工作人员(包括主办机构、承办机构和协办机构的相关工作人员)、筹(撤)展人员、媒体记者及与会嘉宾(包括领导和演讲嘉宾)。另外,为了保证参展商、专业观众和嘉宾有足够的停车位,场馆管理方还会使用停车证。

8. 参展商和观众投诉处理

在展览会举办过程中,不可避免地会存在个别参展商和专业观众对场馆现场管理、餐饮配套服务等表示不满,并向主办单位接待办公室提出投诉,有些则直接到问询处投诉,这时迫切需要一个专门的机构来处理各种投诉。

9. 新闻管理

一般来说,国内1万平方米以上的展览会都会在现场设立新闻中心或新闻办公室,以便参展商和主办单位能及时发布各种信息。新闻中心的硬件设施和人员配备应根据展览规模等实际情况决定。另外,展览会主办单位往往会安排专门的新闻主管,负责统一发布展览会的官方信息,并接受媒体的采访。委任的新闻主管必须善于言辞,举止落落大方,并十分熟悉展览会的相关情况。

10. 知识产权保护工作

主办方应在现场设立专门办公室,负责知识产权保护工作,并聘请专职律师咨询。应遵循以下基本原则:坚决反对利用展览侵犯知识产权;证据讲话;被告方如有异议,有申辩权利,但须提供证据,否则暂时撤下有疑问的展品;双方应在展后诉诸法律解决。

11. 现场保洁

现场保洁分别由场馆方、主场搭建商和特装搭建商分工负责。展览场地内公共区域的清洁工作由场馆方负责,如通道、厕所、餐厅等。展台内的清洁按谁搭建、谁负责的保洁原则来负责。特装搭建商应在撤展时将展台内的装修垃圾清理带走。

12. 展览会布展和撤展管理

布展是对展览会现场环境进行规划,对参展商、搭建商、运输商等的有关工作进行协调和管理,从而为展览会正式开幕做好准备的筹备阶段。撤展的具体工作包括撤除展台、参展商退还展具、妥善处理展品、展场清洁、核对并确认现场费用清单及结清费用等。

二、展览项目的5S现场管理法

(一) 5S现场管理法的内涵

1. 5S现场管理法简介

5S现场管理法是现代企业管理模式,5S即整理(seiri)、整顿(seiton)、清扫(seiso)、清洁(seiketsu)、素养(shitsuke),又被称为五常法则,具体关联如图8-1所示。[①]

5S现场管理法主要应用于制造业、服务业等改善现场环境的质量和员工的思维方法,使企业能有效地迈向全面质量管理,主要是针对制造业在生产现场,对材料、设备、人员等生产要素开展相应活动。5S现场管理法在塑造企业的形象、降低成本、准时交货、安全生产、高度的标准化、创造令人心旷神怡的工作场所、现场改善等方面发挥了巨大作用。

2. 5S现场管理法效用

5S管理的五大效用可归纳为 5 个 S,即:安全(safety)、销售(sales)、标准化(standardization)、客户满意(satisfaction)、节约(saving)。将此管理法应用到展览项目现场管理中,具有良好的效用。

(1) 确保安全(safety)。通过推行5S,展览项目现场往往可以避免因物品乱放、漏电而

---

① 5S起源于日本,因日语的罗马拼音以"S"开关,此处为日文读音。

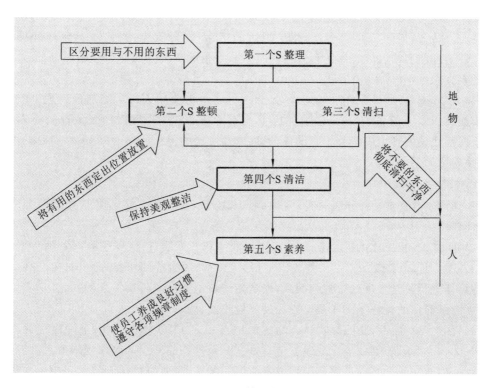

图 8-1　5S 现场管理方法关联图

引起的火灾或恶性事故;因不遵守安全规则导致的各类事故、故障的发生;因灰尘或垃圾乱丢所引起的公害等。因而能使展览项目现场安全得到落实。

(2) 扩大销售(sales)。拥有一个清洁、整齐、安全、舒适的展览现场环境,一支良好素养的展览员工服务队伍的企业,常常更能得到客户的信赖。

(3) 标准化(standardization)。通过推行 5S,在展览项目企业内部养成守规矩的习惯,使得各项活动、作业均按标准的要求运行,使结果符合计划的安排,为提供稳定的展览项目质量打下基础。

(4) 客户满意(satisfaction)。展览现场垃圾乱丢、人行通道不畅等,会直接影响展览产品的服务质量,而推行 5S 后,清扫、清洁得到保证,使展览活动在一个卫生状况良好的环境下进行,直接提升展览现场的环境质量,现场客户对服务质量的满意度得到保障。

(5) 节约(saving)。通过推行 5S,一方面展览现场工作能按秩序有条不紊地开展,减少了展览项目工作的辅助时间;另一方面因降低了安全事故、设备故障和现场纷争的发生率,提高了展览现场的工作效率,从而可降低展览项目的成本。

(二) 展览项目 5S 现场管理

利用 5S 现场管理法对展览项目现场进行管理,主要管理步骤和相应工作内容如下。

1. 整理

(1) 定义:区分物品的用途,区分要与不要的物品,清除多余的东西,现场只保留必需的物品。

(2)目的:①改善和增加展览现场工作面积;②布展现场、展览期间无杂物,人行、车行和货运通道畅通,提高工作效率;③减少磕碰的机会,保障安全,提高展览现场环境质量;④消除现场管理上的混放、混料等差错事故;⑤减少仓库或展区的货物存量,节约资金;⑥改变现场人员作风,改善工作情绪。

(3)意义:①把要与不要的人、事、物分开,再将不需要的人、事、物加以处理,展览现场的现实摆放和停滞的各种物品进行分类,区分什么是现场需要的,什么是现场不需要的;②对于展览现场的各个展位及相应设备、通道以及展场的各个死角,都要进行彻底的搜寻和清理,使现场无不用之物。

2. 整顿

(1)定义:物品或设备分区放置,明确标识和方位,必需物品或设备依规定整齐有序摆放,方便取用。

(2)目的:不浪费时间寻找物品,提高工作效率和产品质量,保障现场安全。

(3)意义:①把需要的人、事、物加以定量、定位;②通过前一步整理后,对生产现场需要留下的物品进行科学合理的布置和摆放,以便用最快的速度取得所需之物;③在最有效的规章、制度和最简洁的流程下完成展览现场的相应作业。

(4)要点:①物品和设备摆放要有固定的地点和区域,以便于寻找,消除因混放而造成的差错;②物品和设备摆放地点要科学合理,例如,根据物品使用的频率,经常使用的东西应放得近些(如放在作业区内),偶尔使用或不常使用的东西则应放得远些(如集中放在设备仓库某处);③物品摆放目视化,使定量装载的物品做到过目知数,摆放不同物品的区域采用不同的色彩和标记加以区别。

3. 清扫

(1)定义:制定展场环境洁净标准,形成制度,清除现场内的脏污、清除区域的物料垃圾。

(2)目的:清除脏污和垃圾,保持展览现场干净、明亮。

(3)意义:将展览现场污垢和垃圾去除,使场地或设备隐患很容易发现,提高现场运作和设备运转的正常率。

(4)要点:①相应岗位工作人员自己使用的物品,如设备、工具等,要自己负责清扫;②对所负责展区和相应设备的清扫,着眼于对相应设备正常检查与维护;③清扫展区和相应设备,要同设备的点检结合起来,清扫即点检,也是现场保养的重要工作;当清扫过程中,发现地面有油、水和飞屑时,要查明原因,并采取措施加以改进。

4. 清洁

(1)定义:将整理、整顿、清扫实施的做法制度化、规范化,维持其成果。

(2)目的:认真维护并坚持整理、整顿、清扫的效果,使展览现场保持最佳状态。

(3)意义:通过对整理、整顿、清扫活动的坚持与深入,从而消除发生安全事故的根源。创造一个良好的展场环境,使现场工作人员和到场的客户能愉快地工作或参观。

(4)要点:①展场环境不仅要整齐,而且要做到清洁卫生,保证现场人员身体健康,提高工作人员和到场客户在现场参与相应活动的热情;②不仅物品要清洁,而且工作人员本身也要做到清洁,如工作服要清洁,仪表要整洁,及时理发、刮须、修指甲、洗澡等;③工作人员不仅要做到形体上的清洁,而且要做到精神上的清洁,待人要讲礼貌、要尊重别人;④进一步消除展览现场浑浊的空气、粉尘、噪音或不合格展具等带来的污染源,使展览现场环境不受污染。

5. 素养

(1) 定义:养成良好习惯,人人按章操作、依规行事,养成良好的习惯,使每个人都成为有教养的人,提升人格修养。

(2) 目的:提升展览现场工作人员的品质,培养员工敬业、认真的工作态度。

(3) 意义:努力提高展览现场工作人员的自身修养,使员工养成良好的工作、生活习惯和作风,让员工能通过实践5S获得人身境界的提升,与企业共同进步,同时通过员工的素质修养影响现场所有客户的行为修养。

同步思考

图8-2所示为2016立嘉国际机械展展商服务手册目录。

图8-2 2016立嘉国际机械展展商服务手册目录

问题:上述展商服务手册目录中,体现了现场管理的哪几大部分?

分析提示:展会活动现场管理,具体体现在对参展商和观众的优质服务上,它是展览计划的具体落实,也是直接反映和衡量办展水平的必要环节,理应备受会展组织活动组织者的重视,然而会展现场管理、控制和协调的内容相当复杂,如若处理不当,必将引发成大的问题,所以要求现场管理的指挥协调成员对展会相关事宜全盘了解,并能及时、果断做出决策。

三、展览项目现场管理的组织分工

(一)展览项目现场组织架构

一般情况下,大中型展览项目现场管理的组织架构设置主要包括现场指挥中心、接待系统、展务系统、商务系统、后勤系统、工程系统和应急系统,如图8-3所示。

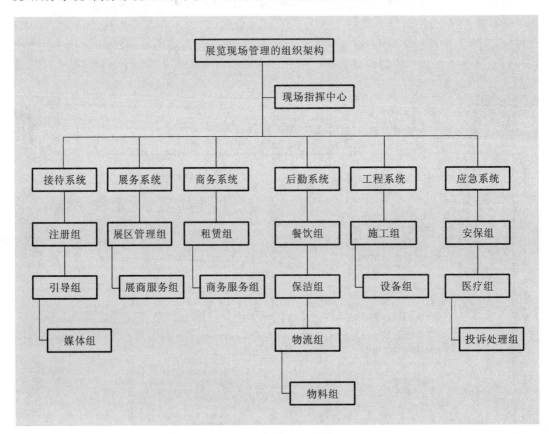

图8-3 大中型展览项目现场管理的组织架构

小型展览项目可以根据现实情况进行岗位和人员职责的合并,而一些影响力更强的展览项目会根据实际情况增加相应的组织架构设计。

(二)展览项目现场管理的职能分工

1. 现场指挥中心

现场指挥中心也称为现场调度中心,指展览项目活动召开时,展览项目组织管理者通过现场调度、调节、管制、指挥等方式,保证各系统的正常运行。

现场指挥中心是现场最高指挥中心,各类指示信息均由指挥中心完成并发布。现场指挥中心负责人通常由展览项目组织最高管理者、主办方秘书处、展览项目策划师、展览项目场馆负责人等相关人员组成,如表8-1所示。

表 8-1 现场指挥中心的人员组成及具体职能

	涉及人员	具体职能
现场指挥中心	展览项目组织最高管理者 主办方秘书处 展览项目策划师 展览项目场馆负责人	协调各系统的相关任务,特别是交叉性任务的指派 控制展览项目活动现场的进度 调配现场相关管理人员与服务人员 对现场各类突发事件做出处理决定 重要工作通知下达 接待各系统的咨询意见并做出反馈 组织重要领导进行参观 处理其他系统不能决策的事情 检查各系统实际工作情况 公布展览项目现场重大变化情况

2. 接待系统

现场接待是现场管理的第一任务,接待工作安排科学才能保证现场疏导与管理工作的顺利展开。在有条件的展览场所可以通过高科技产品与现代通信设备提高接待质量与效率;在条件较差的地方,可以在接待方面多安排一些工作人员与志愿者,以人力接待疏导为主。接待系统涉及部门及具体职能如表 8-2 所示。

表 8-2 接待系统涉及部门及具体职能

	涉及部门	具体职能
接待系统	注册组	识别来者身份,例如参展商、专业观众、非专业观众、开幕嘉宾、参观嘉宾、媒体记者、展位促销人员、会场服务人员等 协助填写参观注册信息 协助办理相关证件 办理会刊资料领取手续 讲解展览现场相关注意事项 其他与接待相关的事务
	引导组	制定人员流动疏导方案 接待现场咨询人员 协助随身物品托管或寄存 疏导到会车辆
	媒体组	安排展览期间记者邀请、接待、重要采访活动 组织召开新闻发布会 负责管理新闻发布 负责管理宣传品安放

3. 展务系统

展务系统是在展中阶段进行展区管理、协调参展商位及组织展览项目相关活动的临时部门。展务管理又称为现场参展商服务,指展览项目组织者在展示场所为参展者提供的服务于协调展出事务的总称,展务系统涉及部门及具体职能如表 8-3 所示。

表 8-3　展务系统涉及部门及具体职能

	涉 及 部 门	具 体 职 能
展务系统	展区管理组	展位广告内容核实 展区门禁管理及证件扫描 展区证件补办协助 展区桌、椅、垃圾桶协调 展区安全防范 重要领导参观路线设置 其他展区相关服务
	参展商服务组	展区测量与展位检查 展区、展位拆卸协调 展位更换与调整 展位促销管理 展位噪声管理 展位水、电、气、餐饮协调 展位知识产权保护协助 展位施工与设备安装协调 展位门楣检查核实 展位代表与展出品核实
	会务组	组织开幕仪式 组织展中会议及相关活动 负责相关活动的场地布置及物料准备 负责活动资料、礼品发放 接待活动嘉宾

4. 商务系统

商务系统主要负责商务租赁、财务管理、手续补办、证件补办等事务,商务系统涉及部门及具体职能如表 8-4 所示。

表 8-4　商务系统涉及部门及具体职能

	涉 及 部 门	具 体 职 能
商务系统	租赁组	展具租赁 验收现场,临时采购物资
	商务服务组	办理验证手续、交费、出具发票等事项 审核发放现场各项支出 提供打印、传真等现场服务 填写各方指定的临时需求表格 其他与商务相关的事务

5. 后勤系统

后勤系统主要管理一系列后勤活动，涉及部门及具体职能如表 8-5 所示。

表 8-5　后勤系统涉及部门及具体职能

	涉及部门	具体职能
后勤系统	餐饮组	现场相关餐饮服务管理与调度
	保洁组	现场清洁维护
	物流组	现场相关运输管理与交通制度 现场各类人员的管理与疏导
	物料组	现场饮用水的管理 现场可移动广告载体管理与回收 现场展示租赁设备管理与回收 现场绿植管理与回收 现场非展区装饰材料管理与回收 现场成型宣传材料管理 现场摄影摄像设备管理与协调 现场各种开幕、闭幕物品的管理与回收 现场各种工作证件与服装等相关物品领用

6. 工程系统

工程系统囊括了展览项目活动所有的大型施工工程管理与设备使用安装过程管理，通常交由场馆方或主场承建方来统筹，工程系统涉及部门及具体职能如表 8-6 所示。

表 8-6　工程系统涉及部门及具体职能

	涉及部门	具体职能
工程系统	施工组	标准展位运输、安装、检修、拆卸管理 展场水、电等申请、输送、安装管理 特装展位施工管理 大型展品物流与安装管理 展位移动、撤出、检修管理
	设备组	大型表演使用设备的安装、检修、拆卸管理 工程运输设备使用管理 检查展览项目活动现场使用材料 人员管理设备与大型广告载体的安装与管理 背景、开幕台、剪彩台的安装与检修 展场通风、通气设备检修、安装管理

7. 应急系统

应急系统是大型展览项目活动监控与突发事件的处理系统。职能涵盖现场治安、医疗服务、突发事件应急、现场投诉处理、日常监控、知识产权保护等，应急系统涉及部门及具体职能如表 8-7 所示。

表 8-7　应急系统涉及部门及具体职能

	涉及部门	具体职能
应急系统	安保组	维护展期社会安全,防止各类事件的发生 维护展示区域治安 排查消防设备设施 协助对进入展区的人员进行身份验证 失物报检、领取管理 展区监控设备安装与检修 夜间巡逻与防止公共危害
	投诉处理组	现场纠纷处理 人身健康与财产安全保护 知识产权侵权调查取证及立案
	医疗组	现场医疗救助及处理

由于展览现场管理业务的多元性和复杂性,主办单位经常把现场管理的诸多业务外包给专业性的展览项目服务公司。一方面,主办单位通过服务外包达到了降低成本、提高效益的目的;另一方面,也使得各种专业性的展览服务企业发展起来,譬如站台设计、站台搭建、展具租赁、展品运输、广告印刷、安保清洁、法律咨询、餐饮服务等。

第二节　展览项目现场阶段化管理实施

展览项目现场管理工作一般由三个阶段组成:展前布展管理、展中现场管理和展后撤展管理。以下就这三方面内容进行介绍。

一、展前布展管理阶段

所谓布展,从参展商的角度来看,是指参展商为准备展览而在展览开幕前对展位进行搭建、布置和将展品陈列在展位上的系列工作;从办展机构的角度来看,是指对展览现场环境进行布置和对参展商有关工作进行的协调和管理。

（一）展台搭建管理

展览布展是展览开幕前的现场筹备工作。不同题材的展览需要的时间长短不同,通常布展的时间是三天左右,最短的可能只有一天。在布展期间,主办方主要管理的对象是主场搭建商和主场运输商,督促和协调他们相互之间的配合,以保证布展的顺利进行。办展机构在组织展览前需要到工商、消防、安保和海关等办理有关手续,办理有关手续后展览才能布展。同时,还需要与展览指定的承建商和展品运输代理进行充分的协调和沟通。

参展商报到之前,主办方应督促主场搭建商(承建商)做好这两项工作:一是按图纸做好展台区域地线划分工作、标明展台号;二是按图纸搭好现场服务办公的场所。

(二)展览开幕式和其他相关现场布置

1. 展览开幕式场所的选择和搭建

展览举行开幕式的场所要提前安排,在交通和人流上加以管理。开幕式中的舞台布置包括展览背景板、门楼、展览横幅等。背景设计要展现展览主题,背景板应写上展览名称、开放时间,展览的主办、承办、支持单位等办展机构的名称等。

2. 展馆序幕大厅布置

主要包括展馆、展区和展位分布平面图、各服务网点分布图、各参展企业及其展位号一览表及名录牌、展览简介牌、展区参观路线指示牌、展览宣传推广报到牌、展览相关活动告示牌等。

3. 嘉宾休息室的布置

很多展览会在适当的区域开辟一定的空间作为展览嘉宾的休息室或者会客室供展览嘉宾使用。在该休息室或者会客室里,除了要配备一些茶水、咖啡和小点心等以外,还可以放一些有关展览的介绍资料。

4. 设置联络咨询服务中心

为了方便参展商和观众,大会还可以在展馆大厅、展馆主通道或其他便利的地方设立联络咨询服务中心,安排专门的人员在该中心负责接待和联系客户。

5. 设置新闻中心

很多办展机构都会在展览现场适当的地方设立一处展览新闻中心供媒体和记者使用。

6. 设置专业观众登记柜台

可以在展馆大厅或者专门的观众进馆大厅设立专业观众登记柜台来进行展览的专业观众登记工作。可以根据以前对专业观众发放邀请函的情况,将专业观众登记柜台和通道分为持有邀请函观众登记柜台和无邀请函观众登记柜台。

(三)布展管理的主要工作管理

布展管理一般在展览会开幕前几天举行,时间长短依展览会的不同规模和主题而定。对于主办单位而言,布展就是对展览会现场环境进行规划,对参展商、搭建商、运输商等有关工作进行协调和管理,从而为展览会正式开幕做好准备的筹备阶段,布展管理的工作要点详见表8-8。

表8-8 布展管理的工作要点

工作项目	工作标准	具体描述
搭建展台之前	到管理部门办理相关手续	到工商、消防、公安和海关等部门报批和备案,并办理有关手续(对于有特殊需要的大型国际展览会,还应邀请这些部门现场办公)
	与指定搭建商和运输代理商协调	共同讨论和预防展台搭建、展品运输过程中可能会出现的问题
	安排餐饮、旅行等服务商	预先安排展览会现场的各项服务设施,其中,餐饮服务在搭建展台期间便可向参展商提供
	争取其他部门的支持	有时还要争取卫生、银行、交通、知识产权等部门的支持

续表

工作项目	工作标准	具体描述
搭建展台期间	展位划线	根据各参展商租用的场地位置和面积,划分好每一个展位的具体范围
	铺设地毯	在场馆的公共区域、标准摊位等地方铺设地毯
	参展商报到和进场	参展商凭合同或参展申请回执等有效证明到现场报到,办理相关入场手续,并领取相关证件
	现场施工管理	派专人管理指定搭建商和特装修参展商的现场施工活动,避免出现现场混乱或存有安全隐患
	搭建标准摊位	完成所有标准摊位的制作,并认真核对展台号及各参展商的中英文名称等信息
	海关现场办公	对于海外参展展品,主办单位应陪同海关进行现场抽查,如果海外展品比例较大,可邀请海关现场办公
	现场安全保卫工作	做好相关安全保卫工作,如定期巡逻、执行出门证管理制度等
	消防和安全检查	当全部展位搭建完毕后,主办单位应陪同消防、安保部门进行全面检查,以便及时发现和处理安全隐患
	布展清洁工作	及时收集和处理布展所产生的垃圾
	接待媒体	布展期间也会有部分媒体前来采访,因而主办单位还应安排专人负责媒体接待工作

对于特殊搭建,即租用空地的参展商均为特殊搭建展台,无论是由指定单位搭建还是自行搭建,均要提前将展台设计彩色效果图、平面图和所用材料防火证明报给主办单位,以便及时上报消防部门批准备案。所有的搭建材料必须采用不燃或阻燃材料;未经同意的方案,消防部门不允许在展馆内搭建。

二、展中现场管理阶段

(一) 展览开幕式的组织管理

1. 开幕式的时间和地点

开幕式的时间和地点要提前决定并尽早通知有关各方。在开幕时间的选择上要考虑当地的交通、气候及工作习惯等因素。一般来说,开幕式的时间不宜太早,开幕式的总体时间不宜太长,通常在半小时左右,一般不超过1小时。开幕式的地点一般安排在场馆前的广场上,这样可以方便开幕式后嘉宾、观众参观活动。

2. 开幕式流程

展览开幕式多种多样,如鸣放礼炮、嘉宾剪彩、领导讲话等,方式不同,其议程安排也有所不同。展览典型的开幕式程序是:由展览工作人员引领嘉宾至开幕式主席台就位,开幕式主持人(司仪)主持展览开幕式并介绍到会嘉宾,主持人请有关领导讲话,由某位重要嘉宾宣布展览正式开幕,主持人宣布开幕式结束并请各位嘉宾和展览观众参观。

开幕式的总体议程确定后,需注意以下事项。

(1) 确定礼仪人员、接待人员分工及任务。

(2) 落实安全保卫人员的布局与分工。

(3) 确定领导和嘉宾的排序并务必核准姓名、性别、职务。

(4) 确定致辞人、剪彩人的次序、站位。

(5) 音响、乐队、礼炮等的检查、配合与协调。

(6) 检查嘉宾签到簿、胸花和剪彩用品、礼品。

(7) 妥善安排新闻媒体采访报道。

3. 现场组织管理

开幕式的现场组织管理工作主要有以下注意事项。

(1) 观众的组织。

(2) 落实领导和嘉宾的出席时间、接待与引导。

(3) 主持人(司仪)的临场发挥。

(4) 开幕式协调人的临场调度与协调。

(5) 现场工作人员的临场配合与协调。

(6) 安全保卫人员的临场配合与协调。

(7) 环境装修和设备检查。

(8) 突发情况的及时处理。

(二) 观众登记注册与服务

观众通过登记注册或凭门票进入展览会场后,要对观众参观、观众信息咨询、中场休息场地和设施的提供、观众与参展贸易商谈判等提供便利和服务。同时,还要注意以下几点。

(1) 现场工作人员分配。

(2) 填写观众登记表。

(3) 展览证件与门票管理。

(4) 会刊的编印与发放。

(三) 参展商现场联络和服务

在展览期间,所有参展商都会亲临展览,这正是办展机构与参展商沟通、联络的极好机会,办展机构应亲自到各参展商的展位逐一拜访,或者邀请参展商座谈,加深感情联络。

(四) 媒体接待与采访

接待媒体与安排采访对展览项目的宣传推广有重要作用,展览项目组应十分注视这一工作。还可以通过展览的新闻中心有意识地对外发布一些展览方面的新闻,以进一步扩大展览的影响。

(五) 公关和重要接待服务

展览是一个公共交流平台,同时也是办展机构进行公关活动的最佳场所。对于展览主

办方来说,如邀请重要领导参观和考察展览、接待外国参展和参展代表团、接待行业协会和商会的考察、接待外国驻华机构代表的访问等这些公关活动对提升展览影响力、提升展览形象将会起到很大作用。

(六)现场安保工作

展览安全保卫工作主要包括防止可疑人员进入展览、防止展品丢失和被盗、展览消防安全保护、协助处理一些安全保卫方面的工作。

(七)展览相关活动的协调管理

展览期间,主办方以及参展商往往都会同期举办一些论坛、峰会、新闻发布会、颁奖、竞赛、表演等活动,这就要求主办机构能够及时进行协调管理工作,避免混乱。

(八)现场清洁工作

展览一般要负责展场公共区域内的清洁卫生工作,展览期间,主办机构要安排清洁人员每天对公共区域进行清洁。参展商展位内的清洁卫生工作一般由参展商自行负责。

(九)知识产权保护工作

往往会在展览现场设立展览知识产权保护的专门机构,负责接收、处理展览知识产权方面的投诉,并监督管理展览知识产权方面的问题。

(十)有关信息的收集与整理

展览期间,各种信息汇集,展览的主办机构应抓住时机对各类有用的信息进行收集整理。如对参展商以及观众的问卷调查,了解他们对展览各方面问题的看法。在展览现场收集到的资料,对今后展览的举办有较好的借鉴意义。

(十一)商谈下一届展览的合作、代理事宜

展览期间,行业内企业、合作单位、招展招商代理一般都会亲临展览,办展机构需要和其商谈下一届展览的合作与代理招商事宜,为下一届展览的顺利举办做好准备。展览期间,行业内企业和人员大量云集,展览项目组可以在现场设立招商办公室,负责为参展商预订下一届展览的展位。

三、展后撤展管理阶段

展览闭幕标志着展览结束,但并不意味着展出工作结束。从展览闭幕到本展览项目工作人员离开展出地,展览承办企业必须完成协助参展商展品和展具的拆除和运输、统计、总结、结账等工作。一些展览后续工作也可以在此期间开始做。

(一)撤展准备工作

撤展工作必须在展览闭幕后开始,但是撤展准备工作需要在展览期间甚至展览开幕前就开始考虑和着手做。撤展工作需要考虑并安排的内容包括展品处理、展架拆除、展具拆除、花草装饰拆除、展品和道具的回运手续、回运公司、展品装箱运到展台时间、集装箱运到展场时间表、场地清扫安排、场地交还手续等。这些工作通常由展台经理或指定人员办理。撤展首先要注意的问题是按时撤展,既不要提前也不要推迟。

（二）撤展相应工作

1. 参展商的展品处理工作

撤展的主要工作之一是展品处理。协助参展商进行展品处理的方式一般为出售、赠送、销毁、回运。出售是指将展品出售给观众。在零售性质的展览上，展品往往也是卖品，直接销售给参观者，参观者付款后可以立即取走。在贸易性质的展览上，展品出售后，买主往往不能立即取走展品，一般需要等展览闭幕后再取。赠送一般是指展出者将展品赠送给客户或重要人物。销毁通常是针对一些价值不太大，展出者不想出售也不想回运的展品。销毁通常需要人证在场。回运是指展出者将展品运回展出者所在地。如果在同一行政区域或同一税区，展品处理涉及的费用比较简单，甚至可能不产生费用。但是在不同征税区域展出，展品处理方式的不同会使展出者缴纳不同的税额，因此，展出者要明确展品处理方式。

2. 展位撤除与展具退还工作

展品从展架、展台上取下后，就可以开始拆除展台，撤走展具。如果展出者使用的是租用标准展台或委托施工的展台，就可以不考虑展台拆除问题，由展览或施工公司考虑。如果展出者使用自己的材料动手搭建展台，就要考虑自己动手拆除展台，并事先安排计划好拆除人员和工作。如果是国际展览，就有结关问题，一方面要与海关建立良好的关系，另一方面要按规定办理手续。有时展出者在结关工作结束前就会离开展出地，将有关工作留给运输报关代理办理。这就需要有关单证办理准确无误。撤展期间，展台经理或指定负责人要确认所租借物品（包括办公用品、道具、花草、电气设备等）全部归还原主，避免产生额外费用，并及时索回押金。

3. 场地清洁工作

将场地清扫干净交还展览场馆管理方，有助于展览组织者和配套服务商建立良好的关系，为将来合作打下基础。场地交还展览场馆管理方，展览主办方在展览现场的工作才算完成。

撤展管理的工作要点如表 8-9 所示。

表 8-9　撤展管理工作要点

工作项目	工作标准	具体描述
拆除展台	安全操作、恢复场地原貌	对于标准摊位或由参展商委托施工的展台，由指定搭建商负责拆除，特装修展台则由参展商负责
参展商退还展具	协助参展商顺利退还展具	协调各方面的关系，帮助参展商及时将所租用的展具退还场馆的相关服务部门或指定搭建商
处理展品	协助参展商妥善处理展品	展览会结束后，参展商处理展品的常用方法有出售、赠送、回运或销毁，必要时主办单位应提供协助
展品出馆管理	严格执行出门证管理制度	参展商向主办单位申请出门证，场馆保安人员检查放行
展场清洁	保证场地清洁	恢复场地原貌，按场馆方指定地点堆放垃圾
安全管理	加强安全和消防保卫工作	定时巡逻，及时消除各种安全隐患

四、展览项目配套服务管理

(一)展览搭建服务

1. 承建商的选择

展位搭建工作是设计和施工两个环节的结合,是一项专业性很强并且关系到展览形象和声誉的重要工作。层位搭建的第一个环节是设计工作,第二个环节是施工搭建工作,无论公司的参展目的是什么,展位都必须显示公司的形象。

2. 展览承建商的职责

展览指定承建商即主场搭建商,是由展览会主办方指定的为参展商提供展台搭建等现场服务的企业。主场搭建商一般负责为参展商提供标准摊位和特装展台的搭建,会场拱门、指示牌及名录等的制作,展具租赁服务,还可满足参展商提出的一些特殊要求,如紧急加装、撤展等项服务。不同展览的组展方对主场搭建商所提供的服务要求也不尽相同,一般会在参展指南中详细列明。

主场搭建商负责展位的搭建,要同时对组展方和参展商负责。展示效果是观众对展览形象的第一印象,所以展位外观设计效果的好坏,在很大程度上会影响展览的整体形象和参展商的展示效果,进而影响参展商的参展效果。参展商很多时候都把主场搭建商所提供的服务看成展览组展工作服务的有机组成部分,因此,组展方在选择主场搭建商时一定要全面考察,以确保其能够胜任展位搭建工作。

3. 如何考察主场搭建商

如何选择主场搭建商是参展商面临的重要问题,通常来说,主要从以下几个方面进行考察。

(1) 具备较为全面的知识和技术。
(2) 有丰富的经验。
(3) 提供合理的价格。
(4) 熟悉展览场地及其设施。
(5) 提供展位维护保养服务。
(6) 了解指定展位承建商的方法。

(二)展览物流服务——确定展览物流服务商

由于运输有它自己的行业操作规范和工作技巧,国际展览运输协会(IELT)对展览项目运输代理的工作提出了以下两个方面的要求:第一是展览项目运输代理的工作准则,第二是报关代理的准则。也就是说,在选择展览项目运输代理时,不仅要考虑运输能力,还要考虑其海关报关能力。参展商要求货物能够安全准时地到达目的地,因为展览的时间只有几天,货物运输延误或损坏会造成参展商不可估量的损失。物流服务商的选择可以从展品运输经验、服务规范性、价格等几个方面来考察评估。具体可以从以下几个方面来评估物流服务商服务的专业性。

1. 报关代理服务

海关报关对国际参展商是非常重要的工作。国际展览运输协会对出口代理的海关报关工作主要有五个方面的要求,即客服联系、单证办理及通知、最佳运输、现场支持和展后处理(回运)。

(1)客服联系。这是最关键的部分,出口代理要努力将报关要求全面清楚地给传递给展商。全面是指把报关所需要的单证文件、包装和标示、截止日期以及报关特别要求和审查等都告知展商。

(2)单证办理及通知。货物启动时必须将展品情况和搬运细节通知现场运输代理,如展商的展台号、展品运到展台的要求时间、箱数、尺寸、毛重、体积、CIF(成本加保险加运费)价格及运输细节如航班号、提单、空运提单号、卡车货车、集装箱、铁路货车号等。出口代理必须保证按基本规定提供正确完整的单证,以确保不误海关手续。

(3)最佳运输。考虑到货物的特征、预算和时间限制,出口代理应向展商建议最佳的运输方式和路线。

(4)现场支持。现场支持的主要目的是保证客服在运输和装卸两个方面获得展览运输协会的专业标准服务,并帮助和支持现场运输代理使其顺利完成搬运工作。

要达到现场支持的目的,出口代理可以作为客户和现场运输代理的协调人员,处理有关运输事物;出口代理应迅速安排空箱运出和运回,协助现场运输代理的工作。另外,在展览期间出口代理还要巡视所有客户,收集展品处理或运回的要求。

(5)展后处理。出口代理应将货物的展后处理和运回的有关要求明确告知现场运输代理,并监督其现场搬运工作,如果是进口货物,还要协助当地税务处理相关事宜。

展品成为进口物品,展品改变流向,出口代理应通过现场运输代理办理,交代交货条件、交货地点和销售条款,以便安排运输;回程运输通常由出口代理自行办理运输手续。

国际展览运输协会对展览项目运输代理和报关代理的工作准则是针对其会员单位的,对我们选择展览项目运输代理有很大的帮助。

有些展览项目只指定一家运输公司作为代理,统一负责运输海内外的运输事宜。但对其国内运输和跨国运输来说,差别非常大。所以,有些组展机构通常分别指定国内运输代理和海外运输代理。

2. 国内运输代理服务

国内运输代理主要负责国内展商的展品及相关物资的运输工作,有时也作为海外运输代理国内的运输代理。

1)来程运输

来程运输是指将展品和相关物资自参展商所在地运到展览项目现场,主要有以下几个环节。

(1)展品集中和装车。参展商将展品和相关物资,按要求的日期统一集中到指定的目的地,由国内运输代理处理并安排运输路线和方式,确定后再将展品和相关物资装上运输工具,运往车站、机场和码头。

(2)长途运输。根据运输物品的特点,结合最佳运输路线和方式,长途运输可能会采用水运、空运、火车和汽车运输。如果是汽车运输,最好是安排从运输地到展览项目馆"门到门"的运输,以减少运输次数;如果是空运,要注意提前订舱;如果是火车和水运,则要注意出站和出港运输衔接。

（3）接运和交接。对于空运、水运和火车运输，都存在中途接运的环节。例如，物品从船上卸下后再到汽车运到场馆等。交接中要注意列出相关工作和货物清单以便工作衔接。

（4）掏箱和开箱。掏箱是指将展品从集装箱或者其他运输箱中掏出和卸下，并运到指定展位的过程；开箱是指打开展品箱取出产品的过程。

2）回程运输

回程运输是指在展览项目结束后，将展品和相关物资自展位运到参展商指定位置的运输工作。回程运输的目的地可能是参展商所在地、参展商指定的地点、经销商和代理商的所在地或者另一个展览所在地。

3）其他注意事项

办展机构在指定国内运输代理时，还要考虑以下几个因素。

（1）时间安排。展品和相关物资的运输要提早安排，并向参展商公布。主要有以下时间安排：交箱日期，办理手续日期，发运日期，抵达目的地日期，达到展览项目馆日期，回运日期。展品到达时间过早，会产生额外的存储费用；到达过晚，会延误展览日期。权衡来看，运输时间通常留有余地为好，多发存储费总比耽误布展要好。

（2）运输路线和方式。办展机构有必要督促运输代理为参展安排最佳运输路线和方式，尽量使用集装箱等安全的运输方式。

（3）包装要求。由于在同一个大型展馆可能同时举办多个展览，为了展览现场搬运和装卸方便，办展机构可以和运输代理一起安排好展览项目物资的运输包装要求，如包装标志要注明展览名称、展位号、收货人地址等。

（4）费用问题。办展机构有必要让运输代理为参展商提供合理的运费和杂费的收费标准，防止运输代理费用收取过高。要和运输代理谈好陆运、水运和空运的费率，以及迟到附加费、早到存放费、码头机场费等费率、自选服务的费率，并明确告知参展商。

（5）保险。办展机构要督促运输代理提醒参展商在安排运输时需要投保的险别。

3. 海外运输代理服务

如果举办的展览项目是国际性的，那么就应当指定海外运输代理来负责海外参展商的展品和相关物资的运输工作。尽管运输也分为来程运输和回程运输，但其运输环节和手续的办理，要比国内运输要复杂得多。跨国运输和国内运输最大的区别主要表现在以下三个方面。

1）运输方式

跨国运输基本都是国际联运，整个运输过程基本要经过陆运—海运—陆运，或者是陆运—空运—陆运等几个环节，参展的货物要从一个国家运到另一个国家才能完成。因此，海外运输代理必须要清楚了解展览项目举办地所在国的海关规定、海关手续和进口税率，了解当地对展品进口的处理办法和规定，了解当地是否有免费健康宣传品和自用品的规定等，以免展品报关受挫。

2）有关文件

由于跨国运输要从一个国家到另一个国家才能完成，所以运输过程中涉及的有关文件要比国内运输多得多，也复杂得多。对于这些文件，运输代理需要明确告诉参展商提供各文件的具体时间和最后期限，以便及时办理有关手续。一般来说，跨国运输过程需要准备的有关文件主要有以下几种。

(1) 展览项目文件。展览项目文件是有关展品和相关物品的证明和文件,主要有展品和相关物品清单、展品安排指示书、需要海关审查的特殊物品样本和清单、发票等。有些国家可能还需要产地证明、商品检验证书等文件。其中,展品及相关物品的清单最重要,一定要完整准备。

(2) 运输单证。运输单证是办理货物运输所需的证明文件,主要有装运委托书、装箱单、集装箱配单明细表、提单、运费结算单等。如果货物需要回程运输,那么还需要委托回运通知书。

(3) 海关单证。海关单证是办理货物海关报关时所需要的证明文件,主要有报关函、报关单、清册、进口许可证、发票等。

(4) 保险单证。展览所涉及的保险险别比较多,在运输过程中,一般办理投保"一切险",有时还会投保一些附加险。展览涉及的保险险别比较常见的还有展品的盗窃保险和道具的火险、第三者责任保险、展出人员保险等。保险单证主要是保单,另外还有受损报告书等。运输代理有必要了解展览项目是否指定了保险公司,如果有就尽量按规定办理。

3) 海关报关

如果有回程运输,海关报关就有两次:一是来程运输时的货物进口报关,二是回程运输时的出口报关。相比较而言,来程运输时的货物进口报关对参展商来说更加重要。在实际操作中,货物进口报关一般有以下四种办理形式。

(1) ATA(暂准进口)形式。ATA 形式报关是一种准许货物免费暂时进口的报关制度。《关于货物暂准进口的 ATA 单证册海关公约》和《货物暂准进口公约》是这项海关制度的法律基础,国际商会在此基础上创建了国际出证和担保系统。使用 ATA 形式报关,可以大大减少通关工作量,缩短报关时间,简化报关手续,还不用交关税,并且 ATA 临时进口证在一年的有效期内,可用于一个以上的国家。ATA 形式只有 ATA 公约的成员国之间才能使用,在展览结束后货物必须回运。我国已在 1993 年加入 ATA 公约。

(2) 保税形式。如果展览是保税形式的展览,货物报关就可以采用保税的形式。保税报关手续要比一般报关手续简单,货物可以在展览现场再进行检查。如果是需要检疫的动植物物品不适用于这种报关形式。必须指出的是,采用这种报关形式,必须接受海关监督,物品不能带出保税现场。

(3) 再出口形式。再出口形式报关是提供相当于展品等物资进口关税相同金额的保证金,再办理报关手续使货物通过展出。这种形式是以展品的再出口为前提条件,展品等货物再出口时必须与进口报关时完全一致。因此,使用这种报关形式,检验十分严格,展览时不得随便出售和处理。再出口形式报关手续较多,比较费时。

(4) 进口形式。进口形式报关是将展品等货物当成一般货物办理进口手续,缴纳关税。采用进口形式报关,展览结束后可以自由处理,采用这种形式须缴纳的关税可能比较高。

(三) 展览项目旅游代理

1. 展览项目旅游代理服务

展览旅游的运营模式不能独立于展览活动之外。展览旅游的运营模式可以简单概括为以人为核心,以展览活动为基础,既为展览活动的旅游属性服务,又进行游、购、娱等外围活动以及外围观展游客的组织。目前,国内旅行社、景点方面为展览项目专门提供的产品稍显不足。展览业与旅游业在把握、引导和满足客源的多种需求上合作欠佳。越来越多的以旅行社业为主导的大型旅游集团进入展览旅游市场。一些大型的旅游集团如上海锦江、中青旅、春秋旅行社等已经加入了国际展览项目组织,开发展览项目旅游市场。

2. 配套旅游产品的代理商选择

1) 选择专业并有资质的旅行社

旅游业属于特许经营行业,正规的旅行社在成立时必须向旅游行政管理部门交纳质量保证金。这些质量保证金全部存放在特别账号内,一旦旅行社出现旅游质量问题,质量保证金将用来赔偿游客损失。而一般会议服务公司没有涉及经营旅游项目的资质,其旅游服务质量难以得到保证。出现问题后游客合法权益难以得到保障,某些会议服务公司在工商局注册的经营范围限于会务考察、代订机票,但这些公司在实际中却涉及考察路线、代办护照、出国观光等业务,其行为扰乱了旅游市场经营秩序,在出现重大质量问题时,这些公司就会金蝉脱壳,消失得无影无踪,令展览组织者或客户投诉无门。基于这种情况,选择适当的旅行社是非常重要的。

2) 旅行社的资质条件

(1) 旅行社的资质要求。旅行社的选择首先要看接待方是否经旅游局审批,是否具有合法的经营许可证,是否向其主管部门交纳了足够的质量保证金,是否有法人营业执照,若是和旅行社部门直接打交道,还要看其营业部是否有旅游局颁发的部门经营许可证和由工商局颁发的旅行社分支机构营业执照。

(2) 选择品牌声誉较好的旅行社。每一个旅行社都有自己的名称,就像我们选择家电、要求功能全、质量好、信誉高、售后服务到位一样,好的旅行社都千方百计地树立自己在市场的形象。一般来说,如果这个旅行社采取挂靠或简单承包的方式经营,它的信誉一般不会太好,国旅、中旅都是我国较早成立的一批骨干旅行社,随着旅游业的发展,这些年来又成长出了一大批信誉好、服务质量高的旅行社。

(3) 明确收费内容和相应服务质量。要明确属于团费之内或需要自理的费用。同时,要注重服务内容的细节,如出行返回时间、交通工具(飞机、火车还是汽车等)、住宿(店名、地点、星级及入住房间标准)、用餐(店名、地点、用餐标准)、景点门票的支付、有无全程导游、有无购物安排(购物次数、时间安排等)、旅行社是否已购买旅行社责任险、是否按规定向游客建议购买足额的旅游意外保险等。行程表越详尽,客户与旅行社在中途随意改变行程安排的可能性就越小。因为一旦展览客户与旅行社出现纠纷不能很好地解决,客户首先就会牵怒或投诉展览组织方,影响展览项目的形象。

(4) 工作人员有良好的形象和气质。按照国家旅游局的规定,旅游行业人员应有国家旅游主管部门颁发的上岗证,同时,要看旅行社的内部管理是否有明确的分工计划及严格的工作纪律,旅行社各项接待工作透明度怎样,是否重合同、守信誉,有无投诉也是选择时所要考虑的因素。虽然旅游服务是代理或外包形式,但旅行社工作人员的形象和气质也代表了展览项目的服务质量。尤其不能选择不正规的旅行社或个人来接待或充当导游,若出现问题,会影响旅游计划的正常进行,客户投诉无门、索赔无路。

3. 配套旅游产品的策划方面

(1) 产品设计的专业性评价。展览项目旅游者的需求与一般的旅游者需求有所不同，展览项目旅游服务应当围绕展览项目活动展开，为展览项目活动的旅游属性服务，又进行游、购、娱等外围活动。旅行社可以在服务上，将展览项目期间的酒店、接送、餐饮等基本服务做成主体产品，将其他配套服务及产品做成菜单，由客户根据需要灵活选择；在形式上，旅游产品应广泛采取半包价、小包价等形式，以中短线为主，组团灵活。

(2) 项目旅游内容。为展览项目旅游产品策划或服务的企业，主要是投资考察游等专项旅游产品，短平快的城市周边游。旅游业和展览业联合起来，实现展览项目旅游的整体促销，旅行社应同展览项目公司分工协作；旅行社安排应既有集体活动又有分散活动，可以随时根据情况改变行程，临时增减内容，帮助参展团提高工作效率，提高参展的附加值。展览项目主办方或参展商在选择旅行社的时候要考察旅行社在产品设计上的思路和采取的服务形式是否能够满足展览项目客人旅游的需要。

(3) 旅行社的服务能力评价。展览项目旅游者商业意识强、文化素质高、时间观念强，在专项事务活动的安排上，旅行社要根据展览项目旅游者的客户拜访和参观要求，以及其他国家的交通、礼仪习惯等做出时间、顺序的调整，安排细节，最后提出行程建议并最终确认。因此，在指定旅游代理时，要选择资质好、能力强、在办展或会议当地有较为成熟的网络的旅行社。

(4) 行程安排是否合理。有些旅行社行程安排紧凑，可实际上在途中浪费很多时间，甚至走回头路，旅行下来，仅是蜻蜓点水，人困马乏，何来旅行观光的乐趣。好的线路应该是游程设计合理，景点安排主次分明，多而不杂，收费合理，而且有较高的销售记录。展览项目组织方应协助客户把关旅游路线与行程的合理性问题，请专业人士协助了解旅行社擅长经营的线路，也可向当地旅游咨询中心咨询。

(四) 住宿安排服务

住宿安排，是指展览项目组织者对有住宿需求的客户直接安排、指定服务或推荐住宿等服务，住宿安排是展览项目配套服务中重要的内容，因为它相对于别的配套活动来说是不可或缺的。对于有住宿需求的展览客户，如果规模不是很大，主办方可以把它安排在展览场馆配套的酒店，这样在临近地点举办展览并有大量的住宿需求，项目主办方就可以向酒店协调较好的折扣价，有利于吸引更多参展和参会并且又对价格比较敏感的客户。住宿安排对于大中型展览项目来说是比较复杂的，尤其是有几千个外地客户或者更多人参加的大中型展览项目。在这种情况下主办方应该将客户的住宿尽量安排在离展览场馆较近的酒店，以避免他们花费大量的时间在往返展览场馆和酒店的路上，同时也减少整体服务的难度。住宿安排服务主要需考虑以下几个因素。

1. 充分考虑展览客户的住宿需求

项目主办方在协调展览客户住宿之前，首先要对代表情况进行全面的统计，统计内容必须涵盖以下几个方面。

(1) 需要住宿的展览客户总人数，包括需要住宿的家属及其他随行人员。

(2) 客户对住宿标准的总体要求及一些重要客户的具体要求，如标准间、单人间、双人

间或套间,以及其他特殊要求,比如海景房。

(3) 具体住宿价格的承受范围。

(4) 客户及家属的到达及退房时间,尤其注意提前到达或者推后离开的情况,不能只安排统一的到离时间。

(5) 付费的方式,现金、信用卡或者其他。

(6) 最后估计可能会临时决定取消参展或参会并有住宿需求的代表人数,制定相应预案并进行相应的处理。

2. 选择住宿酒店的标准

除提供客户住宿的酒店应该距离展览场馆举办地点比较近以外,展览组织者还应该结合以下几个方面来综合考虑。

(1) 酒店的位置。环境是否优美,包括酒店本身的设计和周边环境;交通是否便利,是否比邻主干道,是否离飞机场或者火车站较近。

(2) 酒店的住宿质量。客房数量是否充裕,这样可以将与会代表安排在尽量集中的少数几个酒店;是否具备各种类型的客房;娱乐设施、送餐服务,客房装潢、设施、家具等质量如何。

(3) 餐饮。食品质量、服务速度、食品的种类、特殊饮食的供应,如素食、清真食品等;餐厅及餐位是否充足。

(4) 酒店配套设施。休闲设施,比如游泳池、网球场等;公共区域,如大堂的质量、停车位、商务中心等。

(5) 人力资源。管理是否高效、负责并且反应迅速;员工的培训水平。

(6) 价格。公布的门市房价、会议主办方能拿到的折扣、付款的方式与条件等。

3. 其他需要考虑的住宿问题

(1) 酒店的登记和分类。虽然很多国家都有相应的划分酒店星级的标准体系,但这种体系在不同的国家可能有着不同的含义。

(2) 一般酒店的销售由市场部负责,他们做出的承诺有可能和酒店实际提供的服务之间有一定的差距,因此要注意和酒店的其他部门之间的协调,不要仅仅和市场部保持单一联系。

(3) 酒店的门市价是针对没有预订的散客而言的,展览组织者大量预订房间的价格应该远远低于门市价,在淡季和周末的时候更是如此。因此,在和酒店签订协议之前要对价格进行充分的协商以获取最优惠的价格。

(4) 最后在交易过程中主办方必须有应对意外情况的准备,例如,有缺席者将有什么后果,取消预订支付的违约金是多少等。另外,酒店超额预订也是一种风险,要做好应对这种风险的准备。

(五) 交通配套服务

1. 交通配套的需求

展览配套服务中的另外一个重要内容是交通配套安排。有关展览项目的交通需求通常有以下五种。

(1) 从项目举办地的机场或火车站到酒店之间。

(2) 客户所住酒店到展览场馆之间（如果客户就在展览附近的酒店则没有这一类交通需求）。

(3) 客户所住酒店或展览场馆与社交活动或参观、旅游点之间。

(4) 客户从所在地到项目举办地之间的飞机、火车或长途客运交通代办。

(5) 重要客户的家中到本地的机场或者火车站的交通。

2. 交通配套注意事项

(1) 为客户提供高质低价交通服务。除了交通主要由与会客户自己安排以外，展览项目组织者应尽可能为与会客户提供交通便利服务或协助。

(2) 酒店与会议场所之间的交通。如果展览客户下榻的酒店与展览项目举办场馆有一定距离的话，展览组织方就需要安排穿梭巴士往返于酒店和场所之间接送与会者。这个安排如果不当的话非常容易引起客户的不满情绪。

(3) 参加社交活动或者旅游时的交通。对于社交活动或者旅游时的交通安排，最主要是和注册处以及会务秘书处保持紧密的联系，随时获取相应活动行程的变动。

(六) 展览其他配套服务

服务竞争是展览组织水平达到一定阶段的标志，越来越多的展览主办方将提高服务质量、增添服务内容确立为展览项目向更高层次发展的关键举措。以下是目前展览中较普遍的几种配套服务。

1. 媒体与广告服务

展览是一个展示成果、交流信息的平台，主办方应尽可能地为参展商提供更多样化的宣传推广方式。首先，是对展览项目整体的宣传，主办方向参展商收集信息，出资在有关报纸媒体上做统一的宣传。其次，是对参展商的个别宣传，由主办方提供宣传媒介，向参展商提供收费服务，在展览宣传资料上进行冠名宣传（门票、宣传单、出入证等）。

2. 租赁服务

一般来说，展览现场的物品租赁是由主办方委托主场搭建商负责提供的，但也有个别展览由主办单位自行提供部分物品的租赁，如饮水机、打印机、复印机等。

3. 后勤服务

餐饮、保洁是展览基本的后勤服务保障工作，也是参展商和观众普遍关注的焦点问题。展览现场客流量大，午餐和饮用水一定要提前估算，并根据现场情况及时调配。

保洁工作也是重中之重。除督促餐饮供应商保持餐饮区整洁之外，厕所卫生也是体现展览总体质量的因素之一，不可忽视。

4. 票务和接待服务

参加展览的客商来自不同地区，为其解决票务（车票、机票、船票等）、住宿或旅游问题成为主办方主要的一项增值服务。这些服务都可以委托专业公司来提供，主办方为其提供现场服务台，并实行监督。一般主办方可在统一提供的住宿地设置往返展览场馆的班车，提供免费服务，客商的满意度会大大提高。免费班车还可运送到人流较多的公交或其他客运站点，方便客商往返。

第三节 展览项目配套活动策划与管理

一、开幕式策划与管理

国内外许多展览项目,都会在开幕前举办开幕式或开馆式。其主要内容是请国家领导或国家有关部门负责人、当地领导人与嘉宾出席开幕仪式,请领导人讲话,由一个或几个主要领导人宣布此次展览正式开馆。开幕式后,有关领导和嘉宾会率先参观。

(一)开幕式的作用

开幕式活动,是国内外大型活动项目的主要礼仪程序之一,意在营造一个的盛大场面,增加与会者的参与热情,对经济和文化交流具有重要意义,展览项目开幕式的积极作用主要有以下几点。

1. 起到宣传推广作用

展览开幕式标志着一个展览的正式开始,通常展览的开幕式都很隆重,这样的环境不仅仅是吸引周边群众的注意,更是为参展企业提供一个宣传交流的平台,一些参展企业会利用展览作为平台进行企业的推广,建立企业的品牌形象。为展览进行冠名宣传,也可以利用发放纪念品、播放宣传片、拉企业横幅或是在开幕式现场摆放醒目广告牌来提高企业在群众心中的认知度进行品牌推广。

2. 提高参展企业员工士气的作用

在展览开幕式当天参会的企业代表均会到达,人员比较集中,而开幕式良好积极的会场气氛有利于提高参展商和观众的士气。开幕式热烈的气氛,能够带动参展商和观众参与的积极情绪,不但活跃了整个展览的气氛,而且还可以促进参加展览人员的进取心,营造展览的气氛,鼓舞员工的士气。

3. 为参与各方提供拓展人脉的平台

在商业发展中,人脉是不可缺失的重要环节,在展览开展当天,企业高层代表和相关政府部门领导都会到场,参与者可以与同行企业领导或是相关行业的专家进行交流和咨询,或是向管理部门负责人提出企业在发展中遇到的问题,寻求帮助和支持,企业的负责人可以凭借展览为企业带来更多的客户,拓展企业的人脉关系,完成企业发展的必要准备。

(二)开幕式现场管理

对开幕式进行组织与管理,目的在于提高活动的计划性与可控性,排除各种偶发因素,增强活动的紧凑性,以保证活动隆重、顺利举行。展览项目开幕式现场管理包括以下四个要点。

1. 开幕大厅内外现场管理

开幕大厅主席台应在开幕前一天晚上全部布置完毕,并进行安检。当天早上,有关人员要事先检查调试音响设备;播音员、乐队要到位。并在开幕前通过播音员介绍展览的发展历史及本届展览筹备情况。

广场外的文化演出活动,应在开幕式正式开幕前30～40分钟内演出;开幕式开始时停止,开幕式结束后继续;演出可在开幕式后30～40分钟内结束,具体按双方签订的合同执行。

2. 主要领导的接待

出席开幕式主要领导下榻在不同的宾馆,会展主承办单位应安排陪同人员(含当地领导)与车辆迎送。其他当地领导、组委会领导在展馆前迎接,并陪同嘉宾到贵宾休息室,佩戴象征身份的鲜花、贵宾标志。此时也可安排小型的会见活动。约在开幕式前2～5分钟,请主要领导到开幕式现场。

3. 开幕式现场

由主持人宣布开幕式开始,领导、嘉宾致辞后,请一位或数位领导按启馆式按钮,乐队演奏曲目。

4. 开幕式后的参观

开幕式后,出席的主要领导前往展馆进行参观。组委会人员要陪同前往,以备领导询问。参观的线路应事先进行勘察,以将本次会展中比较精彩的部分呈现于领导面前。

二、展览中的会议策划与管理

在展览项目现场的相关活动中,"展览＋会议"是最常见的活动形式,展览项目现场中的会议主要包括技术交流会、行业论坛、专业研讨会及产品发布会等,在策划专题会议时关键要掌握其策划要点。其中,专业研讨会是以研究行业发展动态为主要内容的会议;技术交流会是以技术的交流和传播为主要内容;行业论坛一般是由行业协会或者政府主管部门组织举办、行业协会会员或者该行业有关企业参加的会议;产品发布会是以发布新产品或者是有关新产品信息为主要内容的会议活动。

(一) 会议前期组织流程

1. 会议立项

会议立项是会议组织者的基本工作之一。通常政府型会议立项主要围绕政府工作需求而展开;商业型会议立项主要以分析会议产品销售的可行性为立项之本。会议项目通常时效性较强,首先根据市场需求确定某一主题,还须考虑此主题是否违背国家的政策法令,然后再通过查找相关资料、网络检索等方式对主题进行论证。

2. 组织设定

会议组织机构通常设为会议组织委员会与会议执行委员会,学术型会议则单独设立学术监督委员会;商业型会议执行委员会通常设置会议主任、财务经理、人事经理、销售经理、宣传经理、会务经理、会议秘书、会务干事等。会议组织设定多种多样,会议的组织设计也不尽相同,可繁可简,可实可虚,依据会议的规模、重要程序和会议内容而定。

3. 会议审批

会议项目可行性分析报告、申办单位相关证明材料提交对应的国家主管部门进行审批或备案。部分地区还需要到大型活动管理办公室进行备案。为了简化审批手续，目前国内众多会议组织机构均采用与主管部门联合办会的方式，一方面降低了组会的风险，另一方面也化解了申报的相关程序。主管机构也可以在会议组织中承担主办单位的角色。

4. 会议策划

会议有多种类型，不同的会议目标不相同。政府型会议策划通常主要围绕政府宏观调控与决定需求进行策划设计，另一方面主要集中在会议地点选择、会议主题设定、会议现场控制方面；商业型会议策划通常首要考虑的问题是会议项目的出资者是谁，会议产品要销售给谁。

5. 会议宣传

会议宣传是会议成功销售的重要环节，是指如何凭借媒介传播会议相关内容使会议成功召开。会议组织者需要联络相关媒体（电视、广播、网络、平面等），确定各种合作方式与宣传具体表达形式。制订媒介宣传计划，并监督媒体进行广告发布的实际情况。

6. 会议营销

会议营销包括销售内容设计、销售战略制度、销售方法实施、会议席位销售、会议广告销售等相关内容。商业型会议在营销中所使用的时间与消耗的成本较大。会议营销是否成功直接决定了会议能否召开。

7. 会议现场

参会者开始注册报到到参会人员返回出发地，此阶段称为会议现场工作期。会议现场工作流程因项目的大小而不同。大型会议现场操作流程相对复杂，尤其是在注册接待时工作任务繁杂，需要科学的设计。目前国内部分大型会议已开始使用科技产品提高参会群体注册接待工作效率，产生了很好的效果。小型会议现场操作流程相对较简单。

8. 会后服务

会后服务又称为会议维护服务，主要包括会议评估、参会人员会后旅游考察服务、会场清理、会议资料整理归类、会议通讯录与会议相关开支公告等。

图 8-4 所示为某会议组织工作流程图。

(二) 会议策划总体方案

会议总体方案是对所要举办的会议进行总体安排的策划文案，是会议预案的一种。

1. 会议的名称

会议名称的确定一般采用揭示会议主题、主办者、功能、与会者、范围、时间和届次、地点、方式等的方法。

2. 会议的目标和指导思想

简单地说就是为什么开会，也就是会议召开的原因和目标。一般来说，会议活动的目标和诉求分为以下三个阶段。

(1) 明确召开会议的主要原因。

(2) 根据原因确定会议目标。

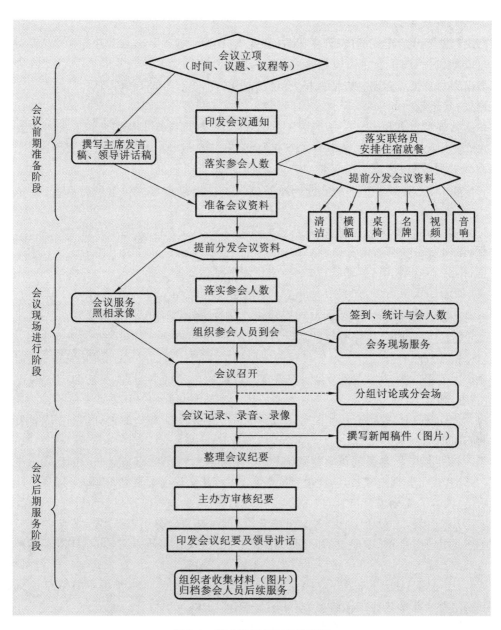

图 8-4 某会议组织工作流程图

(3) 再次审核会议的原因和目的。

3. 会议的议题和议程

会议议题,通常也就是指会议所讨论的内容、中心、主题。会议议题一般是对某一件事或某一种活动开展一次有针对性的会议,围绕这件事进行讨论研究。会议议程就是为使会议顺利召开所做的内容和工作程序,是会议需要遵循的程序。它包括两层含义:一是指会议的议事程序;二是指列入会议的各项议题。

4. 会议的对象和规模

会议对象要分清正式成员、列席成员、特邀成员、旁听成员。会议规模即参会人数。

5. 会议的时间

会议的时间包括会议时机的选择、会议的起止时间、会期和日程安排。

6. 会议的地点

会议的地点要注意两点：一是选择合适的举办地，如国际性会议要考虑选择在什么国家或地区以及什么城市举行；二是选择合适的场馆，包括会场、宾馆的规格及布置要求等。

7. 会议组织机构

会议的主办、协办单位以及拟设立的会议组织机构，如主席团、组织委员会、指导委员会、执行委员会、学术委员会、秘书处、筹备组的构成等。

8. 会议的举行形式

（1）两方会议，是为仅有两方的会议设计的，一般适用于共同筹备的活动，或是双方就彼此之间的关系或利益进行谈判，或是利用某种偶然的机会讨论业务。

（2）非正式会议，是由某一个高层人士提出问题，进而由与其关系紧密的另外几方加入并进行的。召开这种会议的目的往往是聚在一起研讨解决问题的办法。

（3）集思广益会议，这种会议是临时的非正式会议的发展。其目的是要产生创造性、改革性的思想，因此，与会人员就不能仅仅限于临时的非正式会议中彼此关系紧密的参与方，而是要扩大范围，加入一些思维灵活、视野宽广或经验丰富的参与者，灵感的产生需要与他人交往并得到反馈。

（4）紧急委员会，这种会议与常设委员会、非正式会议都有类似之处，目的是解决紧急发生的问题。

（5）常设委员会，常设委员会覆盖面较广，并通常有特定的组成名目，由于是一种常设会议，并且其成员任期也较长，因此显得比较正式，召开会议前需要做好事先准备，并且议程相对固定，内容的变化也只与时间有关。

（6）正式会议，这种会议应当是标准的会议模版，准备充分，议程严密，参与者众多。其目的一般是处理重要的、非争议的问题，提供最终决策，设计实施方案，并要具体落实到每一个参与者的身上。

（7）展示会议，主要目的是向与会者传递某些直观的信息。由于展示的信息具有直观性，因此，这种会议形式往往能给与会者留下深刻的印象。

（8）公开会议，主要目的是吸引公众的注意力，以扩大召开会议方的影响力。这种会议往往准备充分，设计严密，但往往不需要与会者进行交流讨论，决议一般已经做出，只是借会议公开而已。

9. 会议接待及配套活动

配套活动以及辅助活动的日程安排，如参观、游览、娱乐、聚餐等。

10. 会议的宣传方式

如召开新闻发布会、编写会议简报、邀请记者采访、发送新闻稿件等。

11. 会议经费的预算以及筹集经费的渠道和方式

举办会议需要花费多少需事先做出预算，并确定筹集经费的渠道和方式。

12. 其他应当说明的事项

除以上内容以外的其他事项。

(三) 会议现场服务内容

会议期间的组织工作和接待工作是会议具体实施的体现,影响和决定会议的形象和质量。会议期间的组织与接待具体工作有如下几个方面。

1. 会议文件的准备

(1) 代表证、选举证、会议工作人员证和其他相关证件。

(2) 会议登记表和签到表。

(3) 会议日程表和议程表。

(4) 会议手册和会议指南。

(5) 会场分区表、主会场、主席台、座次表等。

(6) 分组讨论名单和讨论地点。

(7) 会议主题报告。

(8) 演讲者讲话稿及其他发言材料。

(9) 开幕词和闭幕词、会议总结稿。

(10) 会议主持人主持稿。

(11) 其他需发放的资料。

2. 会议布置的具体工作

(1) 制作并悬挂会标。

(2) 布置会议主席台背景或会场主题墙。

(3) 装饰主席台和配置大会发言席。

(4) 配置话筒、音响、录音录像设备,选定大会音乐和音像资料。

(5) 制作并且摆放座位卡。

(6) 检查会场和主席台灯光。

(7) 检查会场供电、暖气或冷气供应情况。

(8) 考虑入场和退场的路线和方案。

(9) 考虑贵宾短暂休息的场所,贵宾入场和退场的线路和方案。

(10) 布置记者席、记者工作区域,为电视记者备好电源。

(11) 考虑各种突发事件的处理预案。

3. 会议接待具体工作

(1) 发放会场手册。

(2) 落实重点接待对象,要有专人负责接待。

(3) 安排好签到并分发资料与礼品。特别要注意嘉宾的安排,使其出现在适当的时机,以扩大影响。

(4) 提示演讲者准备发言。

(5) 为会议主持人配备助手,协助会议顺利进行。

(6) 设立信息中心。

(7) 维持会场秩序。

(8) 加强会议交流。

(四) 会议现场布置

1. 开(闭)幕式会场布置

背景台上最主要的物件是会议的标志,这个标志过去通常采用横幅的形式,而现在比较流行的是背景板。背景板主要由三部分内容组成:会议的 logo 和相关组织的 logo 或者会徽;会议的中英文名称、缩写和会议的举办时间和地点;会议的主办方。横幅设计和制作就相对简单,我国的会议通常采用红色的横幅,横幅上的字多采用白色。字的内容也相对简单,就是会议的中英文名称,一般情况下采用中文在上、英文在下的方式。

2. 主席台布置

主席台的布置根据不同会议的需要会有所不同,但最常用的形式是在主席台的中央摆放长条桌,桌子的长度根据就座主席台的人数而定。长条桌上通常要摆放鲜花、茶杯或矿泉水、桌签、纸和笔、话筒等。会议主持人一般坐在长条桌的一侧,面前摆放话筒。主席台右侧摆放讲台一个,有时候两侧均有讲台,供主持人或翻译以及演讲者同时使用。

3. 会议代表席布置

会议开幕式由于参加的人数较多,通常采用剧院式或教室式的会议室,代表区域主要分为贵宾席和记者席。贵宾席通常摆放在会场前几排,有时会在贵宾席处加上长条桌,以摆放贵宾的名牌、饮料、鲜花等,并在入口处用醒目的标示注明贵宾席的位置。

4. 会场布置

现代会议一个重要的趋势就是强调沟通,因此,大型会议在开幕式全体会议结束以后都会举行分组会议,以避免信息的单向流动。由于各种分组会议的规格和要求相差甚远,会场布置就必须具备相当大的灵活性,使其能满足不同会议对空间、技术支持和现场服务的要求。以下是几种主要的会场布置的优缺点以及适应的会议类型。

(1) 剧场型(见图 8-5)。

优势:能容纳大型团体会议,充分利用会议室空间。

劣势:不便于现场记笔记,会场后部可视性较差。

适应:大型讲座式的会议、开(闭)幕式、全体会议。

(2) 教室型(见图 8-6)。

优势:人均空间较大,有利于记笔记。

劣势:会议室后部可视性较差。

适应:需要记笔记的小型讲座和演示会。

(3) 公司会议型(见图 8-7)。

优势:鼓励互动与沟通。

劣势:人均占用面积过大,难以使用视听设备。

适应:公司会议、管理会议、小型分组讨论。

(4) 宴会型(见图 8-8)。

优势:当分组讨论时,代表不用换房间,可以舒适地随时取用食物和饮料。

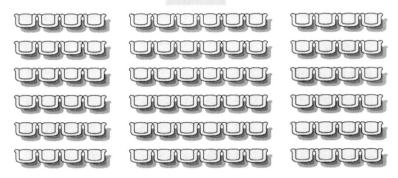

图 8-5 剧场型会场布置

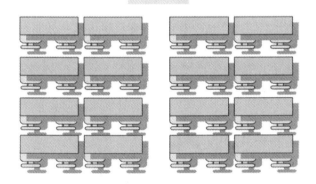

图 8-6 教室型会场布置

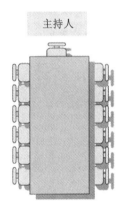

图 8-7 公司会议型会场布置

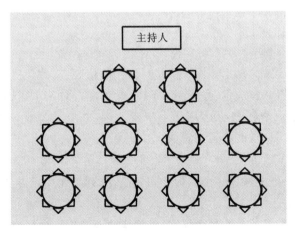

图 8-8 宴会型会场布置

劣势：人均占用面积大，视听设备使用困难。
适应：宴会式会议、研讨会、圆桌讨论会。

(五）会议服务细节与注意事项

1. 会前贵宾室服务细节服务

（1）根据任务要求，将家具、茶具、烟具、鲜花准备好。

（2）室内四周摆放花草、屏风等装饰物。

（3）设专人领位，主动、礼貌迎宾、领位。

（4）客人就座后，送上茶、毛巾或饮料。

（5）在客人谈话间歇时，添加茶水、饮料。

（6）等候服务时勤观察，不走动、不交谈。

（7）贵宾进入会场、宴会厅，按领位服务流程引领。

2. 商务会谈细节服务

（1）会议气氛庄严隆重，会场布置长会议桌或环形会议桌，桌上铺设会议桌台布，座椅用扶手椅，椅座与参加会议的人数相等，会场绿化、高雅。

（2）高规格的会议，要在会议桌中央安放会谈两国的国旗，东道主国国旗在左。

（3）会谈桌上必须准备文具、用品，为了保持会场安静，在茶杯底盘上放一块折成四方形的小毛巾或茶垫。

（4）凡属保密会谈，应按接待部门规定，严格遵守进入会场的时间。

（5）参加会谈的服务员，必须严守国家机密。

3. 重要会议细节服务

（1）按会议类型与规格，选择合适的会议厅。

（2）按会议形式与人数，摆放会议桌和座椅。

（3）按客户要求，布置会场，挂条幅，设签到台、主席台、讲台、话筒等会议设施设备等，并适当布置花草。

（4）准备会议所需的文具、用品、席位卡等。

（5）准备会议期间的茶水、咖啡、点心等。

（6）服务员站在门口迎接客人。

（7）客人入座后，要及时送上茶水、毛巾等，做到热情服务，并保持安静。

（8）会议开始后，服务员应退至一旁，并随时观察客人对茶水、饮料、酒等的需求量，一般半小时添加一次，遇到举杯时，应及时送上酒杯。

（9）会议结束，在门口送客并道别感谢。

4. 贸易洽谈会细节服务

（1）贸易洽谈会一般要选用一个餐厅陈列展品，陈列工作由承办单位负责，但餐厅要保证陈列品的安全。

（2）要根据要求，准备若干小型会议室，供洽谈业务使用。会议室要保持整洁卫生。当中外双方业务人员洽谈时，要及时供应茶水、咖啡或饮料，派送小毛巾，热情服务，保持安静。

（3）一般参加洽谈的客人对早、午餐要求从简，对晚餐要求丰盛些，因此，在一日三餐的供应上，将重点放在晚餐。

（4）洽谈会期间，一般都要举行多次招待会或宴会，因此，必须抓好宣传推广工作，提高菜肴质量和服务质量。

5. 签字仪式细节服务

（1）根据接待单位选定的会议室，经全面清扫后，在会议室的中央部位安放一长条形签字台，要求签字台背面邻近墙上最好有巨幅书画或用长屏风，两边摆放绿化植物，并准备好会议音响设备。

（2）签字台铺设优质台布，桌上放两国的国旗和两套签字用文具，另备一个吸干墨水器，并在相应部位安放两把座椅，鲜花放在中间。

（3）在距离座位约1米处，放置一排高低层踏脚板，以便签字双方人员站立合影。

（4）应事先按要求准备好祝贺用的香槟和香槟杯，供双方签字交换文本后，及时送上，如时间和条件允许，双方举杯庆祝后，为客人派上一道小毛巾，待客人干杯后，要立刻用托盘将空酒杯撤去。

6. 茶话会细节服务

（1）茶话会因其优点众多，故广泛风行，会议多设圆桌椅子，自由入座，不排席位。

（2）茶话会应根据接待单位的要求进行准备，一般只供应咖啡、红茶、绿茶、中西式点心、糖果、可乐。

（3）客人边吃边谈，要随时观察客人对饮料的需求量，一般半小时添加一次，共添加2~3次为宜。

（4）茶话会中期和临近结束时，应各分送毛巾一次。

（5）茶话会的迎宾和送客一般都由接待单位代表在入口迎送。

三、表演活动策划与管理

表演是一项观赏性比较强的公众性活动，它吸引的观众一般较多，现场气氛也比较热烈。表演可以是办展机构组织的为整个展览和所有参展商及观众服务的表演，也可以是参展商自己组织的为提高其展出效果的表演，还有一些是行业协会和当地政府组织的表演。从办展机构来说，可以组织策划的表演有两种：一种是与展览题材无关的表演，如演唱会和其他娱乐性表演活动等；另一种是与展览题材有关的表演，如某项展品的制作演示和操作演示等。

一般说来，在策划表演活动时要注意以下几点。

（1）提前策划。主办单位一定要明确所策划的表演是什么性质的表演。

（2）选择场地。除了开幕、闭幕式上的活动之外，各类与展览主题有关的表演安排在展出现场比较合适，具体选择什么地点，要根据实际情况而定。

（3）现场协调。为确保表演活动的顺利进行，展览主办者对表演现场的调度与服务十分重要。参展商与参展商之间有时会因为对方的表演影响自己而发生纠纷，这时主办方要及时出面协调。

（4）安全防卫。由于是现场表演，往往会吸引大量的观众驻足观看，可能会带来一些安全隐患，这就要求展览的主办方做好预案，确保表演活动的顺利进行。

四、比赛和评奖活动策划与管理

为了吸引参观者,展览期间常常举办各种各样的比赛和评奖。展览期间的比赛、评奖活动有很多种,概括起来有三种类型:一是与展览现场表现有关,如评选"最佳展台设计奖"等;二是关于展览参展产品的比赛最为常见,这种比赛通常被称为评奖;三是较为独立的比赛和评奖活动,如论坛与颁奖晚会等。

组织策划比赛和评奖活动要注意以下要点。

(1) 要成立评审委员会,指导评选工作,审定评选结果。

(2) 评审团成员要有代表性,并且向所有参赛者公开。

(3) 要先制定比赛、评奖范围和一个公平合理的规则,并且要向所有参赛者公开发布活动方案。

(4) 发动参展商与专业观众参加。

(5) 邀请有关媒体参加报道会更有影响力。

(6) 比赛评比的揭晓时间一般安排在展览结束的前一天。

(7) 比赛评奖揭晓时一般需要组织一个公开的颁奖仪式。

(8) 比赛资金来源于展览利润或企业赞助。

(9) 比赛是公众参与性较高的项目,策划时要做好所能预测到的危机管理方案,以便使展览比赛顺利进行。

五、展览项目期间的社交活动

展览项目举办期间的社交活动可谓名目繁多,从参观名人故居、参加主题宴会、观赏戏剧、打高尔夫球到寻宝游戏,每种活动都可能吸引着不同兴趣爱好的与会代表及其家属参加。丰富多彩的社交活动在会议安排中最能体现主办方的想象力和创造力,往往是代表将参加本次项目区别于其他项目的重要参照物,因此,社交活动的策划显得至关重要。社交活动的整体策划必须跟本次项目的主旨相一致,同时结合与会代表的兴趣和爱好,充分利用本地区以及所有可能调动的资源,从而安排最有特色的社交活动。

(一) 特色活动场所安排的社交活动

在巴黎迪士尼召开的会议最大的特色就在于它可以为每一位客人提供喜欢的娱乐休闲设施,包括灯光网球场、滑冰场、过山车、太空等,可以使客人在紧张的展览接洽之余在主题公园里的各类景点享受丰富的休闲活动;同时,巴黎迪士尼乐园还为会议客户提供其他娱乐项目,如游览巴黎市容、参加度假村的活动、晚宴表演、庆典晚会、欢乐时光寻宝等。如今各种综合型多功能体育场馆也成为主办方心目中理想和会议场所或者会议社交活动的理想举办地。

(二) 主题晚餐活动

绝大多数展览项目主办方都会安排一次最重要的主题晚餐,并在晚餐过程中或者前后安排一些娱乐演出活动,力图使这次晚餐给与会代表留下深刻的印象。主题晚餐活动有时会安排一些明星演出,如乐队、杂技或者舞蹈表演等。著名艺术家或影视明星的出现通常是给与会代表留下深刻印象的关键,但在邀请艺术家或表演团队时要注意结合与会代表的审美情趣,充分照顾大多数人的要求。如果主题晚餐安排在室外举行,则可以安排焰火表演等活动为晚宴增色。在展览场馆或者露天场地举行的主题晚餐活动则可以有更多的选择来安排出其不意的活动。

(三)旅游观光活动

旅游观光活动是社交活动的重要形式之一。展览项目主办方通常将会议期间的旅游观光活动交由当地的旅行社进行安排,提供一些旅游路线供与会代表选择。此类观光路线通常不宜安排得过于紧凑,往返交通时间也不应太长,那样的话不利于代表集中精力参加会议。另外,展览项目期间的旅游观光活动要充分突出本地区旅游资源的精华,但又不能完全依赖传统的旅游景点和旅游路线,而应该根据与会代表的特色进行深度的开发和规划。在这个过程中会议主办方应该与旅行社充分沟通,安排最佳路线。

(四)策划社交活动应注意的问题

1. 时间安排应充分考虑实际

时间应该比较充裕,考虑报名、午餐以及休息等的时间。如果因为部分代表时间不够用而造成下一个项目的推迟会使其他代表感到不愉快。在各种活动间隙尽量安排短暂的休息时间,以达到劳逸结合的目的。

2. 合理计划路线

减轻与会代表的时差反应和精神压力,特别是对那些几次转机才来到目的地的客人。

3. 单次活动时间不宜过长

尽量不要在一次活动上花费太多的时间,否则与会代表无法集中精力并且容易感到疲倦,也会影响参加正式展览项目的效果。

4. 考虑策划工作紧张之余的放松活动

展览项目主办方在每天的午餐后或者晚些时候,尽量安排一些有趣的活动或者幽默的演讲来调节会议代表的情绪,使其保持继续参加展览项目的兴趣。因为现代展览或相关活动都强调压缩活动时长,因此常常出现高密度的日程安排,这时候就需要相应的放松活动加以调节。

5. 尽量安排一些自由活动时间

这样可以提高与会代表参加社交活动的热情,否则一些与会代表可能会利用社交活动的时间去处理一些个人事务,造成较低的社交互动参加率。

教学互动

互动问题:假设本地区即将举办一场中等规模的展览。

1. 在现场配套服务工作中,请思考哪些是必须考虑的服务体系?

2. 在展览期间的配套活动旅游策划中,本地区有哪些适合展览期间参观的旅游资源?

要求：
1. 教师引导学生结合本章教学内容就这些问题进行独立思考、自由发表见解，组织课堂讨论。
2. 教师把握好讨论节奏，对学生提出的典型见解进行点评。

内容提要

本章讲述了展览项目现场工作筹备安排、展览项目现场阶段化管理实施、展览项目配套活动策划与管理三部分内容。

首先，介绍了展览项目现场工作筹备安排，包括展览项目现场工作（展览项目现场工作筹备、展览项目现场工作内容与措施）、展览项目的5S现场管理法（5S现场管理法的内涵、展览项目5S现场管理）、展览项目现场管理的组织分工（展览项目现场组织架构、展览项目现场管理的职能分工）。

其次，介绍了展览项目现场阶段化管理实施，包括展前布展管理阶段、展中现场管理阶段、撤展阶段管理（撤展准备工作、撤展相应工作）、展览项目配套服务管理。

最后，介绍了展览项目配套活动策划与管理，包括开幕式策划与管理、展览中的会议策划与管理、表演活动策划与管理、比赛和评奖活动策划与管理、展览项目期间的社交活动等。

核心概念

展览项目现场工作；5S现场管理法；现场指挥中心；布展；ATA形式；再出口形势

重点实务

展览项目现场管理的体系化知识在展览现场实务管理中的运用；掌握展览项目现场配套活动的管理。

第九章 展览项目安全与危机管理

项目目标

通过本章学习,应当达到以下目标:

职业知识目标:学习和把握展览项目安全与危机管理基础、展览项目危机的预防、危机事件的处理与恢复等知识,能利用相关知识开展展览项目安全与危机管理相关的工作。

职业能力目标:运用本章专业知识,培养对展览项目安全与危机的表现形态、危机事件的特点和类型、展览项目危机的预防及管理的一般过程和程序、处理的一般步骤、展览项目突发事件的应急处理及展览项目危机公关等知识,培养展览项目安全与危机管理等方面的管理专业技能。

职业道德目标:结合展览项目安全与危机管理内容和方法的教学内容,依照行业道德规范或标准,熟悉安全与危机、突发事件处理与公共关系等相关工作在展览项目工作各个环节中的应用,增强对安全与危机管理应用的职业态度和职业道德素质。

第一节 展览项目安全与危机管理基础

一、展览项目安全内涵

(一) 展览项目安全的定义

展览项目安全是指展览项目活动中相关主体的一切安全现象的总称。它既包括展览项目活动各环节、各阶段中的安全现象,也包括展览项目活动中涉及的人、设备、环境、管理等相关主体的安全现象;既包括展览项目活动中的安全观念、意识教育、思想建设与安全理论等"上层建筑",也包括展览项目活动中安全的防控、保障、应急处置与管理等物质基础。

(二)展览项目安全事故的特性

展览项目安全事故的主要特征表现在以下六个方面。

1. 突发性

展览项目安全事故往往都是不期而至,令人措手不及,事故一般是在展览项目活动的主办方、参展商等毫无准备的情况下瞬间发生,给展览项目活动带来混乱和不安全感。

2. 不确定性

展览项目安全事故爆发前的征兆一般不是很明显,展览项目安全管理方难以做出准确预测,事故发生与否和发生的时机是无法完全预测到的。

3. 急迫性

展期有限,回旋余地小。展览项目安全事故发生后,安全管理人员面临紧迫任务,必须尽快控制事态,但是展览项目的展期尤其是商业性展览项目的展期比较有限,一般而言,展期长则一周左右,短则两三天,所以在展览项目安全事故应急处理中,时间非常紧迫,对有限时间的利用在很大程度上决定了安全应急管理的有效性。

4. 连锁效应

展览项目具有产业关联性强的特点,它所带动的行业有会议、展览、节庆、旅行社、饭店、餐饮、交通、通信、购物等相关产业等。当展览项目产业链内其中一个环节出现问题,就会造成整个产业链的其他链条出现危机,产生巨大的连锁效应。

5. 影响广泛

展览项目安全事故一旦发生或者即将发生,有关现场就会出现失控、混乱和无序的局面。如果安全事故没有得到有效的预防和控制,可能会给组展商、参展商、服务商、普通观众和专业观众造成巨大的损失。

6. 信息不对称

展览项目安全事故常常发生在特定的区域范围内,而安全事故对展会现场的分割,又使得事故范围之外的人们与事故范围内的人们很难联系,加上展览项目安全事故的突然发生使人们惊慌失措,人们很难对客观的情况做出真实的认识和反应,使得展览项目危机情况错综复杂,各种信息真伪难辨。展览项目主体、展览项目客体和传播媒体为了各自的利益或者缺乏必要的沟通,可能造成信息的隐藏或严重的信息不对称,从而增加展览项目安全应急处理的难度。

二、展览项目危机的内涵

危机管理与目前讨论热烈的品牌管理、企业战略、营销策略一样,对于企业的健康发展也起着举足轻重的作用。

(一)展览项目危机的定义

1. 危机的内涵

目前,被广泛认可的危机定义是:危机是指干扰事和物自然流程的任何事件,而且相对应的组织和个人如果对其缺乏及时的认识和正确的处理，必将会对组织和个人造成一定的危害。简而言之，就是打破了平衡，中断了正常运转。

根据以上定义，我们在这里可以将危机的基本内涵界定为：各种紧急的、意外发生的、对人员、组织和其他资源有重大损害或潜在重大损害的突发事件。

2. 展览项目危机的定义

展览项目危机可以定义为：影响展览项目组织者和展览项目参与者对展会举行目的地的信心和扰乱展会组织主体正常经营的、有严重威胁的不确定事件，其后果会对组织及其参与者、产品、服务和信誉造成巨大的伤害。展览项目危机既包括展览项目活动中的突发安全事件，如自然灾害、人为事故灾害、恐怖事件和犯罪行为等危害到展览项目组织者和参与人员的人身安全的事态，也包括突发卫生事件，如人员昏迷、食物中毒、中暑、有害气体中毒、心脏病突发、伤亡以及晕车、呕吐等，还包括突发活动变更事件，如演讲嘉宾缺席、大型活动取消和天气因素导致的重大计划变更等。

（二）展览项目危机的特征

1. 突发性

危机的突发性具有两重含义，一是指企业遭受外部环境突然出现的变化和内部因素长期积累到一定程度而爆发形成的危机，由于平时人们对这些因素的细微变化熟视无睹，所以感到突然。二是指危机爆发的征兆和诱因是人们对感官和知觉难以企及的。展览项目危机发生的时候都是在展览项目组织方尚未关注或失于防范的情况下瞬间发生的，给展览项目活动的正常运营带来破坏和损失。

2. 危害性

危机的危害性是指危机事件会对人员、组织和其他资源造成各种各样直接和间接的损害。危机越是严重，其危害范围和破坏力就越大，所造成的损失也就越惨重。重大的展览项目危机往往能造成展览项目终止，有的还会造成巨大的经济损失和社会负面影响，即展览项目危机的危害既包括展览项目参与个人的生命财产安全，也包括展览项目举办地社会形象的负面影响，同时给展览项目业的发展造成损失。

3. 紧迫性

危机一般具有一定的不可预见性，危机一旦发生，便要求决策者在有限的时间内采取处理行动，要求企业对危机做出快速反应和处置，任何犹豫和延迟都会给企业带来更大的损失，这一点体现了危机的紧迫性。

4. 不确定性

不确定性是展览项目危机的本质特性。危机事件爆发前的征兆一般不是很明显，难以做出预测。危机出现与否、出现的时机是无法完全确定的，这是因为在展览项目活动的举办过程中，展览项目的人群复杂、人员聚集，展览项目各个阶段各环节存在安全隐患，以及展览项目举办过程中突发事件的影响都会给展览项目活动的稳定增加不确定性。

5. 恐慌性

危机感会迅速上升为恐慌，使参展商和公众对展会前景预期不确定，与繁华时对前景看好呈现巨大的反差。如果不及时控制危险的蔓延，会对展览项目组织产生长期的影响。

6. 双重性

双重性是指企业面临的危机会给企业带来损失,但同时也有可能给企业带来某种机会和收益,即危机之中也可能孕育着机遇。危机蕴含着危险和机遇两层意思。危机的双重性特征说明,对待危机不应该仅仅是消极地回避,更要敢于面对危机,善于利用危机。

同步案例　故宫就香港展品失窃事件向外界道歉

2011年5月11日上午,故宫博物院就香港展品失窃一事召开新闻发布会。故宫新闻发言人冯乃恩介绍了展品失窃过程,并向社会鞠躬道歉:"无论什么样的原因,在故宫博物院发生这样一个令人遗憾的事件,我们负有不可推卸的责任。"据悉,此次共有9件展品遭窃,其中两件后来被寻回且有破损情况,目前有7件展品失窃,但没有透露失窃展品的经济价值。失窃的展品来自上月底开幕的故宫临时展览"交融——两依藏珍选粹展",由北京故宫博物院与香港"两依藏"博物馆共同举办。2011年4月28日正式开幕,原计划持续至6月27日;此次展览通过19件套沉稳优雅的中式木器、家具及111件套玲珑别致的西式化妆盒、手袋,展现东西方社会中女性社交生活、审美观念的差异。

(资料来源:http://china.caixin.com/2011-05-11/100258038.html.)

问题:展品失窃事件,给原计划进行的展览项目带来了哪些严重影响?

分析提示:故宫安保有"京城第一保卫处"之称,防卫非常严密,但此次还是发生偷窃事件。据知情人士透露,窃贼是在晚上作案,当时其先切断了电源,致使监控室没有监控到现场情况。加强展览现场安全防范,尤其是涉及文物及贵重物品、艺术品等展览安保环节,理应从内部和外部人员的管理同时入手,安全方案的考虑与执行应注重细节。

三、展览项目危机的表现形态

(一)展览项目危机的类型

对于危机的分类,不同的研究者基于不同研究对象提出了不同的标准,其中,薛澜和张强等人依据危机触发的诱因,将所面临的危机按照五个标准分为不同的五类(见表9-1)。这项划分标准较为详细,细致地说明了在不同分类标准的作用下,相应的危机所表现出的各种类型,这对于各个行业危机事件的分类研究无疑是一个非常有用的标准。

表9-1　危机类型及分类标准

分类标准	相应的危机类型
性质动因	自然危机(自然危害)、人为危机(恐怖袭击等)
影响时空范围	国际危机、国内危机、组织危机
主要成因与涉及范围	政治危机、经济危机、社会危机、价值危机
特殊状态	战争危机、游行危机、骚乱、暴动
涉及主体态度	一致型、冲突型

不同行业的危机诱因和危机分类都有不同的标准,展览项目业的危机诱因较多,从不同的分类标准和角度,展览项目危机可以分为以下几类。

1. 根据影响动因划分

从整体上来说,展览项目危机是一个动态的过程,采用动因分类可以较为深入地研究危机的发生、演变和进化,因此,我们将展览项目面临的危机分为四类:自然灾害、意外、技术故障和人为破坏(见表9-2)。

表 9-2 按影响动因划分的展览项目危机类型

类型	细分	具体类型
自然危机	自然灾害	地震、海啸
	意外	展览期间突然出现的外交、政治、文化、宗教等方面的冲突等
人为危机	技术故障	展览品安全、展览设施、展位设计的安全等
	人为破坏	展览现场展示的安全、个人物品的防盗、健康问题等

2. 根据产生动因划分

通常按危机产生的动因将危机分为内在危机与外在危机两大类(见表9-3)。

表 9-3 按产生动因划分的危机类型

类型	细分	具体类型
内在危机	竞争环境危机	潜在竞争者挑战、同行竞争的威胁等
	展览项目机构经营危机	管理危机、营销危机、展览项目场馆危机、财务危机、展品危机、人力资源危机、信誉与想象危机
	其他危机	谣言传播、媒体误导、新技术挑战等
外在危机	自然因素危机	突发地震、海啸、飓风或暴雨、洪水等
	社会因素危机	战争波及、通货膨胀等
	公共卫生事件危机	传染病疫情、群体不明原因疾病、食品安全和职业危害、动物疫情

展览项目外在危机主要指公共危机,展览项目外在危机需要以政府部门为主体的公共部门做出决策,展览项目相关部门应密切配合,想方设法化解危机。展览项目外在危机包括自然因素危机、社会因素危机、公共卫生事件危机等。

(1) 自然因素危机。由自然因素引起的危机,诸如突发地震、海啸、飓风或暴雨、洪水等重大自然灾害,为了防范这些危机,展览项目组织方一定要加强与政府相关部门的信息沟通,一旦获悉可能产生此类危机,及时对展览项目活动做好日期变更或场地变更,甚至被迫终止而避开危机的发生。

(2) 社会因素危机。在这里主要是指经济秩序和生活宏观环境变化而导致的危机,如战争波及、通货膨胀等。这些来自社会环境的巨大冲击,是任何展览项目组织者都难以抗拒的,故称之为不可控制的危机。但组织者如能从国家政府部门提前获得有关活动的危机信息,则可采取应急措施把危害降到最低点。

(3) 公共卫生事件危机。主要包括传染病疫情、群体不明原因疾病、食品安全和职业危害、动物疫情以及其他严重影响公共健康和生命安全的事件。

(二) 危机的生命周期

危机有其自身发展的生命周期，包括酝酿期(也称潜伏期)、爆发期、扩散蔓延期、减弱消失期。人们遇见的每种危机一般都是按以上四个阶段依次显现。

酝酿期，即潜伏期，这往往是风险不断增强的阶段。当然，酝酿期的某些特征会给危机管理提供警报，使企业采取有效的措施；但如果在这个阶段风险被完全忽略，就会导致危机的爆发。

爆发期，指事情发展到此阶段，就再也没有挽回的机会，其影响已经由风险转化为显形的危机。

扩散蔓延期，在这个时期，危机的影响程度会不断增强，同时，企业会有针对性地进行自我分析，分析企业的问题和危机根源，并采取补救措施来减弱危机带来的不良影响。

减弱消失期，是危机发生的最后时期，这时处理危机的人员找到解决危机最直接、最迅速的方法，危机对企业的影响逐渐减弱，直至转危为安。

四、展览项目危机事件的特点和类型

(一) 展览项目危机事件的特点

由于展览项目行业的特殊性，展览项目危机除具有上述危机的一般特征外，往往还具有如下特点。

1. 敏感性强，易受多种因素影响

无论会议、展览和大型节事活动，都是一项系统工程，具有较为复杂的结构，往往有许多相关的企业、机构、部门和人群参与其中，如展览项目方由场馆方、主办方、承办方、协办方、搭建商、运输商、参展商、专业观众、一般观众、公安、消防、餐饮、广告等许多相互独立而又相互依赖的部门联合组成。因此，在筹办和举办过程中遇到危险和遭遇危机的可能性更大，而一旦某个环节出现较大的问题，就会影响展会的顺利进行。也就是说，展览项目的敏感性高，脆弱性强，更易出现危机事件。

2. 扩展性强，社会影响面广

相比其他企业活动，展览项目的参与者人数较多，群体人员的风险度比单个人员的风险度高。相对于实物产品来说，人具有较强的流动性，这极大地增加了管理难度，风险较大，稍有不慎，就会产生危机。

3. 时间性强，回旋余地小

展览项目运行时间较短，大多在2至7天。如果发生危机事件，决策时间有限，必须立即处理，稍有犹豫和延误，不但负面影响迅速扩散，而且展览项目很快就将结束，人去曲散，留给参与者的恐怕就是危机的状态与印象，组织者亡羊补牢也可能为时已晚。

(二) 展览项目危机事件的类型

企业的经营环境复杂多变，市场竞争也日益激烈，导致不确定因素层出不穷，随时可能遇到突如其来的危机，展览项目危机事件主要表现为以下几种类型。

1. 品牌危机事件

所谓品牌危机是指由于展览项目组织者决策失误、主题选择不当，或者营销策略有误、内部管理失常，以及企业外部环境的突变而对品牌形象的维护产生严重的不良影响的事件。品牌危机的表现和根源是多种多样的，如行业内部的不正当竞争，展览品牌项目被杂牌展览项目企业"克隆"，同一主题的展会在同一区域、短时间内重复举办，造成良莠不分，展商和观众不明就里，日后不愿参加此品牌的展会；或者相近主题的国（境）外知名品牌展会进入内地参加竞争，导致原有品牌处于窘困的尴尬境地；或者由于管理及服务不到位，引起展商、观众或参会者的不满和投诉，加之媒体的报道渲染，使品牌形象受到严重损害等，都会造成展览项目品牌在公众心目中形象不佳的危机事件，从而大幅度地降低品牌的价值。

2. 营销危机事件

展览项目营销危机的主要表现为：招商招展手段落后，或者营销策略不当（如在广告、公关等方面的成本控制），展商或观众、参会者或与会者数量与质量未能达到原定的最低目标；展会中的某些大客户流失，展会失去亮点和吸引力，导致更多的客户和观众流失，利润不断下滑；由于销售指标落空，销售人员提成无望，销售队伍人心涣散，销售渠道陷于瘫痪，从而使得企业的市场竞争能力逐渐减弱，随后陷入了被动防守的局面。营销体系的衰退会很快波及企业的调研、策划、管理、财务、人事部门等，乃至整个管理系统，从而可能引发人事和财务危机等连锁反应。

3. 人力资源危机事件

展览项目企业的人力资源危机主要表现为人才流动，优秀人才甚至项目团队的离职，以及企业高层人事动荡等。这样的人事变动常常意味着企业人力资源投资的丧失，核心技术与机密的外泄（如客户数据库、策划方案、信息管理系统软件），企业员工时期的低落，企业凝聚力和竞争力的削弱，进而导致展览项目产品市场的缩减，或者某些展览项目的结束。展览项目企业的核心竞争力就在于人才，若不重视人力资源危机，无疑会给企业发展带来极大的负面影响，甚至可能诱发企业其他危机的产生。

4. 财务危机事件

展览项目企业的财务行为包括制定预算、筹资、投资、资金使用、资金回收等，在这些财务活动环节中不管哪一个环节出了问题，都可能带来企业财务危机。

5. 经营危机事件

由于展览项目企业经营者决策错误、主题选择不当，或者由于展览项目筹备期较长，在筹备过程中市场发生变化，而项目组织者未及时采取应对措施，以至于展览会的专业观众或会议的参会者很少，造成展览项目夭折或勉强开办而问题严重，引发上述品牌危机、营销危机、人力资源危机、财务危机或其他与经营相关的多种危机事件，统称经营危机。

6. 法律危机事件

随着我国展览业国际化步伐的加快，展览项目企业和展览项目遭遇的法律危机也日趋增多。展会组织方或参展商分别陷入了法律危机，如应对不当，则可能引发经营危机、信用危机等严重后果。

7. 突发事件危机事件

突发事件危机是指难以预料的突发事件引起的展览项目危机，特别是由于企业的外部环境突然变化,如经济、政治、社会、自然、军事等方面难以预料的变故,给展览项目带来的危机。一般来说,这些危机会严重影响原定展览项目的如期举办,使展览项目组织者措手不及,并常因受制于主客观条件的限制,难以正确应对这种变化。

(三) 展览项目危机的影响

对于展览项目企业而言,危机可能造成的影响或效应大体包括以下两个方面。

1. 危机事件的负面影响

危机事件会对企业产生现实的负面影响或潜在的威胁。短期的负面影响主要体现在展览项目产品的销售、市场份额、企业利润等方面;长期的影响体现在企业形象、顾客信任度和品牌资产等方面,这些经过长期积累形成的企业资产,一旦受损,得花费很大代价和时间才能重建。具体表现为以下几个方面。

(1) 危机会使企业声誉受到明显伤害,损害企业的信用,从而影响客户对企业的信任和信心,造成客户忠诚度下降。

(2) 危机会造成企业内部财政危机,使企业销售额下降,利润减少,使危机造成的损失最小化的必要成本增加。

(3) 危机会影响企业内部员工的工作积极性,造成内部员工工作效率下降,全神贯注于危机的解决而占用了时间,增加了企业的预算,从而减少了企业营利性的活动。

(4) 危机可能导致企业高层人事变动或流失,这会给企业造成极大的损失,由于这些高层大多都有良好的客户群,他们的离职意味着企业又损失了一部分忠诚客户。

(5) 企业为了摆脱危机造成的不良影响,在某些情况下,不得不改进主要产品/服务,甚至改变企业名称。

2. 危机事件的正面效应

由于各危害事件之间都存在必然联系,并且相互作用、相互影响,针对不同的危机主体,危机会产生不同的效应。一部分危机主体会受到危机危害,另一部分危机主体也可能借助危机获得收益。危机会促使展览项目企业或展览行业发现与反思企业或行业管理与市场策略上的问题,从而加以改进,增强竞争力。

第二节 展览项目危机的预防

一、展览项目危机管理概述

现实的教训使展览项目企业管理层越来越认识到,建立危机管理制度来加强危机管理,对危机实行有效的控制,以防止危机影响扩大或危害程度加剧,对于企业的生存和发展具有至关重要的作用。因此,展览项目企业也越来越重视和实行危机管理。

(一)展览项目危机管理的含义

危机管理是指对危机进行监控、识别、预控、处理,以达到防范危机、控制危机,以避免或减少危机产生的危害,使整个组织或项目在危机中得以生存下来,将危机造成的损失降到最低,甚至将危机化解为机会的整个过程。

展览项目危机管理就是指展览项目的组织者运用组织所能支配的资源,对企业所处的环境进行监测、分析,从而对展览项目活动的危机进行防范和处理,以减少危机发生和降低危害程度活动过程。

(二)展览项目危机管理的内容和目的

1. 管理的内容

展览项目危机管理属于展览项目企业战略的一部分,其要点是分析展览项目企业危机发生的原因和过程,探讨展览项目企业预防和化解危机的手段与对策。如何预防展览项目危机,妥善处理展览项目危机,并将展览项目危机转化为发展契机,是展览项目企业危机管理的主要内容。具体内容包括展览项目危机意识的树立、展览项目危机预警系统的建设、员工培训、展览项目危机的识别和调查、展览项目危机处理策略的制定、展览项目危机处理机构的建立、与媒体及消费者和公众的沟通、展览项目事后总结与吸取教训等。

2. 管理的目的

展览项目危机管理的目的就是力图识别、预测潜在的展览项目危机,预先准备各种应急计划,要在展览项目危机未发生时预防危机的发生,在展览项目危机发生时,采取措施减少危机所造成的损害,尽可能地阻止危机的发展,尽量将损失最小化,并尽早从展览项目危机中恢复过来。

(三)展览项目危机管理原则

1. 预防为主的原则

危机管理的精髓在于预防,在于未雨绸缪,防患于未然。无论何种危机,预防与控制是成本最低、损失最小的方法。如果在危机出现之前,就预先警觉并进行控制,便能以最小的成本化解危机。

2. 积极主动的原则

当展览项目出现危机时,会成为社会舆论的焦点,如不及时有效地对社会舆论进行引导,危机的负面影响将会快速膨胀,从而增加危机处理的难度。因此,必须积极主动采取各种措施,引导社会舆论向着有利于自己的一方发展。

3. 公众利益至上的原则

在危机管理的过程中,应当将公众的利益置于首位,展览项目企业从危机预防、爆发、到危机化解应更多地关注公众的利益,而不仅仅是企业的短期利益,要拿出实际行动表明企业解决危机的诚意,尽量为受到危机影响的公众弥补损失,这样有利于维护展览项目的品牌及企业的形象,也有利于企业的长远利益。

4. 以诚相待的原则

任何组织在处理危机过程中,都必须坚持实事求是,要高度重视做好信息的传递发布并在组织内外部进行积极、坦诚、有效的沟通公关,充分体现组织在危机应对中的社会责任感,从而为妥善处理危机创造良好的氛围和环境。

5. 快速反应的原则

从危机事件本身的特点来看,危机事件爆发的突发性和极强的扩散性决定了危机应对必须要迅速、果断。危机的破坏性往往随着时间的推移而呈非线性爆炸式增长。因此,越早发现危机并迅速反应控制事态,越有利于危机的妥善解决和降低各方利益损失。

6. 协调统一的原则

危机发生前,应将危机预防作为企业战略管理的重要组成部分,统一部署,使全体员工参与危机预防,把企业平时管理和危机预防结合起来,及早发现危机的端倪,防患于未然,从而将事件控制在酝酿、萌芽状态。

二、展览项目危机管理的一般过程

一般来说,危机管理被定为"PPRR"模式。"PPRR"指危机管理的四个阶段的工作:危机前的预防(prevention)、危机前的准备(preparation)、危机爆发时的应对(response)和危机结束期的恢复(recovery)。在实际操作中,人们常从时间上将危机预防和准备的工作合并为一个阶段,称为事前管理,则危机管理的过程一般可分为以下三个阶段。

(一)事前管理安全——危机预防

危机预防可以说是企业危机管理中最重要的一环。它是指在危机发生前采取措施,防止危机的爆发。危机预防在危机管理中成效最大。虽然任何企业都可能遇到危机,但这并不是说危机不可预防。危机预防系统包括危机管理意识的培养、危机管理体制的建立、危机管理资源的保障、危机管理人员的培训、进行危机处理模拟训练、与大众媒体建立良好关系等内容。

(二)事中管理——危机处理

危机处理是指在危机爆发后,为减少危机的危害,按照危机处理计划或应对决策,对危机采取直接处理措施和策略。一旦企业发生危机事件,危机处理就显得极为重要,因为它事关企业的生死存亡。这些措施和策略包括危机信息的获取和评估,危机处理机构的建立和运作,确定独家代言人、信息发布和沟通方式,危机处理计划的制订,危机处理计划的实施,危机事件的全面评估等。

(三)事后管理——危机恢复管理

危机恢复管理是企业危机管理的最后一个环节,是指在危机处理完毕后,为恢复平常时期的状态而进行的一系列活动,特别是需要根据企业从危机处理过程中总结出来的经验和教训,改进企业经营管理活动,以防后患。其主要内容是对企业存在的问题进行解决和对企业积累的经验进行推广。具体包括调查、评估、整改等阶段。危机恢复管理的时间长短需根据危机的危害程度而定,原则上是尽可能缩短。

危机恢复管理工作做得好,除了有助于相关人员及时总结经验,以防在今后的危机应对工作中再犯类似的错误之外,还可能发现新的机遇。

三、展览项目危机管理的程序

展览项目企业预防危机的措施主要有强化危机意识、建立危机预警系统、建立危机预控系统等。

(一) 强化危机意识

企业危机重在防范,防范危机的突破口就在于强化危机意识。对于企业组织来说,没有危机意识,单纯的"危机预防机构和条文"是很难真正预防和抵御危机的,超前的、无形的、全面的危机意识才是企业危机防范中最坚固的防线。当然,引发展会危机的因素绝不限于行业的影响,企业内部管理和外部经营环境因素,企业管理中存在大大小小的各类问题与缺陷等,都可能引发危机。强化危机意识,展览项目企业高层首先必须带头,其次,还有做到全员树立危机意识。只有企业上下树立危机意识,才能在危机到来时各尽其力。普通员工的危机意识的树立,也能降低平时经营管理等潜在危机发生的概率。

(二) 建立危机预警系统

展览项目企业危机管理重在事先预防,提前做好应对准备,这就要有健全的危机预警系统,能够对可能出现的危机事件进行评价、预测,提前发出警报,以便制定应对方案。

1. 展览项目危机系统的预警含义

展览项目企业危机预警系统致力于从根本上防止危机的形成、爆发,是一种对企业危机进行超前管理的系统。预警系统是指对预警对象、预警范围、预警指标和预警的信息进行分析和研究,及时发现和识别潜在的或现实的危机因素,以便采取预防措施、减少危机发生的突然性和意外性。展览项目企业危机预警系统主要起到评估预警信息、发出危机警报、防患于未然的作用。

2. 展览项目危机预警系统的功能

展览项目危机预警系统具有监视和预测两个方面的功能。监视是指不断地对可能引起危机的各种要素和征兆进行监视,准确地收集可能引发展览项目企业的内、外部经营管理信息,及时对其分析和处理。预测是指对未来可能发生的危机类型及其危害程度做出合理的估计,并在必要时发出危机警报。于此两方面功能相对应,展览项目危机预警系统包括信息的收集、分析和危机预测(风险分析)两大部分。

1) 信息的收集、分析

信息的收集、分析是危机管理的关键,也是展览项目企业危机预警系统有效运行的前提。根据展览项目企业运作的特点,需要对企业外部环境信息及内部管理信息进行收集、整理和分析。主要包括收集展览项目企业内部和外部信息,并进行信息的分析与评估。

2) 危机预测

科学预测是危机管理的前提,展览项目危机预警系统应该准确及时地预测企业所面临的危机的类型与发展趋势,为展览项目企业危机管理提供科学依据。为此,展览项目危机预警系统还要能对展览项目企业经营方面的风险进行识别、分析和评估,此项功能称为风险管理。

(1) 风险管理的含义。

所谓风险管理,就是指企业对风险进行识别、分析、评价,并在此基础上有效地处理风险,以最低成本实现最大安全保障的科学方法,是人们对潜在的、意外的损失进行识别、评估、预防和控制的过程。

风险管理与危机管理既有联系,又有区别。它们都是动态的管理过程,都蕴含着威胁和机遇的不确定性。但风险仅仅是一种发生危机事件的可能性,风险不等于危机。风险如不能被预测、识别,或不能抵御规避,则将变为现实,演变为危机。危机管理失败,将使危机扩大而演化成灾难。这是它们的内在联系。在展览项目运行过程中,成功的风险管理可以防止和减少项目中的潜在的危机,它是处理危机的有效处方。风险管理是危机管理的一部分。

(2) 展览项目风险的类型。

按来源分,可将风险分为社会环境风险、竞争风险、营销风险、人事风险、管理风险、财务风险等。

(3) 展览项目风险的识别和分析。

①展览项目风险的识别。

展览项目(或企业)的有些风险是可以通过情景分析法得到的,例如有关营销风险、财务风险、竞争风险、管理风险、安全风险等,但也有很多是难以预期的,例如关键岗位人员跳槽、客户数据库等商业机密泄露等,很难通过情景分析法得到,因此,必须结合头脑风暴法,并且在进行风险识别时一定要请展览项目相关部门人员参与。

②展览项目风险的分析与评价。

展览项目风险分析就是通过对已掌握的一些风险信息进行分析和预测,判断可能发生的危机种类,这个过程通常称为风险分析。视具体分析不同,可以采用指标法、类比法等多种定性和定量的分析方法。一般来说,进行展览项目风险分析时,需要了解展览项目行业常规性的危机事件、展览项目企业的属性(展览、会议、场馆、设计搭建、运输等)、企业历史上遭遇过何种危机等,根据历史上危机的征兆建立风险分析的指标体系,或者进行类比。就具体的展览项目而言,可能引起危机的环节,如展览项目定位、市场环境、营销策略、财务状况、人员及设施故障等,都需要一一加以梳理分析,从而准确地预测展览项目企业或项目所面临的各种风险与机遇。

对已经确立的每种风险,根据威胁的大小、程度或发生的概率进行评价,建立各种风险管理的优先次序,以有限的资源、时间和资金来防范或规避最严重的一种或几种风险,并制定相应的展览项目危机预处理方案,以确保危机到来时,能够处于主动的地位。这种方式通常称为风险评价。

(4) 展览项目危机风险的应对策略。

风险的应对策略不外乎以下几种:规避风险、减少风险、转移风险、接受风险等。

①规避风险。

规避风险是指当展览项目风险可能引发潜在的危机的可能性极大,并会带来严重的后果,且无法转移时,通过部分改变项目或者放弃项目来规避风险。部分改变项目是指通过修改项目目标、项目范围、项目计划等方式来规避风险的威胁。例如,对于很可能不守信用的服务商或资质不够的展览项目搭建商,拒绝与其进行业务往来。

放弃项目即指放弃不确定性很大、可能明显导致亏损的展览项目,如新涉足且不够熟悉的行业或处于行业衰退期的展会。这种方法的优点是彻底根除风险,其缺陷是在回避风险的同时放弃了某种经济利益。

②转移风险。

转移风险即将展览项目风险或潜在的损失与后果转移给其他组织或人承担,在展览项目经营管理中,常用的方法有购买保险、业务分包、租赁经营、免除责任的协议等,也可用合作、合资的方法举办展览,虽然企业也会为此付出一定的代价,但若发生重大事故,可以转移若干损失,使企业免遭灭顶之灾。

③接受风险。

对于展览项目经营管理者来说,有些风险是无法回避、无法转移,或无法全部转移的。例如,由上级政府部门制定承办的大型展览或国际会议,关系到地方政府或国家的经济、政治利益和声誉,将这些项目承接下来,其主要工作是如何减少损失,以及将有可能引发危机的风险向有利的方向转化。

④减少风险。

减少风险主要有两个方面的意思:一是控制风险因素,减少风险的发生;二是控制风险发生的概率和降低风险损害程度。减少风险的一般方法有进行充分的调研和准确的预测,准备多个项目实施方案进行优选,及时与政府部门沟通,获取政策信息等。另外,还需要针对不同类型的风险采取不同的方法。

(三)建立危机预控系统

建立危机预控系统的目的就是事先对可能发生的潜在危机,预先研究讨论,制订出应对的行动计划。有效的危机处理预案应建立在危机预警的基础上,确定各类展览项目危机处理的优先级别,以及相应的处理方法与程序,成立危机处理小组,进行人员培训和危机处理模拟训练等。

1. 组建"虚拟的"危机管理机构

组建专门的机构是应对危机事件的关键。组织化程度的高低,决定整合资源的能力,最终决定了处理危机事件的效果。这种机构平时并不经常活动,只是定期召开会议,因而被称为"虚拟的"机构,其主要任务是考察企业或展览项目的内部环境,预测企业变化趋势,分析可能出现的危机,制定相应的危机预防方案和危机处理预案。小组成员应具有较好的心理素质和较强的分析、判断、决策和沟通能力,能在危机到来时,处变不惊,统揽全局,决策迅速、果断,办事严谨细致,从而有效地化解危机。

2. 制定危机预案

危机预案即危机应急处理计划。因为危机属于非常态事件,企业组织不能只依靠现有的常规与制度来应付,必须事先制定危机事件处理程序与应对预案;又因为危机的发生具有突发性和紧迫性,为了保证危机应急预案和措施的正确性,应事先制定科学周密的危机应变措施,避免因一项危机事件处置不当,引发其他危机的连锁反应。危机预案应具体、明确,且具有针对性,重点突出。

预案包含的内容很多,包括分析各类展览项目危机的特点、表现,提出应采取的措施和所需资源;人员组织和协调、岗位职责、工作流程,及相关人员资料、对外联络的名单及资料;

危机的预案、危机处理步骤、危机沟通或公关的策略和行动计划、财务及法律事宜、危机事件记录要求等。总之，从人员到组织，从沟通到具体操作，都要尽可能详细说明。

3. 开展人员培训，进行危机管理的模拟训练

有针对性地开展人员培训，提高管理层和员工应对危机事件的能力，这一点至关重要。危机管理培训内容包括危机管理意识、相关知识（如危机管理手册的讲解、危机处理原则、策略或方法、危机预案的内容等）、心理承受能力、各种应急处理方式等。危机管理并非是企业最高管理层或某些职能部门如公关部门的事情，而应成为每个职能部门和每位员工共同面临的课题。在最高管理层具备危机意识的基础上，企业要善于将这种危机意识向所有员工灌输，使每位员工都具备居安思危的思想，提高员工对危机的警惕性，使危机管理能够落实到每位员工的实际行动中，做到防微杜渐、临危不乱。

4. 将危机预防措施落实到岗位，防患于未然

通过培训和模拟训练，也有助于将危机防范措施落实到岗位。就展览项目展位搭建的现场管理环节来说，由于中国很多展会组织方并没有对参展商的展位，尤其是特装展位做细化管理规定，参展商之间围板互用、相互给对方造成恶劣影响的事件屡见不鲜。就展览会安全而言，有经验的展会组织者一般采取以下安全防范措施。

（1）展览会召开前，与当地公安、消防及医疗部门联系，告知展览会召开时间及其他相关情况，以便发生突发事件后能及时得到相关部门的协助。

（2）聘请有经验的专业医生在展览会现场建立医务室，并备足常见及抢救药品和医疗器械。

（3）聘请公安和消防部门人员在现场协助组委会做好安全及消防等相关工作，人们在参观展会时，经常会看到展会为公安、消防等人员专门设置的办公室。

（4）在展馆展位搭建结束后，组委会人员亲自检查展位搭建情况，其中包括确保防火通道及安全出口畅通，保证展位间所有通道达到必要宽度，保证所有消防器械周围无异物阻挡，并且检查所有消防器械，保证都能够正常使用。

（5）使组委会所有人员都熟悉展馆所有防火通道和安全出口的位置以及所有的消防器械的位置。前提条件是，组委会所有工作人员在平时就进行了防火知识的学习，保证都能熟练使用各种消防器械。

（6）在参展商布展结束后，全面细致地清理场馆地面，尤其注意清理地面由于布展、特装等遗留的水渍、油渍以及其他可能给参观者带来人员伤害的物品。

四、展览项目危机处理的一般步骤

这是危机管理的事中及事后阶段。在危机事中管理阶段，危机已经冲破预防防线而爆发。此时，展览项目企业应在最短的时间内扭转被动局面，为此，必须迅速、准确地识别危机，快速建立和运转危机处理组织机构，制定危机处理策略，实施危机处理方案。

在安全与危机事后管理阶段，一方面应采取措施消除安全与危机给展览项目和企业带来消极影响，另一方面，需对安全与危机管理的经验教训进行认真、系统的总结与评价，提出改进措施，促进展览项目和企业健康发展。

(一)健全管理机构

建立和健全展览项目危机管理机构,做好危机处理工作。危机管理小组主要来自本办展企业的各部门,这些人员对企业及该展览项目比较了解,处理危机时能快速进入角色,但有时也需要聘请若干对展览项目危机处理具有专门知识和经验的外部人员,如熟悉展览项目法律法规的律师。危机管理小组中,应包括决策、信息管理、公共关系、组织实施等几个部分。其中,进行决策的人员是展览项目危机的主要管理者,负责制定展览项目危机的所有策略;进行信息管理的人员则承担着展览项目危机信息的收集、分类、整理、评估和记录等任务;负责公共关系的人员专门与公众和媒体进行沟通,如为媒体提供例行的信息发布;进行组织实施的人员的主要任务是将决策部分制定的策略贯彻执行,进行展览项目危机的现场管理。建立展览项目危机管理小组的目的是将企业进行危机处理的各项具体任务集中在专门的部门内,并通过一定的组织结构将其与各部门联合起来,以实现对展览项目危机快速高效的反应与处理。

(二)识别和调查危机

1. 危机识别和实况调查

展览项目突发事件或事故发生以后,展览项目企业危机管理的负责人,或者展览项目危机管理小组有关人员应于第一时间抵达现场,首先要掌握已经显露出来的全部情况,包括事件发生的时间、地点、事情的经过、直接后果、当事人的反应等,据此判断该事件或事故是否属于危机事件,是否需要启动危机处理程序。确认不同类型的展览项目危机,需要有不同的危机指标。

2. 危机根源调查

此类调查目的是要找出危机产生的根源。例如,参展商的聚众抗议,可能是招商工作不理想造成,也可能是招展时承诺太多,使参展商期望值过高所致,甚至可能是因为现场服务欠缺,加上竞争对手暗中煽动的原因。

3. 强化对危机的调查

可以确认预想的危机是否是真的危机,也可以明确危机的性质、发生领域和根源,以便管理者有的放矢,把精力和资源用在最需要的地方。

(三)制定危机处理策略

如果危机预控阶段的准备工作充分,危机类型在预测范围之内,危机处理策略可以主要根据危机预案制定;如在预测范围之外,则需要根据该危机的具体情况与类型制定策略。一般而言,展览项目危机的处理策略大致有以下几种。

1. 危机中止策略

如危机产生的根源在于本企业的内部管理或者其他可以控制的情形,则应立即实施危机中止策略,把大事化小,防止危机进一步扩散。

2. 危机隔离策略

由于展览项目行业易受媒体与公众关注的特点,展览项目危机一旦爆发,经常会从一个方面向其他领域蔓延,造成更多的运行环节失常,从而引发更大的危机。因此,我们应该及

时对爆发的展览项目危机进行隔离,防止事态蔓延。对于展览项目危机的隔离主要有信息隔离、人员隔离和事故隔离。

(1) 信息隔离,主要是把危机事件中对企业或展览项目形象不利,或阻碍危机处理的不利信息,从企业内部与公众隔离开来。

(2) 人员隔离,主要是把涉及危机事件的人员的职责和权利进行隔离,领导层和员工中哪些主要处理危机事件,哪些坚守原工作岗位、维持日常工作。

(3) 事故隔离,即对引发危机的事故本身进行隔离。如在某展会中部分参展商与组织方在管理现场发生纠纷时,危机处理小组应先请他们离开现场,到办公室争论,以维持整个展览会的正常进行。

3. 危机消除策略

需要展览项目危机管理小组根据既定的危机处理措施,对症下药、迅速有效地消除危机带来的负面影响。要善于利用正面材料,冲淡危机的负面影响,如通过新闻界传达企业对危机后果的关切、采取的措施等。

4. 危机利用策略

这是变危机为转机的重要一环,更能显示管理者的危机处理艺术,处理得当,就会收到坏事变好事的效果。越是在危机时刻,越能显示一个优秀企业的整体素质和综合实力。只要采取诚实、坦率、负责的态度,就有可能将危机化为生机。

第三节　危机事件的处理与恢复

一、危机事件的处理原则

在危机处理计划的实施中,有几个重要环节一定要把握。

(一) 积极调查,争取主动

展览项目危机发生后,展览项目危机管理人员要正视危机,积极主动地采取措施,查清事实,不断监测情况的发展和变化,并根据变化迅速调整危机处理计划,调动人力、财力、设备等资源,尽可能在最短的时间内控制局势的发展,而不应回避或被动地应付危机,更不应在危机发生后,先急于追究责任,或者向公众辩解自身行为,以免造成人心涣散和公众反感。

(二) 迅速反应,果断行动

危机处理的目的在于,尽最大可能努力控制事态的恶化和蔓延,把因危机造成的有形和无形的损失减少到最低,并在最短时间内重塑或挽回企业的良好形象和声誉。因而展览项目危机一旦发生,危机管理小组就应迅速反应,立即启用危机处理计划,调动小组及其他相关成员,投入紧张的危机处理和善后工作中去。在危机处理工作中,赢得时间就等于赢得企业生命,赢得了企业(或展览项目品牌)的形象与公众的信任。

(三) 协调合作,抓住重点

展览项目危机发生后,危机管理小组应提高危机透明度,向全体员工说明危机处理的决定与措施,动员全体员工参与危机的处理。要求各方服从统一指挥,有序进行,分工负责,协调合作,任何无序的行为都会造成更大的混乱。

协调合作,全员动员不等于平均使用力量。在危机情况下,支援是紧缺的,时间是紧迫的,任何贻误都有可能引发更大的危机损失。因此,处理危机时应该分清主次,首先找到危机产生的主要根源,对其采取有效措施进行隔离消除,这样,危机处理才真正有效。

二、展览项目突发事件的应急处理

(一) 台风暴雨紧急处理

遇雨天人群大量滞留时,推迟闭馆时间,展馆不清场,并进行广播宣传,劝导馆内人员暂时留在原地,不要急于离开,并将保卫力量重点转移到馆内大厅及主要通道,维护秩序,疏导人流,防止人多拥挤诱发案件和意外事件。同时,协调交管部门加大运力,迅速疏散滞留的采购商和参展商。具体操作如下。

(1) 在台风、暴雨来临前,做好各项防范准备工作。
(2) 各部门检查房屋建筑的各项设备,对低洼的设备做好防水淹的防护处理。
(3) 各部门检查辖区的公共设施,进行加固移走处理。
(4) 工程部检查各种排水设备,保证完好。
(5) 场地管理部门检查天台、屋面等,保证畅通,通知保洁、绿化方对废弃物进行处理。
(6) 台风期间,各部门加强值班和巡查制度,并组织应急抢救队伍,做到分工明确,措施得当。
(7) 各部门巡查中发现事故,应急现场及时做出相应的处理和维修。
(8) 台风过后,各部门应立即组织检查,保证设施完好。

(二) 火灾事故应急处理

展览场所的火灾应急处置一般需要四个小组共同协调处理(见图9-1):①通信联络小组;②安全领导小组;③疏散引导小组;④行动灭火小组。具体火灾处理方案如下。

1. 总机调度

展览场所的监控设施随时监控展览场所的火情,发生火灾事故时,监控中心将监测信息立即报告通信联络小组(总机)和行动灭火小组(安保)。

2. 汇报领导小组

总机接到火灾信息后随即报告安全领导小组(由值班经理转达总经理),总经理判断形势,做出处置决策,并立即拨打119,通知附近的消防部门赶赴现场救援。

3. 明确着火点

因行动灭火小组一般都整合工程部、安保部等资源,所以总机接到火灾信息后随即报告工程部,工程部和安保部协同灭火。工程部启动水泵,紧急灭火;安保部使用现场简易灭火器材(灭火器和水带)进行扑救,防止火势蔓延。现场火势有蔓延趋势时,立即通知附近的消

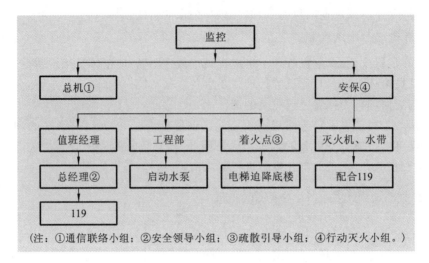

图 9-1 展览火灾事故应急处理流程

防部门赶赴现场,紧急灭火,并配合协同处置。

4. 维护秩序

总机接到火灾信息后,立即与着火点现场取得联系,疏通引导小组赶赴现场维护秩序,组织抢救工作。在现场疏散人员,同时将电梯迫降底层,禁止使用电梯,组织人群有序疏散。

(三) 公共卫生事件应急处理

1. 食物中毒防范及应急处理

需做好以下几点:场馆办公室负责选择配套餐饮合作单位;明确场馆人员发现有食物中毒情况时的职责;确定保卫部值班人员任务;食物中毒发生后,各指定人员带相应的设备和物品赶到现场;明确食物中毒发生后各有关人员职责。

2. 传染疾病应急处理

展馆内出现流感或其他高致病性疫情时,要及时上报情况,协助卫生防疫部门对所涉及的区域进行封锁消毒处理,对患者和疑似病人进行妥善处理。

(四) 展览场馆安全管理

展览场馆安全管理有三层含义:一是保护客人人身及财产安全;二是保护展览项目场馆财产的安全;三是员工在生产和服务的安全操作。其中,第一个是展览项目场馆的基本职责。

展览场馆由于其规模越来越大,业务范围越来越广,社会治安情况越来越复杂,对安全保卫工作的要求也越来越高,由此产生了专职的安全保卫人员和保卫部这个直接隶属于总经理的职能部门。除此之外,实际中还涉及各个部门。展览项目场馆保卫部一般设有内保组、警卫组、消防组、消(监)控室、办公室秘书等岗位。同时有固定岗位、流动岗位和临时岗位等形式,现实中会根据实际情况和工作需要而定。展览场馆的安全管理主要涉及以下几点。

(1) 经常开展安全和法制教育、不断提高职工对展览项目场馆安全保卫工作的认识。

(2) 逐步健全安全防范管理制度,逐步推行安全保卫岗位责任制。
(3) 加强展览项目场馆内部的治安管理,维护内部的治安秩序。
(4) 协助公交机关查处治安案件和侦破一般刑事案件。
(5) 协作公安机关查处破坏性事故和治安灾害性事故。
(6) 确保展览项目场馆的重点和要害部位的安全。
(7) 保障客人的人身财产安全和心理上的安全感。

(五) 展览场所的消防安全管理

展览主办单位严格落实内部消防安全组织,建立消防安全工作领导小组,明确各部门的消防安全工作职责,使单位内部消防安全工作政令畅通,要求安全工作小组人员必须经过消防培训,让他们熟悉火情识别、报警要求、灭火程序和疏散方案,学会使用灭火器材,了解消防设施和安全出口的分布情况,并对其进行严格考核。

1. 展览项目招商阶段

从展览项目招商阶段就要注重强化参展商的防火安全意识。要求每一位参展商必须与组委会签订治安消防责任书,以进一步明确安全责任,把展会的消防安全工作落实到具体的参展商。同时,还应要求他们在设计参展图时,按照消防法规留足消防疏散通道,不得挡住消防栓、手报器等消防设施,在特装展位的设计上,尽量使用金属材料,减少木材等易燃材料的用量,使展具的消费要求与国际接轨。在审查确定展位图和特装工程方案时,严把特装设计方案消防安全审核第一关,针对每个展会的特点单独定制消防应急预案。

2. 布展前

除日常消防检查外,在展会布展前还应专门组织人员对所使用的展馆进行消防检查,检查内容包括消防栓是否完好,消防门是否正常、烟感器、湿感器是否灵敏,灭火器是否失效,消防通道是否畅通等,并对发现的问题逐步落实整改。当确保展馆无任何消防隐患时,方可允许参展商入场布展。

3. 参展商布展期间

应严格按照消防部门的要求,落实展场消防巡查制度,防止参展商遮挡消防设施,堵塞消防通道,对于存在火灾隐患的实施作业,应及时制止或采取有效可靠的监护措施,并随时提醒布展搭建人员注意消防安全。对消防意识淡薄的参展单位,应坚持原则,严格要求其对火灾隐患进行整改。口头说服教育无效时,再出具整改通知书,如仍无效,则要立即向有关部门汇报,依靠组织单位和执法部门的力量督促其整改。

(六) 展览项目活动人员的流动管控方案

在展览活动空间人群行动空间受限,完全跟着前面的人走,身体能感受到周围的压力,因此需要控制区域内人员的进入,并对人群进行疏导,具体管控措施如下。

1. 控制人流量

控制进入拥挤区域内人员的数量,只让区域内部的人出去,不许区域外的人进来,也可通过设置障碍物或其他方法来降低进入区域内的人流量。

2. 缓解人群恐慌情绪

信息的及时、准确、有效地传递是缓解人群恐慌的情绪的重要措施。可通过设置标志、系统、喇叭或口头传达等方式,提供人们其他可选择的信息或其他吸引力,鼓励人们离开。

3. 吸引人群转移

如果拥挤是由局部的吸引,如展览活动期间穿插的表演等,情况很危急而且难以控制时,可提前结束这些吸引或转换到其他更为开阔的地方。

4. 增强引导

在疏散过程中最有可能发生拥堵的关键部位,如十字路口、出入口、狭窄的通道、台阶等部位,增加安保人员的数量,以组织人群有序疏散。

5. 缓解拥挤

当人群极度拥挤时,需要工作人员进行导向的措施有延长行进路线、控制人流前冲、分区安置参观者、疏导人员流动、穿插切割人群、分批小量组合、统一协调指挥、有效控制外围、控制事故触发源、遏制次生灾难等。

三、展览业的危机体系建立

(一) 展览业的安全管理体系

根据国家及一些地方性的法规,展览项目作为大型社会活动的一种,其安全管理是展览项目企业全体员工的重要职责,通过严密的组织结构来有效实施各项安全管理规章制度,确保展览项目等大型社会活动的安全举办。我国目前展览项目行业的安全管理一般由当地人民政府各自规定实施,常见的展览项目安全管理体系如图9-2所示。本着谁主办谁负责的原则,在各级人民政府的领导下,以展览项目主办单位和展览项目场地提供方为展览项目安全管理的主体,相关的国家政府机关,如公安、消防、公安交通、质量技术监督、商务、文化、体育、教育、旅游、园林等,按照有关法律、法规的规定和市人民政府确定的职责,对展览项目活动安全工作实施监督管理。

(二) 展览项目安全救援系统

1. 展览项目安全救援系统的构成

展览项目安全救援系统指为实施展览项目救援而建立的,涉及与展览项目安全各相关层面的组织机构和包括展览项目救援的分工、协作和工作体系。展览项目安全救援系统是包括救援核心机构、救援机构、外围机构在内的,由展览项目接待单位、展览项目救援中心、保险、医疗、公安、武警、消防、通信、交通等多部门、多人员参与的社会联动系统。其中,最核心、最重要的就是起到指挥中心作用的核心救援机构,展览项目安全救援系统构成如图9-3所示。

2. 展览项目安全救援中心

1) 展览安全救援指挥中心

从图9-3可以看出,展览项目安全救援指挥中心的核心地位体现在其对整个展览项目安全救援工作的开展、统筹、协调的职责上。目前建立展览项目安全救援系统的当务之急是建立展览项目救援指挥中心,因为展览项目安全救援系统的救援机构、外围机构目前都是现成的,国内现在尚没有像国际SOS援助中心那样的全国性和世界范围内的紧急救援机构,而在当下大张旗鼓地建立那样的机构也不现实。考虑到展览项目紧急救援的人道主义性质

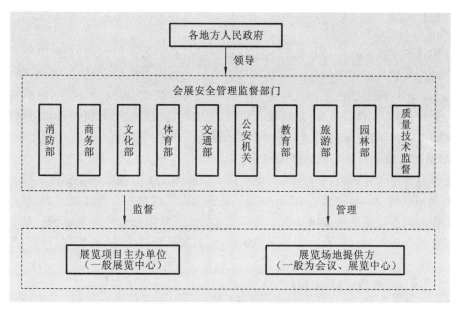

图 9-2 展览安全管理行业体系

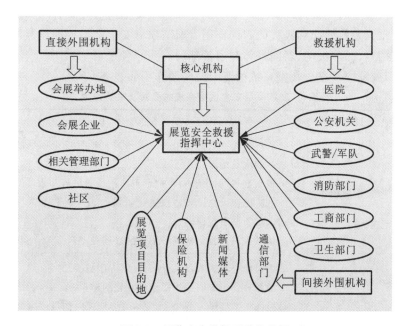

图 9-3 展览安全救援系统结构图

和紧急性,展览项目安全救援指挥中心应该由政府来组织。我国目前已考虑以下一些做法:一是由政府牵头组织全国性的展览项目安全紧急救援中心;二是由政府牵头组织全国性的展览项目救援指挥中心;三是扶持国内现有的展览项目救援机构,对这些机构在可能范围内进行整合,在充分合作的基础上利用其现有网络形成展览项目救援中心;四是引进国际性的救援机构,以这些机构为核心形成我国的展览项目救援指挥中心;五是尽快建立全国网络性的特服电话。

2) 展览项目安全救援机构

展览项目安全救援机构是整个展览项目安全救援系统的执行机构,在展览项目安全救援系统中扮演着极为重要的角色。展览项目安全救援机构由医院、公安机关、消防部门、武警部门等与救援行动直接相关的机构组成。这些机构都是现实存在的机构,目前需要完成的工作主要是:确认资格与挂牌;拓展现有职能,增加展览项目安全救援项目;在这些展览项目安全救援机构中,增设专门负责展览项目安全救援工作的部门和人员。

3) 展览项目安全救援的直接外围机构

展览项目安全救援的直接外围是展览项目安全问题发生的场所和实施展览项目安全救援工作的第一现场。简单来说,就是与展览项目安全问题的发生有直接关系、与展览项目安全救援工作有间接关系的所有机构统称为展览项目安全救援的直接外围机构。这些机构主要包括可能发生展览项目安全问题的旅游景区(点)、展览项目企业、展览项目相关管理部门和社区。

4) 展览项目安全救援的间接外围机构

展览项目安全救援的间接外围机构是相对于展览项目救援的核心机构、救援机构以及直接外围机构而言的,它本身不是展览项目安全问题发生的现场,也不参与整个展览项目安全救援工作。但这些间接机构却有可能影响展览项目救援工作的开展并有可能在适当的时候不经意地或出人意料地起到极大的帮助作用。展览项目安全救援的间接外围机构主要包括展览项目目的地、保险机构、新闻媒体和通信部门。

综上所述,展览项目安全救援系统的要素及主要作用如表9-4所示。

表9-4 展览项目安全救援系统的要素及主要作用

主体机构	救援部门	主要作用
核心机构	救援指挥中心	a. 从一线展览项目机构获取关于展览项目安全问题的信息,初步了解事故的大致情况; b. 根据获得的信息,初步拟定实施救援的机构和救援的规模与等级; c. 迅速把初步意见转达拟实施救援的相关机构和人员,指挥这些机构或人员展开救援行动; d. 指派人员监督和协调整个救援过程等
救援机构	医院	a. 组织伤亡救援队,现场待命提供医疗救援; b. 对相关伤员临时救护提供专业化的建议; c. 提供相关救援人员和条件,尽可能地保障伤员的生命安全; d. 提供其他医疗性或非医疗性的服务等
救援机构	公安	a. 保护现场秩序,为专业化的救援组织提供保护; b. 在必要的时候,辅助相关救援行动; c. 对一些故意违法犯罪、造成展览项目安全事故的人,进行打击与严惩; d. 提供其他保护展览项目的服务等

续表

主体机构	救援部门	主要作用
救援机构	武警	a. 对一些重大或高难度的救援工作,提供更加强有力的救援; b. 对一些用武力威胁展览项目安全的犯罪活动,提供国家保护; c. 打击各种展览项目景区恐怖活动; d. 在必要的时候,辅助其他部门开展救援活动等
	消防	a. 对火灾进行专业化的营救; b. 对一些日常安全问题,但是又是在公安或武警范围外的突发事故展开营救; c. 配合指挥中心命令,展开其他救援活动等
	工商	a. 对相关职责范围内的事故原因进行调查; b. 加强对事故景区或企业的管理与监督; c. 严厉查处相关存在安全隐患的展览项目企业; d. 总结事故经验,做好相关辖区的展览项目安全检查工作等
	卫生	a. 做好相关餐饮部门的卫生检查; b. 切实做好展览项目目的地,特别是人流量大的展览项目目的地的卫生防预防病工作; c. 处理因医疗或卫生而发生展览项目安全事故的事件或纠纷等
直接外围机构	展览项目举办地	a. 负责维持所在区域的安全管理工作,尽量减少展览项目安全问题发生的可能性; b. 在发生展览项目安全问题后,及时准确地向上一级展览项目救援指挥中心汇报; c. 在展览项目安全救援机构人员尚未到达救援现场时,维持展览项目安全事故现场,在条件允许的情况下,可以进行初步营救; d. 在展览项目安全救援机构人员到达救援现场时,积极配合,给予必要的帮助; e. 在展览项目安全救援过程中,随时保持与展览项目救援指挥中心的联系,报告救援工作进展; f. 展览项目安全救援工作结束后,做出善后处理,分析发生事故的原因,撰写相关报告,避免下次类似案件或者其他安全事件的再次发生等
	展览项目管理部门	a. 安全事故发生后,要如实、及时汇报,在上级指导下,成立救援指挥中心,配合各方资源,展开营救; b. 必须承担相应责任,做好救援工作的先锋队; c. 设立专门的展览项目安全检查小组,尽可能地排除安全隐患; d. 做好事故后期工作,调查事故责任方,做好相关赔偿工作等
	社区	a. 进行展览项目目的地社区管理,提供相应的救援信息或者情报; b. 辅助专业化的救援队,听救援指挥中心的安排等

续表

主体机构	救援部门	主 要 作 用
间接外围机构	展览项目目的地	展览项目目的地指发生展览项目安全问题的旅游景区(点)或展览项目企业所处的社区,与展览项目安全问题的发生和展览项目救援工作直接相关
	保险机构	a. 理清责任人,负责事故保险赔偿工作,切实保障参保受险参展各主体的赔偿权利; b. 制定针对性的合理险种,事故发生后,尽可能提供更合理的赔偿; c. 提供专业化的保险咨询,为参展各主体宣传相关保险常识等
	新闻媒体	a. 第一时间客观地报道相关情况,对相关安全问题进行追踪和曝光; b. 形成社会监督力,监督相关展览项目部门的救援工作; c. 对一些正面积极的救援事迹进行报道,并对一些安全事故的防范进行大力宣传等
	通信部门	a. 做好救援系统的信息传递工作,保障信息传递的及时性和有效性; b. 对一些涉及国家安全的展览项目安全事故进行信息保密工作,以防社会骚乱; c. 完成指挥中心下达的其他工作任务等

四、展览项目危机公关

(一) 危机公关的含义

危机公关是危机公共关系的简称。危机公共关系是组织机构出现具有重大不利影响的危机事件时,组织领导人员和公关人员为缓解事态、消除危机而应立即展开的公共关系工作。

(二) 展览项目危机公关的作用和对象

展览项目危机不但具有突发性,更具有扩散性,展览项目企业尤其是知名企业和品牌展会,由于时刻被顾客、竞争对手、商业合作伙伴、政府监管部门、媒介等层面关注,如危机事件处理不当,极易引起轩然大波。当展览项目品牌遇到突如其来的信誉等危机时,危机公关在化解市场危机、恢复品牌形象、稳定展览项目市场方面,具有广告等其他传播形式不可比拟的作用,这在实践中已经得到了验证。公关的对象是参展商、观众(或会议、活动的参加者)、赞助商、政府机构、媒体等。其中,针对媒体的危机公关影响最大,也最需要谨慎处理,媒体也就成为展览项目危机公关重点关注的对象。

(三) 展览项目危机公关的原则

公共关系学理论强调,信息沟通是危机管理的核心。英国危机管理专家迈克尔·里杰斯特提出著名的危机沟通三原则:信息主导原则、信息全面原则、信息及时原则。

(四) 建立展览危机管理的"RCRR"模式

展览作为一个对市场环境极为敏感的行业,总是要面临各种各样的风险,这些风险在给企业带来负面影响的同时,也给展览组织者带来了一个新的课题,即如何管理危机状态下的展览。在此提出了"RCRR"模式来应对展览危机,该模式包括四个主要阶段。

1. 预警(readiness)

预警就是在危机发生前对可能发生的危机事件进行预测和预防。首先,需要树立正确的展览危机意识,它要求展览主体尤其是主办方、承办方和协办方自身要居安思危,预先考虑可能面临的各种困难局势,在人力、物力、财力和心理上未雨绸缪,并通过模拟危机情况来完善展览危机管理计划。其次,还应建立起灵敏、准确的信息监测系统,通过灵敏的嗅觉捕捉危机可能发生的蛛丝马迹,分析危机事件发生的概率,据此制定不同的预防措施。

2. 沟通(communication)

组展商应与媒体之间建立良性的互动机制,一旦发生危机就要明确传播所需要的媒介,第一时间抢占信息源,避免错误信息的发布,同时要及时更正媒介传播内容与事实不符的信息。对于专业性比较强的展会而言,虽属于商业活动,但具有国际性的影响,具有外事工作的某些特点,还应注重与上级主管部门建立起有效的沟通系统,以求在危机处理过程中获得正确的政策指导和工作支持。

3. 反应(response)

危机发生以后要杜绝惊慌失措,反应必须迅速、快捷,处理必须及时、正确,要按备用应对计划和实际情况采取应对措施。

4. 恢复(recovery)

在危机持续期间和危机得到控制以后,办展机构要采取切实的挽救措施,使受危机影响的客户、展会、设施尽快恢复到危机发生前的正常状态。积极的工作态度有助于重塑公司在公众心目中的形象,重新获得公众的信任和支持。

(五)展览项目危机的事后管理

经过一系列危机处理步骤后,危机事态完全控制,危机事件被解决,并不意味着危机管理任务的结束,只是危机管理进入了事后管理阶段。在此阶段,危机管理的目标和任务有如下几点。

1. 对危机进行评估

危机管理小组或企业管理层应在危机结束后成立调查和评估小组,立即对与危机相关的因素进行评估,如发生危机的展览项目或企业组织是在哪些环节出现了问题,损失情况如何,以及危机预防措施是否有效,人员是否到位,危机管理小组的决策和策略是否正确;对企业工作进行全面评价,如项目立项时是否进行充分的调研和论证,展览项目主题和定位是否合理,营销策略和措施是否有效,信息管理网络运行是否顺畅,现场管理是否严格规范等。

2. 加速恢复工作的进行

危机过后,展览项目企业需要一定的时间来消化危机带来的各种损失,比如公司收益减少、危机处理或赔偿支出、企业人才浮动、品牌形象恶化等。可采取的措施有加强与客户的联系,特别要防止大客户的流失;继续与媒体沟通,向公众传达积极的信息;总结经验教训,找出企业管理或危机管理的薄弱环节,健全规章制度;安排相关在职教育培训,从文件中接受教训,分享经验,并反馈落实到危机事前管理阶段,以增强对危机的免疫能力等。

3. 从危机中发现机遇

在危机事后管理阶段，在总结经验教训的基础上，还要善于从危机中发现新的机遇。

教学互动

互动问题：假设本地区即将举办一场中等规模的展览。

1. 有数名参展商因为展位价格问题到服务前台进行投诉，应如何处理？
2. 针对展览现场群体投诉事件，应如何制定应急处理程序？

要求：
1. 教师引导学生结合本章教学内容就这些问题进行独立思考、自由发表见解，组织课堂讨论。
2. 教师把握好讨论节奏，对学生提出的典型见解进行点评。

本章小结

内容提要

本章讲述了展览项目危机管理基础、展览项目危机的预防、危机事件的处理与恢复三个部分内容。

首先，介绍了展览项目危机管理基础，包括展览项目安全内涵、展览项目危机内涵、展览项目危机的表现形态、展览项目危机事件的特点和类型。

其次，介绍了展览项目危机的预防，包括展览项目危机管理概述、展览项目危机管理的一般过程、展览项目危机管理的程序、展览项目危机处理的一般步骤。

最后，介绍了危机事件的处理与恢复，包括危机事件处理原则、展览项目突发事件的应急处理、展览业的危机体系建立、展览项目危机公关。

核心概念

展览项目安全；展览项目危机；危机管理；"PPRR"模式；展览项目安全救援系统；危机公共关系；"RCRR 模式"

重点实务

展览项目危机管理的知识在展览项目全过程管理中的运用；展览项目现场危机预警体系。

第十章 展览评估与后续工作管理

项目目标

通过本章学习,应当达到以下目标:

职业知识目标:学习和把握展览评估管理、展览项目后续工作与总结等知识及其在展览项目管理工作中的应用;能利用相关知识开展展览项目后续工作与总结。

职业能力目标:运用本章专业知识,培养对展览项目评估与后续工作管理过程的操作技能,有效地进行展览项目评估实施程序与策略、展览项目后续工作管理及总结方案的实践训练,培养展览项目收尾阶段管理的专业技能。

职业道德目标:结合展览评估与后续工作管理内容和方法的教学内容,依照展览项目管理的道德规范或标准,熟悉展览项目后续管理工作的各个环节,增强专业化与职业化的态度,强化职业道德素质。

第一节 展览评估管理

一、展览评估的内涵

(一)展览评估的含义与目的

1. 展览评估的含义

展览评估是指对某一展会进行分析与评价,即对一个展会的目的、执行过程、质量、服务、直接和间接的经济效益与社会效益、作用和影响所进行的系统的、客观的分析和评价,判断该展览项目是否成功,并分析其原因,总结经验教训,为项目的主办者与承办者提供借鉴,并通过及时有效的信息反馈,为参展商、专业观众乃至一般观众提供参考。

2. 展览评估的目的

展览评估的目的是通过对展览参展面积、参展商数量、观众人数、经济效益等指标的考核,认识展览的质量与效益,从而树立展览品牌,达到规范行业竞争的目的。具体而言,展览评估的目的包括对展览项目的整体运作及相关成果做出客观真实的评价,为项目招商招展提供基础数据的支撑;对展览项目历年的相关展览数据进行纵向比较,分析其存在的问题、市场发展趋势及未来的发展对策;结合国内外类似的大型相关展览活动进行横向对比,分析并借鉴其优势项目;为将来展览项目的品牌建设提供支持;为参展商参展提供数据支持;为展览行业管理机构提供基础数据;为展览场馆的出租方提供背景资料等。

(二) 展览评估的种类

1. 按评估的层次来分

(1) 宏观展览评估。宏观评估是指从宏观展览管理的角度,对一个国家、一个城市在一段时期内展览业发展的环境、规模、速度、社会经济效果等方面进行全面评估,为制定完善的展览法规和规章以及适当的展览产业政策、促进展览业的良性发展提供依据。

(2) 微观展览评估。微观评估是指从微观展览管理的角度,对某个展览项目的各项组织工作和社会经济效果进行分析和评价,发现问题,分析原因,掌握该项目的生长规律,为办好下一届展览提供借鉴。

2. 按评估的主体来分

(1) 由展览行业主管机构实施的评估。展览行业主管机构包括对展览行业实施行政管理的政府主管部门以及发挥服务、代表、协调、自律功能的展览行业型组织。展览行业主管机构可以对一段时期内展览行业的整体实施宏观评估,也可以对某个展览项目进行微观评估,评估的结果一般应当向社会公开。

(2) 由展览主办方实施的评估。展览活动是一种高度组织化的社会活动,任何一种展览活动的举办都由主办方策划、发起、申办、筹备、实施。展览主办方对展览项目进行评估,是提高展览项目的管理水平、增强展览企业实力的必然要求。这类评估一般由主办方自愿进行、自行组织。

(3) 由展览对象实施的评估。展览对象是指展览活动的参与者,即展览活动的参展商、专业观众和普通观众。展览对象一方面可以从各自的立场对自己的参会、参展、参观的组织工作和实际效果进行分析和评价,总结经验和教训,提高参会参展的水平;另一方面也可以积极参与主办方的评估,对改进展览项目的质量提供意见和建议。展览对象评估的主体较多,评估内容和标准也各不相同。

(4) 由中介机构实施的评估。中介机构评估属于授权评估。为了获得展览的客观性数据和评价意见,避免上述三种评估主体由于立场和角度各异所导致的评估差异,由授权中介机构进行评估不失为一种有效的方法。展览行业主管机构、展览主办方以及参展商都可以委托专门的评估机构或科研机构进行评估,评估的结果可以公开,也可以不公开。

3. 按评估参照的标准来分

(1) 相对展览评估。相对展览评估是以评估对象群体的平均水平为参照,确定特定的评估对象在这一群体中的相对位置的一种评估方式。相对展览评估的作用有两个方面:一是比较展览项目之间的成果差异,有助于展览主办方改进展览管理;二是将评估的展览项目按某种特定的顺序排列,确定名次或等级,以发挥激励和鞭策作用。一些展览项目的评选和评比活动,常常采用相对展览评估的方式。如上海市展览行业协会推出的《上海国际展览会项目评估细则》,就是以参加评估的展览项目群体的平均水平为参照,通过数据收集和分析后,评定优秀展览会。

(2) 绝对展览评估。绝对展览评估是在评估对象之外,先设定一个评估目标为客观参照,再把各个展览评估对象与之比较,以评估每个评估对象是否达到或超过客观标准,进而确定评估对象的绝对位置。绝对展览评估的标准独立于被评估的展览项目群体之外,与这一组展览项目群体的实际水平无关,一般由评估主体根据一定的评估目的事先制定。如商务部颁布的《专业性展览会等级的划分及评定》(SB/T 10358—2012,代替 SB/T 10358—2002,2013 年 07 月 01 日实施),就将专业性展览会的质量划分成 AAA、AA、A 三个等级,每个等级都列出了明确的评定条件。

4. 按评估的时间分

(1) 展览前评估。所谓展览前评估,就是在展览项目决定之前或者在展览项目筹备过程中,对展览项目的策划方案以及对展览筹备阶段的各项准备工作进行评估,属于广义展览评估的范畴。展览前评估的作用在于确认策划方案的正确性和展览筹备工作的有效性。比如展览前对场馆及其附属设施的评估以及招展、招商、招客工作的评估等。

(2) 展览中评估。在展览举办期间,随时掌握相关信息并加以分析、评估,能够及时发现会展计划、方案在实施中遇到的问题,以便及时改进工作,提高办会办展的质量。展览中评估是展览项目同步控制的重要环节。

(3) 展览后评估。即在展览项目结束后进行的评估,它往往与展览中评估的工作具有连续性。相对展览中评估而言,展览后评估具有全面、系统的特点,是展览评估工作的重点。

5. 展览评估的思想基础

要对展览会进行评估,首先需要明确评估什么。弄清这个问题,需要对展览会的特性有比较深入的理解。展览会有其自身的价值特点。

(1) 展览会最基础的价值是信息传播价值。展览会所展示的商品不同于商店里展示的商品,对观众来说,其真正的价值在于展示商品内在的信息和意义。因此,信息是展览的基石。展览所具有的其他信息交流形式所不具备的特性——实物性、直观性和集中性,就是展览能够存在和发展的根本所在,这是展览的基础价值。

(2) 展览会的品牌化发展,给展览带来了第二个层面的价值,就是认证价值。我们知道,第三方认证是市场经济中的一种通行的、重要的运行机制,是生产者与消费者之间的"见证人"。办得好的展览也可以发挥这种"认证"作用,也就是说展览具有了"认证"功能。

(3) 精心设计的展览还能带来一种体验,也就是给参观者一种心灵的震撼,给参观者以快乐,体验到一种参观之前不曾体验到的东西。

(4) 一个展览能够倡导、传播一种观念,就有了自己的灵魂,就能够左右消费行为,在消费市场上引爆流行,在生产资料市场上引起生产方式的革命。这是因为消费观念是巨大的消费动力。

(5) 通过展览及其多种相关活动,为广大参展商制造一个通用型的价值观念或者价值信仰平台,带来巨大的商业效果。

二、展览评估内容

展览评估是一个内容庞大且又复杂的体系。性质不同的展览,其评估内容也有所不同。此外,一项评估究竟要涵盖哪些内容,应该根据评估的目的和实际情况确定。表10-1 所示为会议展览的评估内容,其所列的评估内容,是在实施展览评估时可测评的项目,并不等于展览评估的必备指标,仅供评估者根据评估的目的和实际需要加以选择。

表10-1 会展评估内容

	会 议		展 览	
内容	承办者	主题相关性	展览工作(筹备、展台)	展览、展台效果
	策划/指导委员会	目标明确性	展出目标	成本效益比
	秘书处	整体策划	展台人员	成本利润
	发言人	相关活动	设计工作	消费成交
	陪同人员	会议地点	展品工作	贸易成交
	预算	市场宣传	宣传工作	接待客户
	注册	公共关系	管理工作	调研评估
	交通	与会者手册	开支	竞争评估
	娱乐活动/休息	招待会/展览	展览记忆率	宣传、公关

对办展目的和效果的评估,其作用之一是检验最初确立的办展目的恰当与否,此外,还能用来确认办展目的的实现与否。展览是一种有目的的信息交流与物资交换活动。从主办者的角度来说,举办一次具体的展览活动的目的主要有两个方面。

一是基本目的,即通过举办展览,为参展商和观众(客商)提供良好的信息交流的平台和安全的贸易环境,同时,通过出租展位、提供配套服务和收取门票获得一定的经济效益。

二是战略目的,即通过举办展览,显示本国、本地区或本单位的经济实力、科技成果、投资环境和发展前景,以招商引资,同时,通过不断提高展览品位,努力打造展会品牌。办展效果是对办展目的的检查,也就是说,对办展目的的评估主要是看办展的效果。

知识活页

展览项目评估的问题设计参考

1. 对办展目的和效果的评估内容

1)展览的基本目标

(1)参展商对参展的效果是否满意?如果大部分参展商表示满意,则办展目的基本达成。

(2) 本届展览会参展单位的数量是否达到预期目的？

(3) 本届展览会成交项目或达成意向的项目在数量上或质量上是否有所突破？

(4) 本届展览会办展收入是否达到展前预期？

2) 战略目标方面

(1) 本届展览会是否在举办地引起较大反响？

(2) 本届展览会的国际参展商和客商是否对本展览产生较大兴趣？

(3) 国内外媒体对本届展览会有何报道？评价如何？

(4) 本届展览会之后，举办地在国际上的知名度有无提高？

3) 展览主题方面

展览主题是贯穿所有展品和展览中各项活动的红线，是对展览目标的阐述和体现。主题鲜明、突出，展览才会具有特色，效果明显。对展览主题的评估具体内容包括以下几点。

(1) 主题的表述是否鲜明？参展商和观众对展览主题的表述认知程度如何？

(2) 参展的行业或企业是否符合展览的主题要求？

(3) 展览主题是否在展品中得到充分体现？

(4) 展出的展品是否与展览的主题相悖？

2. 对展览规模和连续性的评估

展览规模包括展览面积和展位数，在很大程度上体现了展览会的实力，而办展的连续性则在一定程度上显示了展览项目的生命力。具体评估内容包括以下几点。

(1) 展出的净面积和展位数有多少？

(2) 展出的净面积和展位数比预计数增加还是减少了？原因何在？

(3) 特殊装修展位面积占净面积的比例有多少？

(4) 本届展览会实际展出的净面积和展位数三年来是增加还是减少？原因是什么？

(5) 本届展览会是第几届？

……

三、展览评估的实施程序

评估标准是评估的依据，由评估主体在评估之前确定。评估标准要根据评估的原则及评估的具体对象的情况，从展览评估的内容中选择。所谓展览评估的实施程序是指按照展

览评估自身规律设计并具体组织、实施评估工作的步骤。不同类型的展览评估,其评估的程序也有不同,但是一般而言,展览评估的程序通常包括以下步骤。

（一）确定评估的具体目的和任务

确定评估的具体目的和任务就是明确为什么评和评什么的问题,是做好展览评估工作的前提。不同的评估主体、不同的类型、不同的评估项目,评估的具体目的和任务可能并不完全相同,但以下几点是应当考虑的。

1. 评估对象的类型

展览项目按不同的标准可以分为很多种类,由于不同种类的展览项目具有不同的性质和特点,很难用统一的标准去评估,因此,在开展展览评估之前要确定本次评估的项目类型,比如以国际性展览为本次评估的对象,既体现了评估者的目的,又明确了评估的类型。

2. 评估对象的数量

一次展览评估对象的数量要根据评估的需要来确定。在带有评比性质的相对评估中,评估对象必须有一定的量才能进行横向比较,判断优劣。而对于主办者和参展商的内部评估而言,则应当做到有一个评一个。

3. 评估对象的时间和地域范围

界定展览评估项目的举办时间和地域范围。一般情况下,主办者和参展商仅对本单位办展、参展的展览项目开展评估活动,而展览主管机构按年度评估的做法较为普遍,也就是对发生在当年度的展览项目进行评估。地域范围是指展览项目发生的地域。展览主管机构可以对本辖区内的所有展览项目进行评估,也可以仅对其中某个区域的展览项目进行评估。

4. 评估结果的等级

评估结果的等级用于反映展览项目的优劣,是展览评估目的和任务的重要体现。如《专业性展览会等级的划分及评定》(SB/T 10358—2012),就将专业性展览会的质量划分成AAA、AA、A 三个等级。在实行相对评估时,还要事先确定每个等级的数量。展览评估的具体目的和任务应当在选定展览评估项目的对象之后、展览活动举办之前就确定下来,这样,在展览举办期间就可以根据评估的目的和任务有针对性地收集相关材料和数据。

（二）确定展览评估的方法

1. 展览评估的静态和动态指标

影响展览会的相关指标,可以分成静态和动态两种。

（1）静态指标的评估。静态指标的评估又称为存在能力的评估,可以根据实际的数值进行。具体包括一个城市或地区经济发展的水平、城市建设的状况、居民的数量、交通设施的便捷程度、展览场馆的规模、专业展览公司和展览辅助机构的数量、展览从业人员的数量等。

（2）动态指标的评估。动态指标的评估也就是对展览在运用方面的能力和效果的评估。具体包括展会的宣传及影响、展览的服务水平、展览的品牌效应、参展商的数量、观众的数量以及对展览总体评估等。

对评估的方法要素进行分析之后,接下来就是评估,这也是问题的核心。评估包括以下两个部分。

第一部分为衡量,也可称为度量或者计量,即依照一定的标准,对展会的总体情况进行数量的计算和比较。

第二部分为判断,就是对于一切不能量化的因素所可能采取的研究判断手段,包括专家判断、参展商判断和观众判断等。衡量是客观的,而且一定要有作为衡量标准的共同单位。判断是主观的,不能用某种单位来直接加以衡量。评估必须把客观的衡量与主观的判断合为一体。

2. 展览的定量评估与定性评估

展览是一项复杂的活动,涉及的内容相当广泛。因此,在展览的评估过程中,既要对有形资源进行定量评估,又要对无形资源进行定性评估。

(1) 展览的定量评估。一般说来,凡能计量的因素也较容易评估,通常也多被列为评估工作的第一步。例如,展览会的展位面积、专业观众的数量、参展商的数量等。这些数据一般具有客观、准确的特点,是衡量一个展览活动最直接的标准。这些数据往往是由展览的主办单位和承办单位提供的,作为展览活动的一个重要组成部分,展览数据的统计和报告工作是不可缺少的。

(2) 展览的定性评估。展览的定性评估一般由专家来完成,有时也考虑参展商和观众的意见。定性评估往往通过问卷和投票的方法,来了解专家、参展商、观众对展览的评估。这种评估虽在一定程度上具有主观性,但足够数量的专家、参展商和观众的评估,基本上能够较准确地反映展览的实际情况。

(3) 展览的模糊评估。无论是定量评估,还是定性评估,对于不同的展会而言,都具有不同的意义。因此,要想全面系统地评估一个展会,需要将多个评估对象,依据一定的原则建立相互联系,形成一个相互关联的体系,最终得到一个统一的结果。在经济数学上,通常采用模糊评估方法。就是根据展览的性质、特点,给不同的评定指标赋予一个权重,该权重的大小取决于该指标在特定展览中的作用,并依据各项指标的权重,得出最终的评估结果。模糊评估的优点是可以充分把握不同指标在展览中的重要作用。

3. 评估的指标体系

评估之前先要围绕评估的目的、任务和原则选择适当评估的内容,然后根据评估的内容确定评估的指标体系。展览评估的指标体系包括完整指标系统、权重系统和评估标准系统三个方面。

(1) 指标系统。一项具体的展览评估,其指标系统是根据评估的目的和任务,从各项评估的内容中选择出来的,是评估目的的具体化,其结构一般由若干个指标层次组成,如图10-1所示为展览评估指标系统结构图。

(2) 权重系统。权重系统包括各层次指标的自重权数和加重权数。自重权数反映指标自身在同一层次指标中的重要程度,它的取值范围为0~1,各指标的自重权数之和等于1,权重数反映某项指标的评估等级,比如,某项评估指标分为优秀、良好、中等、合格、不合格五个评估等级,一般设优秀等级的标准为1,其他等级的标准值则依次递减为0.8、0.6、0.4、0.2。确定权重系统的方法有专家会议法、德尔菲法(即采用匿名的形式用问卷向专家征询意见,经多次反馈后确定权重系统的方法)等。

(3) 评估标准系统。评估标准系统是衡量评估对象达到末级指标程度的尺度,由标度

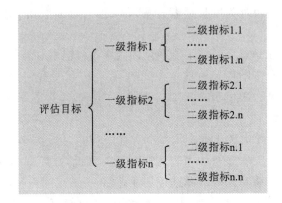

图 10-1　展览评估指标系统结构图

和标号两部分组成。标度的作用在于区分评估对象达到评估指标的程度,有定性标度和定量标度两种表示形式。

定性标度一般用描述性语言来表示,如"满意"、"较满意"、"不满意"等区分观众对展览会接待服务总体评估的等级程度。

定量标度一般用分数表示,如上海市国际展览会评估标准就是用分数形式来区分评估对象达到指标的程度。

标号是表示标度的符号,本身无独立意义,一般用字母(A、B、C、D)、数字(1、2、3、4)或汉字(优秀、良好、合格、不合格)等来表示。

同步案例

表 10-2 是上海市国际展览会评估指标体系的部分参照指标。

表 10-2　上海市国际展览会评估指标体系的部分参照指标

序号	评分标准项目		分数 100	95	90	85	80	75	70	65	60	55
1	展览秩序											
2	布展质量											
3	配套服务	展品输出										
		展商接待										
		交通安排										
		餐饮服务										
		现场咨询										
4	客户组织情况	专业观众组织情况										
		境外观众组织情况										

续表

序号	评分标准项目		100	95	90	85	80	75	70	65	60	55
5	宣传	宣传报道										
		网站										
6	论坛											
7	本届专业化程度											
8	本届国际化程度											

问题:该评估指标体系在实际操作中有何利弊?

分析提示:从展览项目实际评估的理论体系与可操作方面进行引导分析。

4. 专业性展会的等级划分及评估标准

2013年1月4日,商务部颁布《专业性展览会等级的划分及评定》(SB/T 10358—2012),规定了对专业性展览会等级划分和评定的原则、要求和方法。本标准适用于在中国境内举办的以经济贸易活动为目的的专业性展览会的等级划分及评定。

知识活页

1. 中华人民共和国国内贸易行业标准《专业性展览会等级的划分及评定》(SB/T 10358—2012,2013年1月4日发布,2013年7月1日实施)。

2. 中华人民共和国商务部《专业组展企业资质评估指标》(SB/T 10838—2012,2012年12月20日发布,2013年6月1日实施)。

5. 展览在线评估

展览在线评估是指展览主办者将相关的资料输入网上评定系统,并得到自己需要的相关评定结果的过程。网上评估具有简便、快捷等特点,尤其适合于中小展览企业在举办中小型展会时参考。

(三) 评估实施

评估目标及标准确定之后,要根据评估目标及标准确定具体的评估内容和评估方案,对各段时间安排、调查对象和调查方法、评估人员安排和经费预算等做出安排。评估方案应当在展会举办之前就制定,以便展会开始后按照计划实施。

1. 制订评估计划

评估计划应当对评估的方法、程序做出相应的规定。评估的方法包括收集材料和数据的方法,以及进行统计分析的方法。评估的程序包括收集材料和数据的程序、评估人员开展评估的程序、发布评估结果的程序。

2. 评估的机构、人员组成及分工

评估机构是指实施评估计划的临时性机构,可以由展览主管机构、展览项目的主办者或参展者自行组织,也可以委托专业评估机构进行评估。对此,计划中要有明确的规定。目前国外普遍采用委托专业评估机构进行展览评估。

展览评估机构的设置包括领导小组或评审委员会、专家小组、工作小组等。区域性、大范围的评估,一般要成立评估领导小组或评估委员会。领导小组由评估实施机构的负责人或领导评估项目的负责人、相关部门的领导或代表以及部分评估专家组成,对评估工作实施全面领导并决定最后的评估结果。专家小组或专家委员会由评估专家组成,负责指导数据收集,对数据进行统计分析,提出评估报告。工作小组则由训练有素的工作人员组成,主要负责收集、汇总材料和数据。由于收集材料和数据的工作相当繁琐,且十分关键,工作人员必须了解评估的目的、任务和原则,明确各自的分工和要求,熟悉本次评估对象的基本情况。

3. 收集分析数据

收集和分析数据是展览评估的两个关键环节。这两个环节是相互联系、不可分割的。全面收集评估材料是进行材料和数据统计分析的前提,材料和数据的统计分析是材料和数据收集工作的深化。各项材料和数据汇总后,接下来的工作是组织专家和有关人员对这些材料和数据进行审核、归类、比较、分析和整合,初步确定评估对象的得分或等级。

4. 确定评估结果

一般情况下,经过专家评估确定的评估对象的得分或等级,可以看作评估结果,但在一些选拔性或评比性展览评估中,展览评估的结果还需要经过一定的程序来加以确定,如由领导小组或专家委员会投票决定。

5. 编制评估报告

展览评估报告是展览评估结果的书面载体,以便交流、发布和保存。展览评估结束后,评估结果都应当形成展览评估报告。展览评估报告的写法有两种:一种是文章式评估报告,即按文章的一般结构来写,有一定的文字描述和分析,而且提出结论和建议;另一种是表格式评估报告,即通篇以表格出现,各项评估结果均以数据表或曲线图来表示。

知识活页

中华人民共和国国家标准《经济贸易展览会 数据统计》(GB/T 30521—2014)。

第二节 展览项目后续工作与总结

一、展览项目后续工作

在展后总结会议结束时,办展机构一般还会布置展览闭幕以后需要继续完成的一些后续工作。展览的后续工作既是本届展览的收尾工作,也是为下届展览的开始做准备,所以,展览闭幕后的后续工作是不能省略的。

(一)展览项目后续工作的主要内容

展览项目闭幕以后的后续工作有以下几项。

1. 向客户邮寄展览总结并致谢

展览闭幕后,要及时给所有参加展览的参展商和观众邮寄展览总结,并对他们参加本展览表示真诚的感谢。展览总结不仅要邮寄给展览现有的参展商和观众,对于那些暂时还没有来参加本展览的目标参展商和目标观众也要邮寄,这样就可以为下一届展览会的招展和招商做准备。同时,对于那些曾经帮助过展览筹办的机构和个人,如各协办单位、支持单位、消防保安部门等,也要致谢,对于一些重要的客户和机构,办展机构还可以派人亲自登门致谢。至于展览总结和感谢函,可以采用信函、电子邮件和电话传真等方式发送。

2. 更新客户数据库

一届展览完毕,办展机构的客户数据库可能会发生很大的变化,包括新客户的加入、老客户的流失、有些客户发生变更等。办展机构要根据客户信息的变化,及时调整客户工作的方式和方向。更新展览客户数据库既包括对参展商数据的更新、对观众数据的更新,也包括对各种展览服务商及业务代理资料的更新。

3. 进行展览总结性宣传

展览闭幕以后,可以就展览总的情况进行一次总结性宣传,办展机构可以就展览的情况准备一份总结性的新闻稿,提供给各新闻媒体,让展览有始有终。很多办展机构都不注意展后的总结性宣传,其实,展后总结性宣传不仅是将本届展览的举办成果对社会和客户做一个交代,更是为下一届展览做舆论准备。进行展后总结性宣传,往往会获得较好的效果。

4. 发展和巩固客户关系

展览期间,尽管办展机构有机会和客户面对面地进行交流,但由于办展机构和客户各自的时间都很紧,业务也很多,双方很多时候都未能进行很好的交流和沟通。展览闭幕以后,办展机构要继续保持与客户的关系,继续加强与客户的交流和沟通,发展和巩固与客户的关系。对于一些重要的客户,办展机构还可以亲自登门拜访。

5. 处理展览遗留的一些问题

展览期间,由于时间有限,业务又较多,可能会遗留一些问题,如有的客户款项还没有完

全付清,有些客户展品还没有处理完毕,有些客户还需要进行商务考察等。展览闭幕后,办展机构要组织力量,及时处理展事遗留问题,不要将这些问题拖到下一届展览,更不能让这些问题影响下一届展览。

6. 准备下一届展览

展览闭幕后,办展机构即开始着手下一届展览的各项筹备工作。和其他行业不同(其他行业的从业人员一般是按年来计划和筹备业务事项的),展览业的展览人一般都是根据展览的办展规模、按展览的届次来计划和筹备其业务事项的。其他行业的从业人员每过一年业务就出现一个轮回,而展览人是每过一届展览业务就出现一个轮回。从这个意义上来讲,不仅是新创立的展览需要有精心的策划和营销,就是已经举办了多届的展览也都需要有创新、策划和营销,这样,展览才不会由于因循守旧而走向衰落。

7. 其他要求

还有一些工作对展览会的组织者提出了更高的要求,这些要求包括以下几方面。

(1) 更新客户名单。现有客户是有实际贸易关系的客户,现有的客户有被竞争对手挖走的可能性,因此对这些客户,展览公司及参展者要设法保持、巩固,发展与他们的关系。潜在客户是目前还没有贸易关系,但是通过努力有可能变成现实客户的公司或机构。接触潜在客户,并发展与潜在客户的关系是展览工作和展览后续工作的主要任务。展览期间的客户工作重数量,而展览之后的客户关系重质量,即要加深与客户的相互了解,建立相互信任的关系,将认识关系发展成伙伴关系和买卖关系。

(2) 促进贸易成效。推销产品和服务、洽谈签订贸易合同是展览的最终目的。在展览期间,向现有客户推销老产品和服务可能比较迅速,可能在展览期间就签约了。但是,向现有客户推销新产品和服务,向潜在客户推销任何产品和服务,并进行贸易洽谈都可能比较费时,需要在展览之后继续努力。展览后续工作的主要内容之一就是将已开始的贸易谈判继续下去并争取签约成功,或者继续对已显示出购买兴趣的客户做工作,引发其购买意向,并争取洽谈成交。

(二) 后续管理工作的主要方法

一般情况下,后续工作由销售、技术等部门负责,展览部一般不负责展览后续工作。后续工作的主要依据是展台记录。在展览期间应建立完善的记录,以便在后续工作中派上用场。参观者接待记录是后续工作的基础,展台人员在展览期间会接触很多客户,包括留下名片的客户、交谈过的客户、表现出兴趣并索取报价的客户、表示要订货并开始谈判的客户等。所有这些客户都应按标准规格详细记录。

展览后续工作要求迅速,讲究效率。高效率的后续工作是展出成功的基本因素之一。后续工作应当在展览期间就开始做,可以由展台人员做,也可以由总部做。每天闭馆后,都要统计记录,若需要立即办理的事情就立即交相关人员办理。只要潜在的客户参观了展台,就可以安排展台人员在当晚寄发准备好的明信片或信函,对客户参观展台表示感谢。

二、展览项目工作总结

展览项目工作总结是指展览工作(包括展览管理工作、展览组织工作、参展工作等)告一段落后,进行回顾、分析和评估而形成的文书。

展览项目工作总结和展览评估既有联系,又有区别。两者都有回顾、分析的性质,都是实施展览管理的必要手段,这是它们的共同点。两者的主要区别在于,展览工作总结偏重于展览管理和组织者实施的具体做法、体会、经验和教训,提出改进的具体措施和下一步的工作方向,属于自我总结,在方法上较多地运用定性描述和定性分析。展览评估则偏重于对展览活动的各项要素及其社会经济效益进行质和量的评估,既可以自我评估,也可以评估他人,较多地采用定性分析评估的方法。

(一)展览项目工作总结的作用

1. 总结经验教训

展览工作的成功经验以及失败的教训对于进一步做好展览工作具有十分重要的意义。通过回顾总结,将获得的展览工作经验、体会,遇到的困难和问题,以书面的形式记载下来,能够为今后的展览工作提供借鉴,少走弯路,提高效率。

2. 相互学习交流

展览工作总结还常常是展览工作总结表彰大会的交流材料,可以起到相互学习、取长补短、促进共同发展的作用。

3. 汇报工作情况

向上级机关汇报工作可通过报告、简报和总结等书面形式。报告属于法定公文,如果需要向上级汇报重要工作,或者汇报上级规定必须报告的工作,展览工作总结就可以"改头换面",以正式报告的形式呈报给上级机关。平时工作完成后,需要向上级汇报,可以用简报的形式转载展览工作总结,也就是将本单位的展览工作总结作为简报的正文上报。定期性的工作总结,如年度工作总结,也可以直接提交给上级机关。

(二)展览工作总结的种类

1. 按内容性质分

(1)宏观展览管理工作总结。宏观展览管理工作总结主要用于主管展览管理的行政机关、会展行业协会自我总结展览管理的各方面工作。

(2)展览项目组织工作总结。主要用于展览主办单位以及有关组织机构总结展览的策划、申办、组织、招展、举办以及善后等方面的工作。

(3)参展工作总结。参展工作总结有两类,一类是用于政府机构、各行业协会或展览公司组团参加国内外展览活动后的总结,另一类是参展单位自身所作的参展工作总结。

2. 按总结内容的范围分

(1)综合性总结。综合性总结又称全面总结,是对各项工作的全面回顾。这类总结虽然涉及面广,但务求突出重点。

(2)专题性总结。专题性总结是围绕某项具体的展览工作进行的单项总结,内容集中,具有针对性。

3. 按时间分

(1)阶段性总结。在一些大型的展览项目的实施过程中,由于时间跨度较长,往往需要进行阶段性总结,如年度总结、季度总结、月度总结等。

(2) 完成性总结。完成性总结即在一个展览项目全部完成后所进行的最后总结。

(三) 展览项目工作总结的结构和写法

1. 标题

展览项目工作总结的标题有以下四种写法。

(1) 由单位名称、时限、主题、文种构成。这类标题主要用于总结单位内部定期性的展览工作，如"2016年度中国国际机械展览会有限公司工作总结"。

(2) 由总结对象名称和"总结"二字组成。这类标题通常用于一项具体展览工作的专题总结，如"上海第七届工业博览会总结"。

(3) 采用普通文章标题的写法。即用一句或两句短语概括总结的主要内容或基本观点，不出现总结字样，如"我们是怎样在美国办展的"。这类标题主要用于在报纸杂志上发表的总结。

(4) 由正副标题组成。正标题揭示总结的主题，副标题说明总结的单位、期限、种类等。这类标题主要用于报纸发表、简报转发或会议上交流的总结，如"找准定位，加强规划，创建品牌——2016年展览工作总结"。

2. 署名

展览工作总结一般是以单位名义进行的，因此应当署单位的名称，并置于标题之下。

3. 正文

(1) 开头。一般概括说明举办展览的背景、依据和指导思想、基本条件(名称、届次、主办单位、时间、地点、出席人数和规格、参展商以及观众的数量和质量、总成交额等)。

(2) 主体。主体部分的内容一般有三项：一是本届展览的特点、组织工作的具体做法、效果和成绩；二是经验和体会；三是存在的问题和教训，或者进一步努力的方向。

主体部分的写法主要有三种：一是按具体做法和成绩—经验和体会—问题和教训或努力方向的模块来写。这种写法比较符合人们的阅读和思维习惯，使用较为广泛。具体写作时也可将做法和经验或者问题结合在一块来写，夹叙夹议。二是按工作的时间阶段安排结构，适合于对工作周期长、阶段性较强的展览工作总结。三是按所做的工作项目安排结构，比如综合性总结涉及的方面较多，各项展览工作之间的特点不一，就可将每一方面的展览工作排列起来，逐项加以总结。

主体部分写作要求做到材料生动翔实，评估恰如其分，突出重点，兼顾全面，善于概括，语言简练。

(3) 结尾。应归纳、呼应总结的主题，指出努力方向，提出改进意见和措施，或表示决心、信心等。

4. 附件

有的展览评估报告将说明性图表或资料作为附件，如果这样，必须在正文下方依次标注附件的名称。

5. 日期

在正文右下方写明定稿的具体日期。

同步案例

图 10-2 所示为 2016 年第十九届中国(重庆)国际投资暨全球采购会展后报告。

图 10-2 2016 年第十九届中国(重庆)国际投资暨全球采购会展后报告
(资料来源:中国(重庆)国际投资暨全球采购会官方网站。)

问题:该展览项目工作总结具体有哪些特色?

分析提示:从展览项目各方面主要工作的完整性及报告设计的艺术性方面着手分析。

内容提要

本章讲述了展览评估管理、展览项目后续工作与总结两个部分内容。

首先,介绍了展览评估管理,包括展览评估的内涵、展览评估内容、展览评估的实施程序。

其次,介绍了展览项目后续工作与总结,包括展览项目后续工作、展览项目工作总结。

核心概念

展览评估;展览评估的实施程序;静态指标的评估;动态指标的评估;展览在线评估;展

览项目工作总结

重点实务

展览项目评估与后续工作知识在展览项目评估管理过程中的应用;掌握展览项目后续工作与客户维护的工作步骤与技巧。

参考文献 References

[1] 刘大可.会展项目管理[M].2版.北京:中国人民大学出版社,2017.
[2] 钟燕萍,黄慧群.会展营销实训[M].北京:机械工业出版社,2017.
[3] 李喜燕.会展法规与实务[M].武汉:华中科技大学出版社,2017.
[4] 王新生.展示工程与设计[M].2版.武汉:华中科技大学出版社,2017.
[5] 李炼,何祥.会展项目策划[M].北京:中国旅游出版社,2017.
[6] 贾晓龙,冯丽霞,蔡洪胜,等.会展旅游[M].2版.北京:清华大学出版社,2017.
[7] 焦玉翠.会展公共关系[M].北京:北京出版社,2016.
[8] 薛山,刘真明.会展信息技术应用[M].北京:北京出版社,2016.
[9] 纪庆军,王茜.会展文案写作[M].济南:山东科学技术出版社,2016.
[10] 张敏.会展蓝皮书:中外会展业动态评估研究报告(2016)[M].北京:社会科学文献出版社,2016.
[11] 王春雷.参展管理:从战略到评估[M].武汉:华中科技大学出版社,2016.
[12] 李勇军.政府主导型会展及其市场化研究[M].天津:南开大学出版社,2016.
[13] 罗伊玲,张欣,周明洁,等.节事活动策划与管理[M].武汉:华中科技大学出版社,2016.
[14] 肖温雅.会展营销实务[M].2版.北京:机械工业出版社,2016.
[15] 吴红霞,李爱华,孟庆吉.会展政策与法律法规[M].北京:清华大学出版社,2016.
[16] 李世平.会展案例与分析[M].重庆:重庆大学出版社,2016.
[17] 卢晓.节事活动策划与管理[M].4版.上海:上海人民出版社,2016.
[18] 王尚君.会展服务研究:质量评价与提升[M].上海:上海财经大学出版社,2016.
[19] 吴志才.会展策划理论与实务[M].北京:经济管理出版社,2016.
[20] 向国敏,刘俊毅.会展文案:写作与评改[M].2版.上海:华东师范大学出版社,2016.

教学支持说明

全国高等职业教育旅游大类"十三五"规划教材系华中科技大学出版社"十三五"规划重点教材。

为了改善教学效果,提高教材的使用效率,满足高校授课教师的教学需求,本套教材备有与纸质教材配套的教学课件(PPT电子教案)和拓展资源(案例库、习题库、视频等)。

为保证本教学课件及相关教学资料仅为教材使用者所得,我们将向使用本套教材的高校授课教师免费赠送教学课件或者相关教学资料,烦请授课教师通过电话、邮件或加入旅游专家俱乐部QQ群等方式与我们联系,获取"教学课件资源申请表"文档并认真准确填写后发给我们,我们的联系方式如下:

地址:湖北省武汉市东湖新技术开发区华工科技园华工园六路

邮编:430223

电话:027-81321911

传真:027-81321917

E-mail:lyzjjlb@163.com

旅游专家俱乐部QQ群号:306110199

旅游专家俱乐部QQ群二维码:

群名称:旅游专家俱乐部
群　号:306110199

教学课件资源申请表

填表时间：_____年___月___日

1. 以下内容请教师按实际情况写，★为必填项。
2. 学生根据个人情况如实填写，相关内容可以酌情调整提交。

★姓名		★性别	□男 □女	出生年月		★职务		
						★职称	□教授 □副教授	□讲师 □助教
★学校				★院/系				
★教研室				★专业				
★办公电话			家庭电话			★移动电话		
★E-mail（请填写清晰）						★QQ号/微信号		
★联系地址						★邮编		
★现在主授课程情况		学生人数		教材所属出版社		教材满意度		
课程一						□满意 □一般 □不满意		
课程二						□满意 □一般 □不满意		
课程三						□满意 □一般 □不满意		
其 他						□满意 □一般 □不满意		
教 材 出 版 信 息								
方向一		□准备写 □写作中 □已成稿 □已出版待修订 □有讲义						
方向二		□准备写 □写作中 □已成稿 □已出版待修订 □有讲义						
方向三		□准备写 □写作中 □已成稿 □已出版待修订 □有讲义						

请教师认真填写表格下列内容，提供索取课件配套教材的相关信息，我社根据每位教师/学生填表信息的完整性、授课情况与索取课件的相关性，以及教材使用的情况赠送教材的配套课件及相关教学资源。

ISBN（书号）	书名	作者	索取课件简要说明	学生人数（如选作教材）
			□教学 □参考	
			□教学 □参考	

★您对与课件配套的纸质教材的意见和建议，希望提供哪些配套教学资源：